AF591524

L. DE LANZAC DE LABORIE

PARIS SOUS NAPOLÉON

Consulat provisoire et Consulat à temps

LIBRAIRIE PLON

PARIS SOUS NAPOLÉON

Ce volume a été déposé au ministère de l'intérieur (section de la librairie) en mars 1905.

DU MÊME AUTEUR, A LA MÊME LIBRAIRIE

Jean-Joseph Mounier *(Un Royaliste libéral en 1789)*, sa vie politique et ses écrits. Un volume in-8°........... 8 fr.

(Couronné par l'Académie française, prix Thérouanne.)

La Domination française en Belgique. *Directoire. Consulat. Empire (1795-1814)*. Deux volumes in-8°.......... 16 fr.

(Couronné par l'Académie française, prix Thérouanne.)

Mémorial de J. de Norvins *(Souvenirs d'un historien de Napoléon)*, publié avec un avertissement et des notes. Tome Ier (1769-1793). Un volume in-8° avec un portrait en héliogravure.......................... 7 fr. 50

Tome II (1793-1802). Un volume in-8° avec un portrait en héliogravure.......................... 7 fr. 50

Tome III (1802-1810). Un volume in-8° avec un portrait en héliogravure.......................... 7 fr. 50

PARIS. TYP. PLON-NOURRIT ET Cie, 8, RUE GARANCIÈRE. — 6446.

PARIS SOUS NAPOLÉON

*

CONSULAT PROVISOIRE

ET

CONSULAT A TEMPS

PAR

L. DE LANZAC DE LABORIE

PARIS
LIBRAIRIE PLON
PLON-NOURRIT ET Cie, IMPRIMEURS-ÉDITEURS
8, RUE GARANCIÈRE — 6^e

1905

AVERTISSEMENT

Ce volume est le préambule d'une série d'études consacrées à l'histoire de Paris pendant le Consulat et l'Empire.

Napoléon, qui n'aimait guère les Parisiens, en dépit de la phrase célèbre de son testament, s'est souvent préoccupé de leur opinion ; il a eu pour eux des ménagements inconnus du reste de ses sujets. Il a surtout voulu faire de Paris, capitale du *grand Empire*, la plus belle et la plus somptueuse ville du monde : de là tant de projets grandioses, dont beaucoup ont [illegible] à peine ébauchés; dont quelques-uns, exécutés d'urgence ou repris un demi-siècle plus tard, ont été l'incontestable point de départ de la transformation du Paris moderne.

C'est là un premier élément d'intérêt. Mais de plus, dans la capitale d'un État si fortement centralisé, la vie administrative, sociale, politique, littéraire, artistique et religieuse est étroitement liée à l'histoire générale. En décrivant les divers aspects de Paris sous le règne de Napoléon, nous espérons écrire un chapitre de cette histoire napoléonienne, qui longtemps livrée aux passions des partis commence à s'édifier aujourd'hui sur des bases véritablement scientifiques.

Est-il besoin de déclarer que ce livre a été écrit en dehors de toute arrière-pensée politique? La génération à laquelle j'appartiens, surprise dans sa première enfance par le désastre de 1870, a grandi dans l'horreur du bonapartisme et mûri dans la déception de ce qui lui est apparu comme le fonctionnement du parlementarisme. Ceux d'entre nous qui se donnent la peine de réfléchir et d'observer, tout en souriant de leur juvénile admiration pour un Lanfrey, tout en regrettant le parti pris avec lequel un Taine s'est acharné sur la mémoire de Napoléon, se rendent compte que cet être prodigieux, capable d'entreprendre tant d'œuvres surprenantes, ne pouvait fonder une dynastie ni même susciter de véritables imitateurs; que son histoire veut être étudiée pour elle-même, pour le saisissant intérêt des épisodes qu'elle comporte, pour les lointaines conséquences qu'elle a engendrées et non afin d'en tirer argument pour ou contre tel parti politique d'à présent.

Retracer le plus exactement et le plus vivement possible la physionomie de Paris au début du siècle dernier, dominé dans tous les sens du mot par Napoléon, c'est l'unique dessein de ce travail. Stendhal, songeant avec regret aux archives, inaccessibles pour lui, qui s'ouvriraient à ses successeurs, s'écriait sur un ton de narquoise revanche : « L'écrivain de 1860 aura beaucoup d'avantages...; mais il lui manquera le mérite inappréciable d'avoir connu son héros, d'en avoir entendu parler trois ou quatre heures de chaque journée (1). » Combien cela est-il plus vrai de l'écrivain de 1905, qui n'a plus même la ressource, permise encore à Thiers, d'interroger les survivants de l'époque napoléonienne! En face de documents forcément incomplets dans leur écrasante multitude, et de témoignages souvent contradictoires dans leur abondante prolixité, l'historien des périodes contemporaines a presque autant de peine à dégager la vérité et la vie que celui qui demande à des fragments d'inscriptions le secret des civilisations enfouies dans l'oubli depuis des siècles.

*
* *

En classant les notes patiemment recueillies, je n'ai pas tardé à constater qu'à presque tous les points de vue, qu'il s'agît d'administration, d'organisation sociale ou d'affaires religieuses, les deux ans et demi compris entre le 18 Brumaire et l'établissement du Consulat à vie constituaient une période préparatoire, pendant laquelle les différents rouages se transformaient et se précisaient. A cette

(1) *Vie de Napoléon*, p. XII.

période, il fallait consacrer une étude distincte : c'est l'objet du présent volume. Les grands travaux de voirie, le mouvement littéraire, les spectacles en ont été intentionnellement exclus, parce que dans ces divers ordres d'idées la véritable impulsion date de 1802 ou 1803, avec les premières grandes percées, la réorganisation de l'Institut et la rivalité de Mlles Georges et Duchesnois.

A partir de l'établissement du Consulat à vie, la dictature napoléonienne reçoit sa forme définitive, dont le titre seul change en 1804; pour emprunter un mot qui fit fortune un demi-siècle plus tard, dans l'été de 1802 « l'Empire est fait », et il n'y manque que des attributs matériels ou des dénominations extérieures. Consulat à vie et Empire, c'est tout un dans l'histoire politique du régime, tout un aussi dans l'histoire de Paris : si l'observateur attentif peut marquer des phases dans le mouvement de retour aux idées et aux coutumes monarchiques, les dates capitales en sont, bien plus que l'érection du titre impérial, le retour de Tilsit et le mariage autrichien.

Pour cette seconde période, qui va de 1802 à la fin de 1812, et qui constitue à vraiment parler l'ère napoléonienne, nous étudierons donc successivement, dans un ordre qui n'est point encore déterminé, les diverses manifestations de la vie parisienne : administration, finances municipales, grands travaux, fêtes publiques et fêtes de cour, commerce, industrie, usages sociaux et mondains, mouvement littéraire et dramatique, affaires religieuses, etc. Ces études successives formeront le vrai tableau de *Paris sous Napoléon*, dont le présent volume est le prologue.

La retraite de Russie, l'équipée de Malet surtout, sont le point de départ d'une troisième période, d'inquiétude, de désagrégation et finalement d'effondrement, dont l'examen nous servira de naturelle conclusion.

*
* *

Malgré les incendies de 1871, qui ont détruit la presque totalité des archives des deux préfectures, les documents manuscrits relatifs à l'histoire de Paris au début du dix-neuvième siècle demeurent extrêmement nombreux. Mes recherches ont principalement porté sur les cartons des Archives nationales, auxquels se réfèrent les notes données sans autre indication d'origine. Outre les rapports de police (1) et les dossiers de certaines affaires importantes, j'ai consulté dans les séries administratives tout ce qui se rapportait au département de la Seine.

(1) M. Aulard a entrepris la publication de la plupart des rapports de police, accompagnés d'extraits de journaux, dans son recueil intitulé *Paris sous le Consulat*, dont deux volumes ont paru; j'ai renvoyé au tome Ier, plus facilement accessible que les originaux manuscrits, dont j'avais d'ailleurs pris connaissance au préalable; le tome II a été publié pendant que je corrigeais les épreuves du présent livre.

Pour les questions religieuses, j'ai tiré grand profit de la communication, qui m'a été gracieusement et très libéralement accordée, des papiers de l'abbé Émery; la gratitude me fait un devoir de nommer ici M. Levesque, l'érudit et aimable bibliothécaire du séminaire Saint-Sulpice. Une autre communication précieuse, dont l'auteur m'a interdit de le désigner plus explicitement, me permettra, dans un des volumes suivants, d'établir le rôle, pendant la période concordataire, du chapitre de Notre-Dame reconstitué.

Quant à l'immense « littérature » du sujet, je n'ai point la présomption de l'avoir dépouillée tout entière. Pendant plusieurs années, j'ai prolongé les lectures et amassé les notes, tâchant d'interroger tous les témoins importants et surtout d'apprécier l'exacte portée de leurs dépositions. En dehors de la Bibliothèque nationale et de la Bibliothèque municipale Saint-Fargeau, j'ai fait de longues séances à la Bibliothèque de l'Institut de France, où l'obligeance de M. Alfred Rebelliau m'a rendu particulièrement aisé l'examen de certaines collections, et à la Bibliothèque de l'Institut catholique de Paris, qui a hérité d'une intéressante série de livres et brochures sur l'histoire parisienne.

Le livre de M. Louis Passy sur *Frochot préfet de la Seine*, celui de M. Alfred des Cilleuls sur l'*Histoire de l'administration parisienne au dix-neuvième siècle*, rédigés en partie d'après des documents aujourd'hui disparus, m'ont été et me seront d'une spéciale utilité pour les questions administratives. Il est inutile d'ajouter que je me suis efforcé de faire mon profit des principaux ouvrages d'histoire générale (1). J'ai du reste pris le parti d'indiquer minutieusement chacune de mes références : si cette abondance de notes risque parfois de fatiguer l'attention du lecteur, elle lui permet du moins de vérifier dans le détail les assertions qui lui sont présentées, d'en contrôler l'origine et d'en mesurer la valeur.

(1) En ce qui concerne cette période préliminaire, le livre le plus récent et le plus remarquable est celui de M. Albert Vandal sur l'*Avènement de Bonaparte*, malheureusement encore inachevé.

PARIS SOUS NAPOLÉON

CONSULAT PROVISOIRE

ET

CONSULAT A TEMPS

CHAPITRE PREMIER

LE COUP D'ÉTAT DE BRUMAIRE ET LE CONSULAT PROVISOIRE

I. Délabrement matériel de la ville. — II. État de la société et des mœurs : bals et jardins de plaisir. — III. Les Parisiens et le coup d'État. — IV. Propos contre-révolutionnaires; pièces de théâtre sur les événements; intervention gouvernementale. — V. Modifications dans le personnel administratif. — VI. Mesures d'apaisement et d'assainissement. — VII. La Constitution de l'an VIII.

I

Le Paris de la fin du Directoire a souvent été décrit (1). Si nous laissons de côté les traits durables, qui persisteront pendant tout ou partie de l'époque napo-

(1) Cf., pour l'indication et le brillant résumé des principaux témoignages contemporains, VANDAL, *Avènement de Bonaparte*, t. I, p. 50-60 et 446-459.

léonienne et sur lesquels il y aura lieu pour nous de revenir, l'aspect matériel de la grande ville, en cet automne de 1799, peut se résumer d'un mot : le délabrement.

Depuis une dizaine d'années, l'autorité administrative, absorbée tantôt par le souci des subsistances et tantôt par les tragédies politiques où elle a souvent joué un rôle capital, a manqué de loisir, d'autorité morale, de ressources financières, soit pour s'acquitter de la part qui lui incombait dans l'entretien de la ville, soit pour mettre les propriétaires en demeure de remplir leurs obligations. Parmi ces propriétaires d'ailleurs, beaucoup, fugitifs ou proscrits, se sont vu confisquer leurs immeubles, et les nouveaux maîtres, peu assurés du lendemain, plus portés à spéculer sur leur acquisition qu'à la conserver, ont ajourné les réparations. Les propriétaires qui n'ont point émigré pâtissent de l'exode de leurs anciens locataires : impuissants à les remplacer, ou bien contraints à abaisser notablement le prix des loyers (1), écrasés d'autre part par des impôts mal répartis, eux aussi doivent surseoir à toute dépense d'entretien. « Pas une maison n'était réparée, pas une porte cochère ne tenait », a écrit plus tard quelqu'un qui résumait ses souvenirs de ce temps-là (2).

Les immeubles les plus difficiles à louer et les plus livrés à l'abandon sont naturellement ceux qui étaient

(1) « Beaucoup de maisons sont inhabitées ; un grand nombre ne l'est qu'en partie ; encore leur occupation n'est-elle due qu'aux sacrifices que les propriétaires sont obligés de faire sur le prix des loyers. » (Rapport adressé en l'an VII par l'administration centrale à François de Neufchâteau, ministre de l'intérieur ; F. 1c. III, Seine. 20.)

(2) Ce témoignage anonyme tire sa valeur de ce qu'il a été recueilli et rapporté par Sainte-Beuve, *Chateaubriand et son groupe littéraire*, t. I, p. 82, note.

jadis les plus richement habités, les hôtels du faubourg Saint-Germain, du Marais et de la Chaussée d'Antin, quartiers préférés de l'aristocratie de cour, de la robe et de la haute finance (1). En vain les démembre-t-on en appartements bourgeois, et pratique-t-on des boutiques dans les communs donnant sur la rue (2). Les locataires sont rares, payent mal, et dans quelques mois, le premier préfet de la Seine témoignera que de 75 millions qu'elle valait avant la Révolution, « la matière imposable foncière de Paris » est tombée à 38 millions au plus (3).

Les immeubles du domaine public, immensément accru par les confiscations révolutionnaires, sont pour la plupart en aussi pitoyable état que ceux qui sont restés ou rentrés entre les mains des particuliers. Démunie de ressources, plus désireuse d'aliéner que d'administrer, la régie des domaines a pris l'habitude « de traiter toutes les parties du domaine national comme des propriétés à vendre, dont il fallait tirer le plus d'argent possible en attendant, mais qu'il était inutile de réparer et d'entretenir. — Il n'est pas jusqu'aux barrières de Paris sur lesquelles on n'ait appliqué la fatale affiche *Propriété nationale à vendre* (4) ».

Parmi les acquéreurs des domaines nationaux, les négligents sont encore les moins malfaisants. Beaucoup, à peine mis en possession, se sont empressés de démolir, non pas pour reconstruire, mais pour vendre les matériaux de quelque valeur, comme le plomb des toitures ; cette opération suffisait à leur assurer un béné-

(1) Mémoire du préfet Frochot au conseiller d'État Lacuée (an XI) : AF. IV, 1011.

(2) Mercier, *Nouveau Paris*, t. V, p. 238.

(3) Mémoire précité de Frochot.

(4) Autre mémoire de Frochot à Lacuée, sur les édifices publics : AF. IV, 1012.

fice, en raison du bas prix de leur acquisition. Dépouillant une maison comme on détrousse un cadavre, ils ne se sont pas donné la peine de faire enlever les matériaux qu'ils jugeaient sans valeur : parfois même, grâce à la négligence ou à la connivence de la police, pour effectuer plus commodément leur triage, ils font empiéter les décombres sur la rue, et les y abandonnent indéfiniment (1).

Obstruée ici par les riverains, ailleurs, comme sur le Pont-Neuf, par les détaillants qui débordent du trottoir et rendent la circulation presque impossible (2), la voie publique n'est pas mieux entretenue que les immeubles qui la bordent. Certaines rues se transforment en cloaques fétides et pestilentiels (3) ; dans beaucoup d'autres, le pavage est tellement dégradé que le passage devient périlleux « pour les chevaux, les voitures et même pour les gens de pied (4) ». La voirie souterraine n'est point en plus satisfaisant état ; faute des travaux nécessaires, la voûte de l'égout dit des Cordeliers « est prête à s'écrouler » sous le jardin du collège des Quatre-Nations (5).

Pour cheminer en sécurité à travers ces fondrières, au moins faudrait-il, dès la chute du jour, un éclairage très soigné, sinon « intensif », comme nous disons à présent. Au contraire, le service de l'*illumination* (c'est le terme officiel qui prend une apparence d'ironie) participe de la négligence générale : mal épurée ou trop chichement dosée, l'huile se refuse à brûler dans la majorité des réverbères. Il en résulte que la rue, obs-

(1) Cf., à titre d'exemple, un rapport du Bureau central du 14 nivôse an VIII, relatif aux décombres provenant de l'église de Saint-Jean-en-Grève : AF. IV, 1525.

(2) Nougaret, *Paris métamorphosé*, t. I, p. 68.

(3) 22 et 29 pluviôse an VIII, rapports du Bureau central sur la rue de Buffon et la rue « Fiacre » : AF. IV, 1535.

(4) 13 frimaire an IX, rapport du préfet de police : AF. IV, 1309.

(5) 2 ventôse an VIII, rapport du Bureau central : AF. IV, 1535.

cure et déserte, offre un théâtre propice aux exploits des malandrins; à partir de sept heures du soir, des attaques à main armée se produisent en plein faubourg Saint-Honoré (1); la mesure prise contre les conspirateurs beaucoup plus que contre les malfaiteurs, qui consiste à demander après onze heures la carte de sûreté des personnes qui passent devant les corps de garde (2), cette mesure contribue à rendre les passants plus rares et la voie publique plus solitaire.

II

Au délabrement matériel de la ville correspond, comme note dominante de l'état moral et social, le désarroi dans les habitudes et le débraillé dans les mœurs. Non seulement la population de Paris a dans son ensemble diminué de plus de cent mille âmes (3), mais beaucoup des habitants actuels se sont installés au cours de la Révolution, beaucoup surtout ont changé de condition et de quartier. De là, un notable bouleversement dans les traditions casanières qui étaient une caractéristique du vieux Paris; dans certains quartiers principalement, les locataires ne connaissent plus leurs voisins, ni les boutiquiers leurs clients (4).

La secousse a été si forte, que bien des esprits en ont littéralement perdu l'équilibre. Il y a sans doute une

(1) Duchesse d'Abrantès, *Mémoires*, t. III, p. 404.

(2) *Voyage d'un Allemand à Paris*, p. 14. Cf. Norvins, *Mémorial*, t. II, p. 212.

(3) En l'an IX, dans un mémoire à Lacuée sur les contributions, Frochot affirmait que de 700,000 âmes en 1789, la population était tombée à moins de 600,000 : AF. IV, 1011.

(4) *Voyage d'un Allemand à Paris*, p. 262.

pointe de paradoxe dans cette remarque d'un moraliste, bien placé pourtant pour observer le personnel des hospices d'aliénés, à savoir que les hommes étaient presque tous devenus fous par aristocratie, et les femmes par démocratie (1). Ce dont conviennent les contemporains de tous les partis, c'est que les cas de folie se sont très sensiblement multipliés ; à côté de la passion politique, les chagrins de famille, les préoccupations de fortune, la hantise de l'échafaud surtout, ont dérangé bien des cerveaux. N'est-il point typique, le cas de cet horloger qui croit avoir été guillotiné, et qui se plaint qu'on ait substitué à sa tête celle d'un de ses compagnons de supplice (2) !

Si c'est une petite minorité qui tombe dans la démence déclarée, c'est une minorité aussi qui conserve des sens tout à fait rassis et des habitudes de vie pleinement raisonnables. Du désarroi général, il suffira de noter ici, ou plutôt de rappeler deux traits : la frénésie des plaisirs et celle de l'agiotage.

Au lendemain de la Terreur, un irrésistible mouvement de réaction, un besoin de détente nerveuse, avaient lancé la société parisienne dans un tourbillon de fêtes et de danses. Après cinq ans écoulés, le tourbillon n'est point ralenti. La multiplicité des lieux de plaisir, des bals publics surtout, frappe au premier abord les visiteurs provinciaux ou étrangers. Un contemporain en compte *deux cent soixante sept*, « depuis celui de Mousseaux, où l'on se promène en voiture, jusques et y compris celui de la pointe Saint-Eustache, où on entre en sabots (3) ». Il existe en effet, dans cette catégorie d'établissements toute une hiérarchie, au sommet de laquelle

(1) Pastoret, *Rapport au conseil général des hospices*, p. 188.
(2) *Décade*, an IX, t. III, p. 458-467 (article sur les traitements institués par le grand aliéniste Pinel).
(3) Henrion, *Encore un tableau de Paris*, p. 19.

sont les grands jardins installés dans les anciennes demeures des princes de l'aristocratie ou de la finance, comme Mousseaux, dont il vient d'être question (notre parc Monceau), Bagatelle, édifié près de Longchamp par le comte d'Artois, le hameau de Chantilly (l'Élysée-Bourbon), Frascati ou Tivoli (l'ancienne Folie-Boutin, rue Saint-Lazare, vers l'emplacement actuel de l'église de la Trinité). On y satisfait le penchant, héréditaire chez toutes les générations de Parisiens, pour les soi-disant plaisirs champêtres, pour la verdure égayée de lampions, pour les fleurs entassées en plates-bandes, pour les allées sablées et ratissées (1); mais de plus, comme le proclame Mercier dans sa rhétorique boursouflée, danser ou regarder danser dans les jardins aménagés naguère par le caprice des privilégiés, « ce n'est pas là une petite jouissance pour l'ennemi de l'ancien régime, pour le fier républicain et même pour le philosophe qui se souvient de l'orgueil insolent des princes, ou de leur insouciance pour le mérite et pour la vertu (2) ». — A l'autre extrémité de l'échelle, les ouvriers dansent non seulement dans les guinguettes de la banlieue, mais chez les marchands de vin de l'intérieur de la ville, dont beaucoup ont organisé des *bastringues* (3). Comme la mythologie fait rage alors, ces établissements populaires lui empruntent généralement leur titre; à « Paphos » par exemple (les habitués, médiocres hellénistes, prononcent tout bonnement *Papo)*, le prix d'entrée est de quinze sous, remboursables en rafraîchissements (4). Il en est de plus abordables encore,

(1) Pujoulx, *Paris à la fin du dix-huitième siècle*, p. 252.
(2) *Nouveau Paris*, t. III, p. 32.
(3) Ce nom, orthographié parfois *balstringues*, revient fréquemment dans la correspondance administrative.
(4) Pujoulx, *op. cit.*, p. 257.

et comme ils demeurent ouverts toute la semaine ou toute la décade, le préfet de la Seine n'hésitera pas à les dénoncer comme un des fléaux de la jeunesse ouvrière, qu'ils entraînent à la paresse, à l'inconduite et indirectement au vol (1).

Les lieux de plaisir de rang intermédiaire, recrutant leur clientèle parmi les petits bourgeois ou les boutiquiers, sont généralement installés dans des églises ou des couvents désaffectés. Ce contraste est relevé par les observateurs les moins suspects de complaisance pour les idées religieuses : « On danse aux Carmes, où l'on égorgeait; on danse au noviciat des Jésuites; on danse au séminaire Saint-Sulpice; on danse aux filles de Sainte-Marie; on danse dans trois églises ruinées de ma section (2). » Le bal de Saint-Sulpice avait peut-être un aspect plus choquant que tous les autres : l'emplacement en était l'ancien cimetière, sur la porte duquel se lisait encore une inscription rappelant le dogme chrétien de la vie future : *Has ultra metas beatam civitatem exspectantes requiescunt ;* au-dessus, l'entrepreneur avait placé un transparent couleur de rose, avec ces mots : BAL DES ZÉPHYRS (3).

Dans les plus élégants jardins de plaisir, la danse sert de prétexte à exhiber des toilettes ultra-légères, soi-disant antiques, orientales ou créoles. Dès qu'on a signalé la voiture de Mme Tallien, de Mme Hamelin, de

(1) Rapport p. p. ROCQUAIN, *État de la France au 18 brumaire*, p. 263-264.

(2) MERCIER, *Nouveau Paris*, t. III, p. 131. Cf. la description *de visu*, par Chateaubriand, d'un établissement installé dans l'église des Théatins : *Mémoires d'outre-tombe* (éd. Biré), t. II, p. 240-241.

(3) *Chronique scandaleuse de l'an 1800*, p. 59. Le 24 pluviôse an VIII, un rapport du Bureau central annonce la fermeture administrative de ce bal : AULARD, *Paris sous le Consulat*, t. I, p. 149.

telle autre beauté à la mode, la foule des badauds se précipite (1). Des bals payants, ces costumes trop sommaires se répandent dans les promenades publiques (2) et même dans la rue, bien qu'un couplet de vaudeville proclame cette sentence morale :

La vérité n'exige pas
Que l'on soit vêtu comme elle (3).

Par un autre oubli de la décence, certaines femmes (parfois les mêmes) affectent de porter des vêtements masculins (4), ou bien elles se groupent l'été sur les ponts pour applaudir aux exploits des nageurs, quoique la plupart d'entre ces derniers se réduisent au « costume de la nature » (5). L'immoralité des gravures correspond à l'inconvenance des modes et au laisser-aller des mœurs; en voyant les adolescents s'arrêter devant des étalages d'images infâmes, un brave homme de libraire allemand s'écrie tout offusqué : « A quoi sert l'étude de la morale dans les écoles (6)? »

L'agiotage avait pour origine la dépréciation invraisemblable du papier-monnaie (7) et la stagnation du vrai commerce. Tandis que certains rentiers, réduits aux abois, partageaient silencieusement un morceau de

(1) PUJOUX, *op. cit.*, p. 254.

(2) *Débats*, 21 floréal an VIII (anecdote d'une femme qui la veille a suscité un attroupement aux Tuileries).

(3) M. et Mme GUIZOT, *Temps passé*, t. II, p. 182.

(4) HENRION, *op. cit.*, p. 43 (un chapitre du livre est intitulé *Femmes en hommes*).

(5) J. ROSNY, *Voyage autour du Pont-Neuf*, p. 62.

(6) *Voyage d'un Allemand en France* (par HEINZMANN, libraire à Ulm), p. 37.

(7) « J'ai conservé par curiosité un mémoire de bottier montant à 28,000 fr., pour de simples fournitures qui pourraient aujourd'hui s'élever tout au plus à 70. » (BOUILLY, *Mes récapitulations*, t. II, p. 137).

pain avec l'invalide que le percepteur leur envoyait comme *garnisaire* (1), tandis que quelques savants mouraient littéralement de faim dans le logement qu'ils s'étaient fait attribuer au fond d'un couvent ou d'un séminaire (2), la masse était incapable de tant de stoïcisme. Par suite de l'absence de la vieille aristocratie et du discrédit du personnel gouvernemental, l'unique société en vue était celle des financiers; ils continuaient seuls à tenir une maison, à recevoir les étrangers, à perpétuer les traditions élégantes et accueillantes de l'hospitalité parisienne (3). Au-dessous des grands banquiers et des fournisseurs célèbres, une foule de commissionnaires, de faiseurs, de courtiers de tout genre, vivant en réalité de fraudes, de contrebande et de concussions, menaient pourtant un certain train et donnaient l'illusion de la prospérité (4).

L'exemple devait être contagieux pour une société âpre à la jouissance et légère de scrupules. Les contemporains sont unanimes à cet égard, à commencer par les auteurs dramatiques, dont il faut interroger non pas les comédies, si décevantes pour l'historien et plus pauvres encore peut-être en traits d'observation qu'en mérites littéraires, mais les préfaces, où ils ont relégué ce qui semblait alors trop peu noble pour la scène et qui nous intéresse aujourd'hui. « Il n'y avait plus pour ainsi dire de commerce, et presque un quart de la population faisait, du matin au soir, métier de vendre et d'acheter. La meilleure société de Paris s'était elle-même résignée, pour vivre, à ce genre de négoce (5)...

(1) Nougaret, *Paris métamorphosé*, t. III, p. 105-106.
(2) *Voyage d'un Allemand à Paris*, p. 127.
(3) Fiévée. *Correspondance avec Bonaparte*, t. II, p. 9.
(4) Mémoire de Frochot p. p. Rocquain, *op. cit.*, p. 265.
(5) Roger, *Œuvres diverses*, t. I, p. 27.

(Les dames) avaient contracté pendant le système des assignats l'habitude du commerce et du courtage, et on les voyait courir Paris le matin en cabriolet pour obtenir à des amis reconnaissants des radiations, des places ou des fournitures (1)... L'on était toujours très honnête homme lorsqu'on avait beaucoup d'argent (2). »

Ceux qui trouvaient trop compliqué de spéculer sur les effets publics, sur le change du papier-monnaie ou sur le cours des denrées, se rabattaient sur les jeux de hasard proprement dits, qui n'avaient jamais été plus en vogue. Des femmes, qui toutes n'étaient pas perdues de réputation, se faisaient non seulement les habituées, mais les tenancières des établissements de jeu plus ou moins clandestins; elles se donnaient ainsi l'illusion d'avoir un état de maison, de réunir chez elles une nombreuse société, étrangement mêlée à la vérité, et « trouvaient le moyen de fournir à leurs dépenses par le produit de la bouillotte ou du trente-et-un (3). » — Quant au petit peuple, empressé comme toujours à copier les vices des autres classes, son jeu à lui était la loterie, dont les billets se criaient par les rues avec un boniment plein de promesses (4).

Bien que les passions politiques du début de la Révolution eussent généralement fait place à des préoccupations d'intérêt, l'étiquette égalitaire régnait encore extérieurement. Le tutoiement, banni du style officiel, n'était plus guère en usage que parmi les démocrates exaltés (5); mais on se gardait avec précaution de tout

(1) Picard, *Théâtre*, t. II, p. 298.
(2) Alexandre Duval, *Œuvres*, t. III, p. 300.
(3) Picard, *Théâtre*, t. II, p. 149.
(4) *Voyage d'un Allemand à Paris*, p. 282.
(5) C'est sans doute une épave de la Terreur que cette inscription relevée par Chateaubriand au printemps de 1800 sur une loge

ce qui aurait pu rappeler le vocabulaire ou le décor de l'ancien régime. Les restaurateurs avaient soin d'intituler leurs potages « à la *ci-devant* reine », « à la *ci-devant* Condé (1) ». A la sortie des théâtres, les ouvreurs de portières, qui naguère saluaient à l'envi les spectateurs du titre de « Monsieur le marquis », « Monsieur le chevalier », sollicitaient à présent leur générosité en les appelant, toujours au hasard, « Citoyen général », « Citoyen commissaire » (2). Un magistrat, écrivant l'histoire de son ancienne province, jugeait à propos, *même après Brumaire,* de solliciter l'autorisation de la police pour y joindre les armoiries des villes et des seigneurs (3).

III

Il est superflu d'insister ici sur les sentiments politiques des Parisiens à la veille et pendant l'accomplissement du coup d'État de Brumaire. On sait l'impopularité, c'est trop peu dire, le décri où était tombé le Directoire, et l'indifférence de la masse à l'endroit des questions qui l'avaient passionnée dix ans plus tôt. Un policier, peut-être ancien prêtre, empruntait le vocabulaire des écrivains mystiques pour déplorer « une grande sécheresse dans les feuilles périodiques sur ce qui aurait pu entretenir dans les cœurs le feu de

de concierge : « Ici on s'honore du titre de citoyen, et on se tutoie. Ferme la porte, s'il vous plaît. » (*Mémoires d'outre-tombe,* t. II, p. 238).

(1) Mercier, *Nouveau Paris*, t. VI, p. 71-72.

(2) *Ibidem*, t. II, p. 70.

(3) Rapport du Bureau central du 18 pluviôse an VIII : Aulard, *Paris sous le Consulat*, t. I, p. 142.

la liberté (1) ». Les journaux s'inspiraient ici de l'état d'âme de leurs lecteurs, comme les musiciens de celui de leurs auditeurs, quand au théâtre ils se permettaient « d'exécuter avec insouciance les airs civiques », ou bien encore lorsque, convoqués pour rehausser l'éclat de la « fête de la Vieillesse », ils esquivaient la corvée (2).

Un homme d'esprit de ce temps-là, le vicomte de Ségur, ou plutôt le citoyen Ségur cadet, disait dans un salon, à propos du mouvement unanime qui portait les esprits vers Bonaparte : « C'est un homme que personne n'aime et que tout le monde préfère (3). » Comme la plupart des mots à effet, ce trait n'était exact que très approximativement. Si la popularité de Bonaparte était faite pour une bonne part des déceptions et des inquiétudes qu'avait provoquées le gouvernement directorial, cependant les victoires d'Italie, la fabuleuse aventure d'Égypte, ce qui avait transpiré de ses qualités d'administrateur et d'homme d'État (4), ne laissaient pas que de lui assurer un vif prestige personnel.

La fable des poignards levés à Saint-Cloud contre le général acheva de lui concilier les esprits, et de discréditer ses adversaires. Mais si aucune protestation sérieuse ne s'éleva, l'enthousiasme ne fut point aussi ardent que les courtisans l'ont représenté après coup, ni que l'ont dépeint sur le moment même des fonctionnaires zélés (5). Les rapports confidentiels du Bureau

(1) Compte des opérations du Bureau central en vendémiaire an VIII : AF. IV, 1339.

(2) *Ibidem.*

(3) ALISSAN DE CHAZET, *Mémoires*, t. II, p. 50.

(4) Cf. SOREL, *Bonaparte et Hoche en 1797*, et *l'Europe et la Révolution française*, t. V, *passim*.

(5) Le très curieux procès-verbal de publication des décrets de Saint-Cloud dans le cinquième arrondissement, publié par M. VAN-

central, dont les nouveaux membres étaient tout acquis au changement constitutionnel, témoignent visiblement que la masse restait sur la réserve (1) : ainsi, l'illumination des maisons particulières ne fut que partielle. On en avait tant vu, depuis dix ans, de ces *journées* révolutionnaires, débutant par de mirifiques promesses et aboutissant à une déconvenue à peu près générale, que les plus naïfs se tenaient en garde contre de nouvelles illusions. Cet état d'esprit fut entretenu par un certain nombre d'impatients, peut-être des agents royalistes, qui, dix jours à peine après l'événement, reprochaient au gouvernement de n'avoir point encore amendé la législation révolutionnaire, notamment en ce qui concernait les émigrés (2).

Un indice pourtant fut significatif, car il émanait du milieu le moins accessible aux élans irréfléchis. Sous la double action de la pénurie budgétaire et des passions démagogiques, les assemblées du Directoire avaient récemment voté une série de mesures fort menaçantes pour les capitalistes, notamment l'impôt progressif (3); il en était résulté un trouble universel dans les intérêts, et en particulier une sensible dépression des cours de la rente, ou du *tiers consolidé*, comme on disait. Le coup d'État fut le signal d'un relèvement marqué et continu. Le mot prêté à Talleyrand, expliquant sa fortune par un gros achat, le 17 brumaire, de rentes revendues le 19, n'est peut-être pas authentique, mais il est justifié, car de 11 fr. 38 le 17, les rentes montèrent à 14 fr. 38

DAL (*Avènement de Bonaparte*, t. I, p. 407-408), est visiblement empreint de cet optimisme de commande.

(1) Ces rapports ont été cités ou analysés par M. AULARD (*Études et leçons sur la Révolution*, t. II, p. 223-225).

(2) Rapport du Bureau central, 27 brumaire : AULARD, *Paris sous le Consulat*, t. I, p. 12-13.

(3) VANDAL, *op. cit.*, t. I, p. 196 et s.

le 19, pour atteindre 20 francs le 24 (1). De ce réveil de la sécurité, une autre preuve du même genre est aussi frappante : les pièces d'or, qui naguère se cachaient peureusement, reparurent en quantité sur le marché du change, plus offertes que demandées (2).

IV

Ce qui se manifesta très vivement dès les premiers temps, ce fut l'antipathie quasi générale contre le gouvernement renversé. Sa chute avait été ridicule autant que son joug odieux : avec l'absence de générosité qui est propre aux dissensions politiques, on le lui fit bruyamment sentir. Ce fut un déluge d'articles de journaux, de brochures satiriques, d'épigrammes, de chansons vendues et entonnées en pleine rue. Les démonstrations qui se produisirent dans les théâtres eurent naturellement plus de retentissement encore.

Les premiers jours, les spectateurs se contentèrent, suivant une manie de l'époque, de découvrir des allusions dans les pièces représentées, et d'applaudir frénétiquement les tirades de comédie et même les vers d'opéra où il était question de héros, d'intrigues déjouées, de villes préservées du pillage. Spéculant sur cette disposition du public, plusieurs directeurs commandèrent d'urgence des « pièces de circonstance », ce que nous appellerions des « à-propos ». C'était l'âge d'or de l'improvisation, et aussi celui de la collaboration, ainsi que nous aurons à le dire. Les faiseurs en renom s'asso-

(1) M. Aulard a donné les cours jour par jour (*Études et leçons* t. II, p. 223.)
(2) Rapport du Bureau central, 27 brumaire : AF. IV, 1329.

cièrent pour bâcler en quelques heures qui une scène et qui un couplet : dès le 22 brumaire, le Théâtre-Favart donnait *les Mariniers de Saint-Cloud;* le lendemain 23, c'était le tour du Vaudeville, avec *la Girouette de Saint-Cloud,* et de l'éphémère théâtre des Troubadours, avec *Une Journée de Saint-Cloud.* Si, par un reste de préjugé classique plutôt que de délicatesse morale, les auteurs s'abstenaient de mettre en scène les protagonistes du drame et leur substituaient des comparses, pêcheurs, paysans, aubergistes, soldats, tous ces personnages ne s'entretenaient que des souffrances du peuple, de l'héroïsme de Bonaparte, des projets d'assassinat heureusement déjoués, de la débandade des députés opposants et de l'ère de prospérité qui venait de s'ouvrir pour la France. Conformément à la poétique du temps, ces sentiments se résumaient au dénouement dans des couplets chantés sur un air connu, surchargés de concetti et de traits de préciosité; dans la *Girouette,* c'était un rapprochement entre la fuite en Égypte de la Sainte-Famille (1) et le moderne retour d'Égypte; dans la *Journée,* on célébrait directement, à grand renfort de chevilles, le changement constitutionnel :

On eut cinq maîtres autrefois;
Mais le bonheur nous accompagne :
Nos consuls, qui ne sont que trois,
Nous font jouer à qui perd gagne.
A leurs soins nous devrons la paix,
Et sans peine chacun devine
Qu'en pareil cas, pour les Français,
Le terne vaut mieux que le quine (2).

(1) Les auteurs (BARRÉ, RADET, DESFONTAINES, DUPATY, BOURGUEIL et Maurice SÉGUIER) avaient soin d'en parler avec une ironie toute voltairienne.

(2) Th. MURET, *L'histoire par le théâtre,* t. I, p. 184-187.

Ces pauvretés correspondaient aux goûts littéraires et surtout aux tendances politiques des contemporains : elles déchaînèrent un tel enthousiasme, que les « révolutionnaires nantis », qui avaient machiné à leur profit les journées de Brumaire, craignirent un mouvement d'opinion qui les emporterait eux-mêmes. Dès le 21, le nouveau Bureau central, sous prétexte de rapporter les propos courants, avait formulé ses propres inquiétudes : « Pourvu, entend-on dire quelquefois, que les réactionnaires n'aillent pas s'abuser sur des circonstances aussi importantes, et qui ne sont nullement faites pour servir leurs vues (1)! » Le surlendemain, il se fit autoriser d'urgence par Fouché à exiger la communication préalable des « nouveautés dramatiques relatives aux circonstances », et le 24, il prit sur lui d'interdire la seconde représentation de *la Journée de Saint-Cloud*. Les spectateurs, accourus nombreux au théâtre des Troubadours, éclatèrent en murmures, prétendirent exiger que la pièce fût jouée, et un commissaire de police, monté sur la scène « revêtu du signe de la Loi », ne parvint pas à se faire entendre (2).

Les manuscrits de pièces affluèrent au Bureau central, mais écrits sur un tel ton, remplis de si vives attaques contre le régime tombé, que l'approbation fut presque constamment refusée. Ici le peuple était personnifié par un homme de peine, écrasé sous le poids d'une *porte* et d'une *fenêtre*, transparente allusion à de nouveaux impôts; là, des jacobins, parlant et agissant comme les derniers des scélérats, portaient les noms significatifs de *Stylet* et de *Brise-Tout*. Toutes ces pièces, d'ailleurs, mettaient en scène « un ou plusieurs anarchistes, mais pas

(1) Rapport du 21 brumaire (le premier signé de Pils et de Dubois) : AULARD, *Paris sous le Consulat*, t. I, p. 2.
(2) Rapport du 27 brumaire : *Ibidem*, t. I, p. 9.

un royaliste (1) »; elles exaltaient dans le nouveau gouvernement le restaurateur de l'ordre et le protecteur des intérêts, jamais le défenseur de la Révolution.

Par une coïncidence où les policiers virent un concert, le 26 brumaire ou 17 novembre, qui était un dimanche, et le premier depuis les événements, l'évêque constitutionnel Royer, prêchant à Notre-Dame, exprima l'espoir que les catholiques auraient à se louer du nouveau gouvernement. Cette sympathie épiscopale, bien qu'elle émanât d'un prélat jureur, parut au Bureau central éminemment dangereuse : « Si le fanatisme religieux, écrivit-il, s'unit aux sarcasmes réactionnaires des pièces dramatiques, les journées mémorables des 18 et 19 brumaire tourneront bientôt au profit des ennemis de la République. » Le sermon de Royer lui servit d'argument inattendu pour demander la prohibition absolue des pièces de circonstance; il ajoutait pour l'honneur des principes cette considération pédante, que « les théâtres doivent tout faire pour les mœurs, pour les arts et les lettres, rien pour l'esprit de parti (2) ».

Le ministre de la police et les consuls montrèrent quelque hésitation; ce gouvernement, qui devait tant user de l'arbitraire, craignait à ses débuts de multiplier les actes d'autorité. On se flatta qu'il suffirait d'une éloquente et doucereuse admonestation de Fouché aux directeurs de spectacles : il fallut la vivacité croissante des manifestations, et sans doute aussi les plaintes réitérées des révolutionnaires nantis, pour qu'un arrêté consulaire du 4 frimaire formulât l'interdiction générale des pièces de circonstance. On prit en même temps des mesures pour modérer les attaques des journaux, et

(1) Rapport du 28 brumaire : *Ibidem*, t. I, p. 13.
(2) *Idem, ibidem*, et p. 14.

empêcher le colportage des chansons « relatives aux événements de Brumaire et injurieuses à la représentation nationale (1) ». Parmi ces députés que les grenadiers avaient mis en déroute, beaucoup venaient à résipiscence; il eût été impolitique de les laisser injurier (2).

La police attribuait aux mêmes tendances contre-révolutionnaires ou aux mêmes incitations royalistes certains propos, certaines pratiques que recueillaient ses observateurs : on disait par exemple que les conscrits étaient dispensés de rejoindre leurs drapeaux, ou bien que, le système métrique étant abandonné, les marchands avaient licence de reprendre les anciennes mesures. Ces bruits s'accréditaient assez pour que le Bureau central se crût obligé de les démentir par des placards imprimés (3). Ils semblent toutefois résulter beaucoup moins de menées réactionnaires que de cette anarchie générale et momentanée, de ce relâchement de la discipline politique et administrative, que le despotisme impérial fit rapidement oublier et que les récents historiens ont révélé comme une passagère et curieuse conséquence du coup d'État.

V

Il ne sera peut-être point superflu de rappeler ici quel avait été sous le Directoire le régime administratif de la ville de Paris et du département de la Seine.

(1) Compte général du Bureau central pour le mois de frimaire an VIII, daté du 28 nivôse : AF. IV, 1329.

(2) Sur cette question des théâtres, chansons, etc., cf. AULARD, *Études et leçons*, t. II, p. 226-228, et VANDAL, *Avènement de Bonaparte*, t. I, p. 434 et s.

(3) Compte général pour frimaire : AULARD, *Paris sous le Consulat*, t. I, p. 65.

Le département, comme tous les autres, était régi par une *administration centrale* de cinq membres élus, réunissant les principales attributions actuelles du préfet et du conseil général. Auprès de cette administration, un commissaire du Directoire, dénué de pouvoirs à proprement parler, avait mission de veiller à l'exécution des lois, de provoquer les décisions des administrateurs et de stimuler leur zèle.

Paris, au contraire, était soumis, au point de vue municipal, à un régime d'exception. En créant les municipalités de canton, qui n'ont pas survécu au Directoire, la Constitution de l'an III avait spécifié que les grandes villes, comprenant plusieurs cantons, n'auraient néanmoins qu'une *administration municipale* unique, élue par les assemblées communales. Au lendemain et même au surlendemain de la Terreur, il parut dangereux d'accorder à Paris cette unité du pouvoir municipal. Déjà un décret conventionnel du 14 fructidor an II, rendu cinq semaines après la chute de Robespierre, avait groupé quatre par quatre les quarante-huit fameuses *sections* révolutionnaires. La loi du 19 vendémiaire an IV, utilisant ce groupement, décida qu'il y aurait à Paris non pas une, mais *douze* administrations municipales élues, dites d'*arrondissement*. Auprès de chacune d'elles, conformément à la constitution, il y avait un commissaire nommé par le Directoire. — Quant aux affaires manifestement impossibles à répartir entre ces municipalités d'arrondissement, comme la police et la voirie, on les confia à un *Bureau central* dont les trois membres étaient nommés par l'administration centrale du département, et dont le siège fut fixé dans l'ancien hôtel du premier président du Parlement, derrière la Sainte-Chapelle : ce fut l'origine de la préfecture de police. Le Directoire avait également un commissaire près du Bureau central.

Les *sections* devaient s'appeler *divisions* en 1800 et *quartiers* en 1810. Quant aux douze arrondissements de l'an IV, sans changer de nom ni de limites, ils subsistèrent jusqu'en 1859, où l'annexion des communes suburbaines amena une nouvelle distribution des quartiers de Paris agrandi en vingt arrondissements (nos arrondissements d'aujourd'hui). Ces douze arrondissements du temps jadis, qui ont servi pendant plus d'un demi-siècle de cadre à la vie municipale, et qui ont fourni la base des circonscriptions électorales de la Restauration et de la monarchie de Juillet, étaient très inégaux comme étendue et très bizarrement découpés : il se trouvait pourtant naguère de vieux Parisiens pour en regretter la disparition. Sans entrer dans la fastidieuse énumération des quarante-huit sections ou quartiers, il est indispensable d'indiquer approximativement la situation de chaque arrondissement.

Le mur d'enceinte qui délimitait alors Paris suivait à peu de chose près ce que nous appelons encore aujourd'hui, de l'Étoile à la place de la Nation, à la place d'Italie et au Lion de Belfort, les « boulevards *extérieurs* », ou, pour prendre une indication plus complète et plus moderne, la ligne circulaire ou ligne n° 2 du chemin de fer métropolitain. Dans l'espace ainsi circonscrit, les neuf premiers arrondissements étaient situés sur la rive droite de la Seine et les trois derniers sur la rive gauche. La numérotation se faisait sur les deux rives en remontant le cours du fleuve, au lieu qu'elle suit maintenant un ordre concentrique.

Ainsi le *premier* arrondissement comprenait une partie de Chaillot, les Champs-Élysées, le faubourg Saint-Honoré, la Madeleine, l'emplacement de notre gare Saint-Lazare, les Tuileries et une partie du Louvre; — le *deuxième*, Saint-Roch, le Palais-Royal, la rue Neuvedes-Petits-Champs, le faubourg Montmartre. — Le *troisième* se divisait de chaque côté des grands boulevards, en deux parties distinctes, communiquant à peine ensemble : l'une avait pour centre la rue Montmartre et l'autre notre rue d'Hauteville, dite alors « de la Michodière ». — Le *quatrième* était le moins étendu et le plus compact de tous, puisqu'il n'allait que du Louvre à la rue Saint-Denis et de Saint-Eustache au Pont-Neuf. — Les découpures singulières recommençaient avec le *cinquième*, qui s'étendait à l'*ouest* de la *rue* Saint-Denis et à l'*est* du *faubourg* Saint-Denis, et avec le *sixième*, qui comprenait une langue de terrain entre les rues Saint-Martin et Saint-Denis, puis le Temple et le faubourg du Temple. — Le *septième* s'étendait entre l'Hôtel de Ville, le Temple et la place Royale, les laissant toutefois en dehors de ses limites. — L'immense *huitième* comprenait la place « ci-devant » Royale, une partie du Marais, Popincourt et tout le faubourg Saint-Antoine. — Le *neuvième* ne renfermait que les îles Saint-Louis et Louviers, une partie de la Cité avec Notre-Dame, enfin l'Hôtel de Ville et l'Arsenal, avec le territoire situé entre la rue Saint-Antoine et la Seine.

Sur la rive gauche, la délimitation n'était guère plus satisfaisante. Le *dixième*, avec une vaste surface de jardins et de terrains vagues, renfermait le Champ de Mars, les Invalides, tout le faubourg Saint-Germain, l'hôpital de la Charité et le palais Mazarin. — Le *onzième*, étranglé entre ses deux voisins, comprenait la pointe de l'île de la Cité avec le Palais de justice, puis Saint-Sulpice, le Luxembourg et la Sorbonne. — Le *douzième* avait tout le reste, depuis le Panthéon et l'Observatoire jusqu'aux Gobelins, à la Salpêtrière et à la barrière d'Italie.

La Constitution de l'an III donnait au pouvoir exécutif le droit de révoquer les membres des administrations centrales et municipales, et même de les remplacer provisoirement, lorsque la majorité des places étaient vacantes. Le Directoire usa et abusa de cette faculté, à Paris comme ailleurs, pour *épurer* (c'était déjà le mot courant) les corps administratifs qui lui étaient suspects. Tantôt il destituait les membres les plus en vue, assuré que leurs collègues intimidés viendraient à résipiscence; tantôt, plus cyniquement, il procédait par destitutions collectives, pour se donner la faculté légale de recomposer les assemblées à son gré (1).

La révolution parlementaire du 30 prairial, qui exclut du Directoire Merlin, Treilhard et Larevellière, les « triumvirs », comme les appelait la rhétorique du temps, cette révolution eut son contre-coup dans le personnel administratif de Paris. Les fonctions de commissaire du Directoire auprès de l'administration centrale de la Seine furent confiées au fameux Réal, l'ancien acolyte de Chaumette, le futur auxiliaire de Fouché, et celles de commissaire près le Bureau central à un autre jacobin, Nicolas-Éloi Lemaire, qui devait bientôt quitter la politique pour l'humanisme, devenir professeur au Collège de France, doyen de la Sorbonne, et publier une collection de classiques latins. Réal, décidé à poursuivre sa carrière, mais résigné déjà peut-être à changer de parti, affectait encore à cette époque un langage mélodramatique. Dans une lettre où il réclamait la révocation de presque tous ses subordonnés les commissaires d'arrondissement, il se déclarait solennellement « placé entre le succès et l'échafaud » (2).

L'administration centrale auprès de laquelle il était accrédité ne lui cédait ni en amour des grands mots

(1) Cf. les divers arrêtés de révocation contenus notamment dans le carton F1b II, Seine, 25.

(2) Lettre sans date au ministre de l'intérieur : F1b II, Seine, 5.

ni en ardeur de dénonciation. Sur douze municipalités d'arrondissement, elle aurait voulu qu'on en remplaçât ou qu'on en épurât dix, « dont la complicité ou la faiblesse avait secondé la tyrannie triumvirale » (1). Il fut fait droit à sa requête dans une plus large mesure qu'elle ne l'aurait désiré. Par une de ces sautes de vent qui troublèrent si souvent l'atmosphère politique dans l'été de 1799, on s'avisa, peut-être sur le conseil de Réal, et en tout cas sans protestation de sa part, que la composition de l'administration centrale elle-même pouvait inquiéter la partie paisible de la population. Trois membres en furent destitués, comme « n'offrant point une garantie suffisante de l'exécution des lois et du maintien de la constitution de l'an III », prétexte vague qui était devenu comme une clause de style pour se débarrasser des fâcheux; les deux restants ayant eu le bon esprit de démissionner, les trois nouveaux membres nommés par le Directoire, Le Coulteux, Sabatier et Sauzay, s'adjoignirent comme collègue un ancien administrateur, Davous, et le président de l'administration municipale du IIIe arrondissement, Guinebaud (2). L'administration centrale ainsi renouvelée se donna pour président un ancien constituant, Le Coulteux, qui avait été et qui devait redevenir Le Coulteux de Canteleu : il tenait une place importante dans le monde des affaires et même dans le monde tout court.

En sa nouvelle qualité, Le Coulteux se fit, non sans retentissement, l'interprète des espérances et des vœux des Parisiens après les événements de Brumaire. Conformément à la tradition, une loi du 25 brumaire avait

(1) Lettre du 24 messidor an VII : F1b II, Seine, 25.

(2) L'arrêté du Directoire est du 28 fructidor an VII, la démission des deux non révoqués du 29, et leur remplacement du premier jour complémentaire : F1b II, Seine, 8.

prescrit que dans toute l'étendue de la République les dépositaires de l'autorité jureraient adhésion à ce qui venait de se faire et à ce qui allait se fonder. Le 28, les cinq membres de l'administration centrale de la Seine, puis après eux Réal, qui devenait de plus en plus homme d'autorité, et tous les employés des bureaux prêtèrent solennellement serment dans la cour de l'Hôtel de Ville. A cette occasion, Le Coulteux prononça un discours (1) : de très bonne foi sans doute, le futur comte de l'Empire protesta que les Français ne se résigneraient pas à « retomber sous le joug honteux du despotisme sacerdotal et nobiliaire », mais il maudit plus énergiquement encore « une horrible et sanglante démagogie », il critiqua le manque de consistance des institutions créées en l'an III, et il conclut : « Nous voulons tous la République, mais nous lui voulons un gouvernement où l'on cesse enfin d'être oppresseurs et opprimés, vaincus ou vainqueurs; nous voulons tous que la liberté des bons soit protégée, celle des méchants comprimée. » C'était précaire assurément et équivoque comme définition de garanties constitutionnelles, mais très expressif comme programme de réconciliation nationale : la politique intérieure du Premier Consul et même de l'Empereur ne devait pas prendre d'autre mot d'ordre.

La sympathie du nouveau gouvernement était tout naturellement acquise à un corps administratif dont le chef s'exprimait en ces termes. Quand la Constitution entra en vigueur, Le Coulteux et un de ses collègues, Davous, furent de la première promotion de sénateurs (2) : bien que les jours de l'administration centrale fussent désormais comptés, un arrêté consulaire la

(1) Il est notamment reproduit dans le recueil de SCHMIDT, *Tableaux de la Révolution française*, t. III, p. 465-466.

(2) Bonaparte aurait même songé un instant à Le Coulteux pour

compléta par la nomination de deux membres, Dupin, ancien commissaire central, et Perdry, ancien commissaire d'arrondissement (1). En même temps Réal, appelé au Conseil d'État, était remplacé par un ancien représentant de Paris à la Constituante. Garnier, qui devait un peu plus tard gérer la préfecture du département belge de Jemmapes, puis sous l'Empire être procureur général à la Cour des comptes. Jusqu'à l'expiration de ses pouvoirs, l'administration centrale de la Seine « fit du zèle », épurant le personnel jacobin de ses bureaux, éloignant les « hommes ineptes et mal famés » qui y avaient été placés par les complaisants du Directoire (2).

On était moins sûr des administrations municipales d'arrondissement. Dans la journée même du 18 Brumaire, Fouché les avait suspendues d'urgence, en leur faisant intimer par Réal défense de se réunir, tandis que les douze commissaires étaient mandés auprès du commissaire central pour attendre des ordres (3). Dès le 22, les consuls procédèrent à un certain nombre de destitutions individuelles : parmi les exclus, on remarquait au Xe arrondissement Magendie (peut-être le père du savant) et au XIe Julien de Toulouse, connu par son rôle d'agent de confiance du comité de Salut public (4).

Il importait que la police fût entre des mains toutes dévouées. Le 20 brumaire, c'est-à-dire dans sa première

le poste de troisième Consul (VANDAL, *Avènement de Bonaparte*, t. I, p. 519.)

(1) 8 nivôse (le Consulat constitutionnel datait du 4) : F1b II, Seine, 8.

(2) Les administrateurs Sauzay et Perdry au ministre de l'intérieur, 14 nivôse : *Ibidem* (ils affirment qu'ils ont trouvé dans le personnel un repris de justice, ayant subi une exposition en place de Grève).

(3) SCHMIDT, *Tableaux de la Révolution française*, t. III, p. 460.

(4) *Registre des délibérations du consulat provisoire*, p. p. M. AULARD, p. 12.

séance après le coup d'État, l'administration centrale, dûment stylée, remplaça « provisoirement » les trois obscurs membres du Bureau central, Milly, Letellier et Champein, par Piis, Dubois et Dubos (1); nous les retrouverons, les deux premiers surtout. Les consuls confirmèrent sans hâte (2) un choix fait évidemment à leur instigation et sur la désignation de Réal. Quant au commissaire près du Bureau central, Lemaire, on le maintint en fonctions, mais en le laissant dans une inaction qui prépara son retour définitif aux belles-lettres.

VI

Ces modifications, opérées parmi les titulaires de fonctions destinées à bientôt disparaître, marquaient assez que le gouvernement fondé en Brumaire entendait aborder sans délai sa tâche d'assainissement, de purification, de consolidation. Comme les historiens l'ont mis en lumière, son autorité fut presque uniquement morale dans cette période des débuts, où Paris était réduit à une garnison de quelques milliers d'hommes (3). Aussi procéda-t-il par manifestations destinées à agir sur l'opinion plutôt que par des actes d'administration proprement dite.

Il faut ranger dans cette catégorie la délibération des consuls provisoires, accordant un secours mensuel à la « veuve du célèbre et infortuné Bailly (4) » (c'est ainsi

(1) On trouve ce dernier nom écrit aussi *Dubost* et *Dubus*. (Cf. Aulard, *Paris sous le Consulat*, t. I, p. 3, note).
(2) Le 12 frimaire : *Registre des délibérations*, p. 62.
(3) Vandal, *Avènement de Bonaparte*, t. I, p. 414.
(4) 2 frimaire : *Registre des délibérations*, p. 31.

que le gouvernement qualifiait le premier maire de Paris), et surtout l'arrêté du 8 frimaire, ordonnant la mise en liberté des prêtres entassés par le Directoire dans les îles de Ré et d'Oléron, en attendant la déportation à la Guyane (1). Dans le même ordre d'idées, les membres du Bureau central recevaient l'ordre de se transporter dans les prisons de Paris, d'y examiner individuellement la situation des détenus « par mesure de police et de sûreté générale », et de proposer l'élargissement complet ou la mise en surveillance de tous ceux qui ne se révèleraient pas « les ennemis irréconciliables de l'ordre et de la paix (2) ». Sans attendre le rapport qui devait résumer ce travail, certaines libérations isolées furent prononcées, entre autres celle de l'abbé Sicard, l'instituteur des sourds-muets (3). Enfin, un acte de justice, et non de libéralisme, décida qu'on reconduirait à la frontière les *naufragés de Calais*, ces émigrés qui, jetés sur la côte française par une tempête, étaient détenus et menacés du peloton d'exécution depuis près de trois ans. Fouché, le Fouché de Nevers et de Lyon, proposa la mesure en déclarant solennellement qu'il était « hors du droit des nations policées de profiter de l'accident d'un naufrage pour livrer même à la juste vengeance des lois des malheureux échappés aux flots (4) ».

Mais de tous les actes qui signalèrent le Consulat pro-

(1) Le bulletin de police du 15 frimaire constate que la population parisienne a « généralement applaudi » à cette mesure : AF. IV, 1329.

(2) Compte général du Bureau central pour le mois de frimaire : *Ibidem*.

(3) Bouilly prétend qu'à la seconde représentation de son drame de *l'Abbé de l'Épée*, à laquelle assistait Bonaparte, ce fut un cri de Collin d'Harleville, répété par tout l'auditoire, qui détermina la mise en liberté de Sicard : ce récit est fort suspect (*Mes Récapitulations*, t. II, p. 184-189.)

(4) *Registre des délibérations du Consulat provisoire*, p. 76.

visoire, celui qui eut le plus de retentissement fut la réduction des fêtes nationales au 14 juillet et au 1er vendémiaire, c'est-à-dire aux deux anniversaires de la prise de la Bastille et de la fondation de la République. C'était la suppression implicite des autres fêtes, et avant tout de celle du 21 janvier; les Parisiens les moins royalistes, pour peu qu'ils eussent de sentiments généreux, ne pouvaient se faire à cette joyeuse commémoration d'une exécution capitale, ni à l'inconsciente cruauté du langage des enfants, qui s'en allaient disant : « Nous aurons congé demain, pour la fête de la mort du roi (1). » L'initiative de cette mesure de haute convenance paraît appartenir tout entière à Bonaparte : c'est lui qui, l'avant-veille de l'installation du Consulat définitif, fit demander d'urgence à Laplace, ministre de l'intérieur, un rapport pour ne conserver que les fêtes « appartenant à des époques où les vœux furent unanimes (2) ». Le 3 nivôse, à la dernière séance du Consulat provisoire, Laplace proposa en conséquence un message aux deux commissions législatives, qui en délibérèrent le jour même (3). Quelques semaines plus tard, le commissaire central Garnier constatait la satisfaction des « bons citoyens, véritablement attachés à la République », à la pensée que le souvenir du 21 janvier allait cesser d'être fêté (4).

Au point de vue matériel, on attendit la réorganisation de l'administration et de la police pour prendre les mesures d'ordre et d'assainissement même les plus

(1) NORVINS, *Mémorial*, t. II, p. 233.
(2) Lettre du 2 nivôse an VIII (23 décembre 1799) : *Correspondance de Napoléon*, 4441.
(3) *Registre des délibérations*, p. 105-106.
(4) Compte moral sur le mois de nivôse : SCHMIDT, *Tableaux de la Révolution française*, t. III, p. 483.

urgentes. Un seul acte de vigueur provoqua une vive émotion. Par leur nombre, leur insolence, leurs provocations à toute heure et presque dans tous les quartiers, les filles étaient devenues le fléau et la honte de Paris. Le 12 frimaire, sur l'ordre de Fouché, on en fit une rafle au Palais-Royal, qui était l'un des centres où elles pullulaient, et dans les rues voisines. Le bruit se répandit qu'en guise de correction disciplinaire, le gouvernement allait les expédier en Égypte, afin de pourvoir aux plaisirs de notre armée d'occupation. Cette absurde légende prit assez de consistance pour que Bonaparte crût devoir demander à Rœderer de la réfuter dans un article de journal (1). En fait, tout se borna à une détention de courte durée, qui ne remédia guère aux abus de la prostitution ; six mois plus tard, le préfet de police déplorait l'impuissance de son administration à l'égard des filles, et la faiblesse des tribunaux, qui les acquittaient presque toujours quand elles étaient poursuivies pour outrage aux mœurs (2).

VII

Quoi qu'on ait pu prétendre après coup, la Constitution de l'an VIII obtint l'assentiment général, principalement à Paris. Sans doute, dans les cercles où s'était conservé le goût des théories et des discussions politiques, l'opinion fut émise que le chef du gouvernement devenait trop puissant; mais il se trouvait immédiate-

(1) RŒDERER, *Œuvres*, t. III, p. 304, note. Cf. VANDAL, *Avènement de Bonaparte*, t. I, p. 460-462.

(2) Rapport du 18 messidor an VIII : AULARD, *Paris sous le Consulat*, t. I, p. 488.

ment des contradicteurs pour répliquer que ces attributions étaient à peine suffisantes, et que dans les circonstances critiques où était la France, le salut de l'État exigeait « un pouvoir unique concentré dans les mains d'un homme habile (1) ». Sans doute encore, un journal royaliste de fondation toute récente, auquel la police reprochait de nommer toujours la « France » et jamais la « République (2) », l'*Aristarque*, se donnait le malin plaisir de vanter la future Constitution en la présentant comme une application de la maxime traditionnelle : *Lex fit constitutione regis et consensu populi* (3). Mais l'immense majorité, même et surtout dans les milieux pensants, se déclarait satisfaite; on était las du parlementarisme, et quant aux résultats civils et sociaux de la Révolution, leur consécration semblait assurée par le texte constitutionnel; d'ailleurs, on savait déjà que les futures assemblées législatives se recruteraient dans l'oligarchie des révolutionnaires nantis. Aussi un historien très peu favorable au pouvoir personnel de Napoléon a-t-il constaté qu'à Paris, où les registres furent ouverts à la fin de frimaire, « toute l'élite intellectuelle », entraînée par l'active adhésion de Cabanis et de plusieurs autres membres marquants de l'Institut, se prononça pour l'acceptation de la Constitution (4).

Un symptôme d'ordre moins élevé, mais bien signifi-

(1) Compte moral du commissaire central Garnier pour le mois de nivôse : SCHMIDT, *Tableaux de la Révolution française*, t. III, p. 479-480.

(2) Rapport du Bureau central, 14 frimaire : AULARD, *Paris sous le Consulat*, t. I, p. 38.

(3) Le Bureau central fit arrêter quelques jours plus tard le rédacteur et l'imprimeur; mais sur l'ordre de Fouché, on les relâcha après leur avoir administré une semonce. *Ibidem*, t. I, p. 24, 29-30.

(4) LAVISSE et RAMBAUD, *Histoire générale*, t. IX, p. 12 (chapitre rédigé par M. AULARD.)

catif dans son genre, fut la reprise des réceptions et du mouvement mondain. Sans doute, à l'exception des sociétés de financiers, ces réceptions avaient encore un cachet d'extrême simplicité; sans doute aussi, on y voyait presque exclusivement des personnes jeunes, les gens âgés persistant pour la plupart à se tenir sur la réserve (1). Mais la différence avec les hivers précédents n'en fut pas moins très sensible (2).

On sait que, dans son impatience, Bonaparte avait fait décider que la nouvelle Constitution entrerait en vigueur avant que les résultats de la consultation nationale fussent connus dans leur ensemble. Alors que le gouvernement fonctionnait depuis le 4 nivôse (25 décembre), ce fut seulement sept semaines plus tard, le 29 pluviôse (18 février), que l'acceptation de la Constitution fut officiellement proclamée à Paris. Entourée d'une nombreuse escorte militaire, l'administration centrale se rendit successivement, pour faire cette proclamation, devant les palais du Corps législatif (Palais-Bourbon), du Sénat (Luxembourg), de Justice, du Tribunat (Palais-Royal), des Consuls (les Tuileries, où le gouvernement allait s'installer le lendemain). Une dernière proclamation eut lieu sur la place de l'Hôtel-de-Ville, où le président Sauzay se contenta de remercier en quelques mots les officiers et les soldats qui avaient « concouru à l'éclat et à la dignité » de la cérémonie (3).

(1) Mme DE CHASTENAY, *Mémoires*, t. I, p. 412-413.
(2) Duchesse D'ABRANTÈS, *Mémoires*, t. II, p. 164.
(3) F1c III, Seine, 26. — Le surlendemain, un rapport de police prétendait que sur la place Vendôme le cortège avait été salué de quelques cris de *Vive le Roi!* (AULARD, *Paris sous le Consulat*, t. I, p. 156-157).

CHAPITRE II

ORGANISATION DES NOUVELLES AUTORITÉS

I. L'opinion publique et les nominations. — II. Frochot, premier préfet de la Seine, et Méjan, premier secrétaire général. — III. Les maires de Paris. — IV. Le conseil général. — V. Le conseil de préfecture. — VI. Les sous-préfets; les municipalités de la banlieue. — VII. Dubois, préfet de police, et Piis, secrétaire général. — VIII. La rivalité entre les deux préfets. — IX. L'autorité militaire: le commandant de Paris. — X. Les nouveaux tribunaux. — XI. Vestiges de système électif; les listes de notabilité et les élections de juges de paix.

I

La nomination et l'installation des nouvelles autorités administratives n'eut lieu que quelques semaines après la mise en vigueur de la Constitution de l'an VIII. Mais cette réorganisation domine toute la période.

Aussi bien, l'opinion publique s'en préoccupait dès le début du Consulat constitutionnel. Avant même que rien n'eût transpiré des projets du gouvernement, on comprit d'instinct que les jours des *administrations* centrales et municipales de l'an III étaient comptés. A mesure que la réforme se précisait, par les indiscrétions de quelques conseillers d'État, puis par la présentation officielle de ce qui devait être la loi du 28 pluviôse, la curiosité, l'intérêt, l'émotion même grandissaient.

Dès le 15 pluviôse, les bureaux de Fouché prétendaient que les différents partis, se disputant à l'avance les places de préfets, s'accusaient mutuellement d'intrigues à cet égard (1); un mois plus tard, le commissaire central Garnier, résumant en quelques mots l'état de l'esprit public, avait soin de signaler, à côté de la tranquillité et de la confiance, l' « attention fixée sur les nominations et les choix que va faire le gouvernement (2) ».

De nombreuses et d'importantes catégories de citoyens, tels que les émigrés, la plupart des nobles et des royalistes, se trouvaient forcément en dehors des compétiteurs. Néanmoins, les candidats se présentèrent infiniment plus nombreux, plus méritants surtout, que sous les régimes antérieurs. Sans parler de la nécessité où beaucoup de chefs de famille étaient alors de demander au travail l'équivalent des ressources englouties (3), ni du goût déjà héréditaire de la bourgeoisie française pour les emplois publics, un mobile plus élevé détermina bien des hommes instruits, honorables, indépendants de fortune, à apporter leur concours à l'œuvre de régénération qui s'annonçait. Le mouvement, sans être absolument unanime, fut très accentué, et Chaptal pouvait écrire plus tard : « Ceux qui s'enorgueillissent aujourd'hui de n'avoir pris aucun emploi prouveraient difficilement qu'ils en ont refusé (4). »

(1) AULARD, *Paris sous le Consulat*, t. I, p. 137 (il faut lire « s'accusant et non « s'occupant »).

(2) 13 ventôse : SCHMIDT, *Tableaux de la Révolution française*, t. III, p. 489.

(3) Les railleries mêmes de Mme de Staël prouvent combien ce motif était souvent invoqué (*Dix années d'exil*, éd. Paul GAUTIER, p. 49-50.)

(4) *Souvenirs*, p. 233.

II

Il est superflu de résumer ici la célèbre loi du 28 pluviôse an VIII, qui est encore, après plus d'un siècle, le code fondamental de notre organisation administrative. Partant de ce principe. qu'*agir est le fait d'un seul, délibérer le fait de plusieurs*, elle instituait dans le département, dans l'arrondissement et dans la commune un représentant du pouvoir central, préposé à l'administration proprement dite, et des conseils de divers ordres, investis de la mission de voter les dépenses, de statuer sur le contentieux, d'émettre des vœux et des avis, mais sans jamais s'immiscer dans l'exécution (1).

Paris redevenait une commune unique. Les douze arrondissements municipaux étaient pourtant maintenus. pour faciliter le service de l'état civil et d'autres détails de la vie administrative, peut-être aussi pour ne pas ressusciter le nom de cette mairie centrale qui avait eu tant d'importance aux heures tragiques de la Révolution : il n'y avait donc officiellement à Paris que des maires d'arrondissements. En fait, le vrai maire de la ville était le préfet de la Seine. appelé à cumuler les anciennes fonctions de l'intendant de la généralité avec celles du prévôt des marchands. Sans doute, dans cette période des débuts, la préfecture, matériellement séparée de l'administration communale, était installée place Vendôme, dans une maison louée à cet effet, et non dans le vieil Hôtel de Ville; mais cette distinction des locaux,

(1) On sait d'ailleurs que, jusqu'à la Monarchie de Juillet, les membres des conseils généraux et municipaux furent nommés par le chef de l'État ou le préfet, et non élus.

qui fut d'ailleurs passagère, n'empêchait point la confusion ou plutôt la réunion des attributions.

Le choix qui intervint pour le poste éminent de préfet de la Seine montre bien qu'à l'aube du Consulat Bonaparte ne discernait point encore clairement ses futures destinées impériales. Pour représenter en effet la première des « bonnes villes » dans les cérémonies d'apparat, pour présider aux fêtes de l'Hôtel de Ville, il eût fallu soit un membre de la vieille et riche bourgeoisie parisienne, soit un vétéran éminent des assemblées politiques, soit au moins un harangueur de marque, comme Fontanes; parmi les hommes de ces diverses catégories, beaucoup étaient déjà ralliés au nouveau régime, et bien des noms se seraient offerts. Mais, sans s'arrêter à cette idée, on fit simplement choix d'un homme de loi de province, qui promettait d'être un laborieux et consciencieux administrateur.

D'autre part, le gouvernement paraît avoir été dominé par le désir de respecter la hiérarchie entre les divers ordres de fonctionnaires nouvellement créés. Dans cette hiérarchie, les préfets passaient avant les membres du Tribunat et du Corps législatif, mais bien après les sénateurs et les conseillers d'État. Éclairé par l'expérience, l'Empereur constatera tout haut, plus tard, qu'il y a un abîme entre la situation du préfet de la Seine et celle du préfet des Basses-Alpes, que le premier est une sorte de ministre ; mais, à l'origine, le préfet de Paris ne se distinguait de ses collègues des départements que par le chiffre de ses appointements, fixés à 30,000 francs (1). Un personnage politique important aurait donc cru déchoir en acceptant des fonctions qui l'auraient placé en un rang aussi secondaire. Il n'était

(1) Art. 31 de la loi du 28 pluviôse an VIII.

pas question alors de conférer au préfet de la Seine le titre et les attributions de conseiller d'État.

Beugnot, l'ancien député à la Législative, chargé par le ministre Lucien de préparer le travail de nomination des préfets, n'avait mis aucun nom en regard du département de la Seine, ce qui était une façon discrète de se désigner lui-même. A bien des égards, ce causeur étincelant, ce rédacteur ingénieux, cet administrateur habile, aurait convenu au poste qu'il convoitait. Le Premier Consul, qui objecta ses accointances royalistes, craignait en réalité sans doute sa faiblesse de caractère et son goût pour l'intrigue. Cabanis, encore très influent à cette époque, et Maret, dont le crédit devait aller croissant jusqu'à la fin du régime, firent nommer le Bourguignon Frochot (1).

Nicolas-Thérèse-Benoît Frochot, notaire du bourg d'Aignay-le-Duc, avait réussi, malgré sa jeunesse et son défaut de fortune, à se faire envoyer aux États Généraux de 1789 par les électeurs du tiers état du bailliage de la Montagne ou de Châtillon-sur-Seine. A l'Assemblée, sans se mettre personnellement en relief, il avait été parmi les plus fidèles amis et « faiseurs » de Mirabeau, qu'il assista à ses derniers moments et dont il fut l'exécuteur testamentaire adjoint (2) : c'est ainsi qu'il connut Cabanis et Maret. Après la séparation de la Constituante, élu juge de paix du canton d'Aignay, suspect et emprisonné sous la Terreur, puis membre de l'administration centrale de la Côte-d'Or, il était en

(1) Sur les antécédents de Frochot, comme du reste sur son administration à Paris, le guide le plus sûr et le plus complet demeure le livre de M. Louis Passy, *Frochot préfet de la Seine*, écrit dans les dernières années du Second Empire d'après les papiers de famille et les archives aujourd'hui détruites de l'Hôtel de Ville. — Cf. Sainte-Beuve, *Nouveaux Lundis*, t. XI, p. 21-37.

(2) L'exécuteur titulaire était le comte de la Marck.

dernier lieu maître des eaux et forêts dans la maîtrise de Châtillon. A la veille des événements de Brumaire, une affaire relative à ces fonctions l'appela à Paris, où il renouvela connaissance avec ses anciens amis. Cabanis, compris dans la première promotion des sénateurs, réussit à faire élire Frochot membre du Corps législatif (1). C'est là que deux mois plus tard le Premier Consul alla le chercher pour en faire un préfet de la Seine (2). A son audience de présentation, Bonaparte lui déclara (et ces paroles furent immédiatement communiquées aux journaux) qu'il l'avait choisi pour la modération dont il avait preuve dans les luttes locales. Solennellement installé par Lucien, qui n'avait pas désiré sa nomination, Frochot tenta de recouvrer les bonnes grâces du ministre en lui prodiguant ces adulations qui commençaient à devenir à la mode dans les harangues officielles (3).

Au reste, malgré son intimité et sa collaboration avec Mirabeau, l'éloquence n'était point la qualité dominante de Frochot : dans les discours et les grands rapports qui nous restent de lui, la forme ne vaut pas le fond. Plus que dans le rôle de représentation que comportèrent de plus en plus ses fonctions, il excellait dans l'administration proprement dite, réussissant par un labeur acharné à débrouiller le double chaos de la comptabilité municipale et départementale, secondant

(1) Cf. le billet de Cabanis à Frochot, du 3 nivôse-24 décembre : Passy, *op. cit.*, p. 210. On sait qu'alors le Sénat élisait directement les membres du Corps législatif, sans présentation ni attribution de département.

(2) L'arrêté de nomination est du 12 ventôse, la lettre par laquelle Frochot accuse réception de son brevet du 17 (F1b I, Préfets, v° *Frochot)*, et l'installation du 23.

(3) « ... Ce ministre dont tous s'accordent à dire que les hommes les plus distingués doivent ambitionner de finir leur carrière comme il a commencé la sienne. » (Passy, *op. cit.*, p. 226.)

intelligemment les vues de Napoléon pour l'assainissement et l'embellissement de Paris.

Naturellement ennemi du faste et de l'apprêt, ses collaborateurs les plus humbles étaient touchés de sa simplicité, de sa familiarité, de sa totale absence de morgue (1). Il avait conservé à la préfecture de la Seine la bonhomie du notaire bourguignon. Sincèrement attaché à la personne et à la fortune du nouveau maître de la France, celui-ci ne se décida point à le déplacer aux heures les plus brillantes, les plus monarchiques du régime; c'est à regret qu'il le disgracia après l'affaire du général Malet.

Le secrétaire général ne fut nommé qu'un mois plus tard, par le même arrêté consulaire qui désignait les sous-préfets (2). Le citoyen « Méjan l'aîné (Étienne) », comme l'appelait cet arrêté, avait vécu lui aussi dans l'entourage de Mirabeau, et collaboré au *Courrier de Provence :* de là ses relations avec Frochot, Maret et Cabanis. De plus, né à Montpellier, il appartenait à cette équipe de Languedociens dont beaucoup firent alors une carrière enviée, dont quelques-uns sont aujourd'hui suspects d'avoir livré à l'étranger les secrets du chef d'État qu'ils servaient et du gouvernement dans lequel ils occupaient de hautes fonctions (3); un peu plus tard Méjan, secrétaire général en exercice, tutoyait familièrement le ministre de l'intérieur, demeuré pour lui son

(1) Aux preuves données par M. Passy (p. 262-263), on peut joindre le témoignage de Norvins, qui fut pendant quelques mois, tout à fait au début, secrétaire particulier de Frochot (*Mémorial*, t. II, p. 231 et s.)

(2) 14 germinal : Aulard, *Paris sous le Consulat*, t. I, p. 257, note.

(3) Cf., en tenant compte des réticences qui s'imposent encore à présent, le livre révélateur de M. Léonce Pingaud sur le *Comte d'Antraigues*.

compatriote, Chaptal (1). Il y avait là les éléments d'un brillant avenir, d'autant que Méjan maniait facilement et spirituellement la plume; mais ses contemporains lui reprochaient d'être indolent, de sacrifier trop souvent les affaires à la littérature, et surtout aux plaisirs (2). Comme avec cela il était sans fortune personnelle (3), il devait sous l'Empire accepter à Milan auprès du prince Eugène un emploi de confiance, analogue à celui que son ami Maret remplissait aux Tuileries; mais tandis qu'il fallait l'exceptionnelle robustesse d'esprit et de corps de Maret pour faire face à une besogne écrasante, c'était presque une sinécure que la charge de secrétaire d'État du royaume d'Italie. Méjan fit d'ailleurs preuve de fidélité personnelle à l'égard d'Eugène de Beauharnais, qu'il accompagna en Bavière après 1814.

III

« A Paris, dans chacun des arrondissements municipaux, un maire et deux adjoints seront chargés de la partie administrative et des fonctions relatives à l'état civil. » C'est en ces termes que le paragraphe premier de l'article 16 de la loi de pluviôse créait les maires d'arrondissement et définissait leurs attributions; ce texte, aussi vague que laconique, était le seul qui leur fût consacré.

Un siècle d'expérience nous a appris que pour les

(1) Cf. un billet non daté, mais se rapportant à la conspiration de Georges (germinal an XII) : F1c III, Seine, 26.

(2) ARNAULT, *Souvenirs d'un sexagénaire*, t. I, p. 213.

(3) Un tableau dressé en l'an VIII évalue ses revenus à 1,800 fr., alors qu'il était déjà marié et père de deux enfants : F1b I, Préfets, v° *Méjan*.

maires de Paris la « partie administrative », pour employer le jargon légal, se réduit à un office d'intermédiaires, et qu'avec la surveillance des employés et la présidence des bureaux de bienfaisance, leurs fonctions se bornent à peu près à celles d'officiers de l'état civil. Mais on put croire, lors de l'institution, qu'un rôle beaucoup plus important leur était réservé. En fait (et cet état de choses se prolongea pendant plus d'un demi-siècle), la plupart d'entre eux compensèrent le défaut d'attributions effectives par leur ascendant moral : seuls magistrats municipaux du quartier, à peu près seuls en contact avec toutes les classes de la population, ils se firent les interprètes toujours respectueux de ses vœux, de ses plaintes; lui transmirent à leur tour les recommandations venues de la préfecture, du ministère de l'intérieur ou même des Tuileries; leur situation locale, leur influence administrative furent à bien des égards comparables à ce qu'est aujourd'hui celle des conseillers municipaux de Paris, élus au scrutin uninominal.

Ils furent nommés presque en même temps que le préfet, par un arrêté collectif du 18 ventôse. Voici les noms et qualités qui figuraient sur cette liste :

Huguet de Montaran.
Brière-Mondétour.
Delessert, banquier.
Bevière, notaire, ancien constituant.
Lafresnaie, ancien notaire.
Bricogne, ancien officier municipal.
Dupont, banquier.
Fieffé, notaire.
D'Ormesson.
Béthune-Charost.
Boulard, notaire.
Gorneau.

Quelques vacances, qui se produisirent dans les premières semaines, furent comblées par les nominations de Doyen, de l'ancien constituant Duquesnoy et de Camet de la Bonadière. Un seul de ces maires du début, Bricogne, resta en fonctions durant toute la période napoléonienne; la seconde Restauration le destitua en raison du zèle bonapartiste dont il avait témoigné pendant les Cent-Jours (1).

Si l'on tient compte des scrupules politiques auxquels obéissaient encore, dans l'hiver de 1800, un grand nombre d'anciennes familles parisiennes, et d'autre part de la nécessité où se trouvait le gouvernement de ménager les préjugés des « révolutionnaires nantis », la liste qu'on vient de lire manifeste un très sincère, un très courageux désir de conciliation. Outre que les politiciens professionnels en étaient presque complètement exclus, elle ne comprenait guère que des notabilités locales, des hommes en mesure d'exercer sur leurs administrés une action efficace et respectée. « Il fallait, a écrit plus tard l'un d'entre eux en se reportant à cette époque de la création des mairies, il fallait apaiser les haines et rétablir l'ordre » (2). C'est la tâche en vue de laquelle ils avaient été choisis.

Un seul parmi eux, grâce à sa qualité d'agent d'affaires, vit son crédit moral discuté, et encore rien ne prouve le bien fondé des accusations portées contre lui (3). Un autre recourut au suicide pour se soustraire

(1) Cf. plusieurs lettres écrites en novembre 1815 par le préfet Chabrol au ministre de l'intérieur : F1b II, Seine, 9. — Le 8 juin 1806, le *Moniteur*, en louant l'ordre régnant à la mairie du VIe arrondissement, annonçait que l'Empereur avait fait témoigner sa satisfaction au maire Bricogne.

(2) Boulard au ministre de l'intérieur, 30 mars 1811 : F1b II, Seine, 26.

(3) Rapport du préfet de police, 5 germinal an XI : F7, 3831.

aux réclamations de ses créanciers (1). Mais, pour ne prendre que quelques exemples, Benjamin Delessert, tout jeune encore (il était né en 1773), était le fils d'un des premiers banquiers de Paris et s'était déjà fait une réputation de philanthrope. Le notaire Bevière avait été l'un des députés de Paris aux États Généraux, et devait siéger au Sénat impérial. C'était une vraie trouvaille que d'avoir donné un d'Ormesson pour maire au IXe arrondissement, correspondant aux anciens quartiers parlementaires du Marais, de l'île Saint-Louis et de la Cité. Quant au Xe arrondissement, c'est-à-dire au faubourg Saint-Germain, le citoyen Béthune-Charost, qui y était nommé, n'était autre que le dernier duc de Charost, renommé lui aussi pour sa philanthropie, et qui mourut quelques mois plus tard d'une maladie contractée en visitant un établissement de bienfaisance. Pour le remplacer, on fit choix du duc de Luynes, l'ancien membre de la Constituante et le beau-père de Mathieu de Montmorency, sans admettre l'excuse de santé dont il essaya d'abord de se prévaloir (2); il ne fut autorisé à quitter ses fonctions municipales que pour entrer au Sénat.

L'installation collective des maires et adjoints eut lieu, un mois après leur nomination, à la préfecture. Lucien Bonaparte tint à présider la cérémonie, et à prononcer une allocution destinée à marquer le caractère local, quasi-familial de la nouvelle magistrature : « Les maires et adjoints sont les hommes du peuple ; dans leurs rapports avec tous les citoyens, ils doivent toujours conserver ce caractère; ils ont plus que personne besoin de la considération individuelle: la confiance doit surtout

(1) Cf. l'*Introduction* placée par M. DE CRÈVECOEUR en tête du *Journal d'Adrien Duquesnoy*, t. I, p. XXXV.

(2) *Journal des Débats*, 22 frimaire an IX.

les environner (1). » Cette harangue fut suivie d'une conversation moins solennelle, après quoi les maires et adjoints se rendirent dans leurs circonscriptions respectives.

Les mairies d'arrondissement de cette époque, dont l'installation matérielle datait de 1795, n'avaient que la destination et le nom de communs avec les palais municipaux édifiés sous le Second Empire et la Troisième République. On avait aménagé tant bien que mal des bâtiments pris parmi les domaines nationaux, hôtels de riches émigrés, couvents, presbytères. Quelques-uns de ces édifices étaient somptueux : tous avaient ce défaut de n'avoir point été bâtis pour l'usage auquel on les affectait (2). Dans les années suivantes, la radiation des anciens propriétaires ou les revendications des administrations publiques en rendirent beaucoup indisponibles; dans certains arrondissements, la mairie changea plusieurs fois de siège au cours du Consulat et de l'Empire.

Est-ce pour diminuer la fréquence de ces déménagements que Frochot proposa un peu plus tard de réduire à six le nombre des arrondissements et des mairies? Cette idée, favorablement accueillie par la section de l'intérieur du Conseil d'État, fut définitivement écartée en assemblée générale (3).

La brièveté et l'imprécision des textes légaux, l'absence non seulement de précédents, mais de points de comparaison, contribuèrent à faire régner au début une cer-

(1) *Journal des Débats*, 20 germinal an VIII.

(2) Pour le détail, cf. DES CILLEULS, *Histoire de l'administration parisienne*, t. I, p. 399-401.

(3) 12 fructidor an IX : *Ibidem*, t. I, p. 398. Chacun des six arrondissements eût compris trois justices de paix (soit dix-huit en tout) et chaque justice de paix trois commissariats de police (soit (cinquante-quatre).

taine hésitation, tant sur les pouvoirs réels des maires que sur la façon de les exercer. Un arrêté consulaire du 2 pluviôse an IX dut spécifier que dans chaque arrondissement les adjoints étaient réduits à un rôle de suppléance ou de délégation, mais ne devaient pas délibérer avec le maire ni prendre avec lui de décisions collectives (1). Dans un ordre d'idées moins important et presque puéril, le ministre de l'intérieur décida que les maires de Paris ne pouvaient user de la « griffe » ou signature automatique, réservée aux « fonctionnaires en première ligne (2). »

Leur amour-propre obtint des compensations. Les journaux du temps parlent, comme d'une institution couramment établie, de la « conférence décadaire d'usage » qui trois fois par mois réunissait les douze maires sous la présidence du préfet de la Seine (3). Cette institution ne paraît pas avoir persisté ; mais ce qui s'implanta, en dehors de toute consécration légale, ce fut l'habitude, dans les cérémonies d'apparat, de mettre en relief le *corps municipal*, composé de tous les maires et adjoints d'arrondissements. Plus l'étiquette monarchiste s'accentua, et plus, comme nous le verrons, le *corps municipal* fut en évidence, restant dépourvu d'attributions réelles, mais usurpant un rôle décoratif qui, d'après nos idées modernes, aurait dû revenir aux membres du conseil municipal (4). Cela aussi prouve

(1) Cf. une lettre du ministre de l'intérieur au préfet, à propos d'un arrêté pris par la municipalité du IIe arrondissement, 11 germinal an IX : F1b II, Seine, 25.

(2) Le même au même, 5 floréal an VIII : F1b II, Seine, 8.

(3) *Journal des Débats*, 10 brumaire an IX.

(4) Un très curieux mémoire anonyme, dont nous aurons à reparler, rédigé postérieurement à 1809, dit à ce sujet : « A raison seulement de leur nom de maires, ils se regardent comme supérieurs au conseil municipal et veulent que celui-ci ne fasse pas

bien que les maires de Paris étaient considérés et surtout se considéraient comme les représentants de leurs administrés.

On peut encore citer, à l'appui de cette idée, l'éclat donné aux funérailles des premiers d'entre ces magistrats municipaux qui vinrent à mourir en fonctions, et cela à une époque où les cérémonies funèbres avaient en général repris peu de solennité. A travers les figures d'une rhétorique déplorablement ampoulée, les comptes rendus de ces obsèques donnent l'impression d'un deuil de quartier, auquel toute la population participe. C'est à la mairie même que l'on se réunissait autour du cercueil et que les discours étaient prononcés (1).

IV

Les constituants avaient été logiques en donnant au minuscule département formé autour de la capitale le nom de département de *Paris*, modifié après la Terreur en signe de protestation contre la tyrannie de la Commune parisienne. Il y a cent ans, Paris, bien moins étendu qu'aujourd'hui, concentrait pourtant encore plus peut-être qu'à présent la population, la richesse, l'importance morale et matérielle du département de la Seine.

C'est le prétexte qu'on mit en avant pour faire décider (par l'article 17 de la loi du 28 pluviôse an VIII) qu'à

partie de ce qu'ils appellent le corps municipal. » (F1c III, Seine, 20.)

(1) Cf. le compte rendu des obsèques du maire Lafresnaie (ou Delafrenaye), du Ve arrondissement, 14 germinal an IX : F1b II, Seine, 25.

Paris le « conseil de département » ou conseil général remplirait les fonctions de conseil municipal. Le vrai motif était la crainte de voir dans la capitale une assemblée locale trop nombreuse : quoique les membres en fussent nommés par le gouvernement, on tenait à se prémunir contre les délibérations tumultueuses et les élans d'indépendance. Dix ans plus tôt, la loi de 1790 avait composé de 146 membres le conseil général de la commune de Paris; en l'an VIII même, la loi de pluviôse attribuait 30 conseillers municipaux à toutes les villes de plus de cinq mille âmes : grâce au subterfuge adopté, les intérêts communaux de Paris furent débattus dans une assemblée de 24 personnes!

Encore fallut-il renoncer, dans les débuts tout au moins, à parfaire en réalité ce nombre. Le gouvernement dut appliquer à la capitale l'arrêté consulaire du 25 vendémiaire an IX, qui semblait fait pour les infimes communes rurales, et qui permettait de laisser dans un conseil municipal les deux tiers des places vacantes. Aussi bien, ces fonctions, purement gratuites, s'annonçaient comme plus absorbantes qu'elles ne le furent en pratique.

Les premières nominations, contenues dans un arrêté consulaire du 19 ventôse an VIII, furent suivies de quelques démissions, sans compter que l'un des élus était mort depuis plusieurs mois (1). La plupart étaient des négociants ou des hommes d'affaires, entre autres le fameux notaire de Joséphine, Raguideau. Citons encore un ancien membre de l'administration centrale de la Seine, Demautort; un commissaire de la Trésorerie sous l'ancien régime, Rouillé de l'Étang; Périer, l'un des propriétaires de la « pompe à feu » de Chaillot; le duc de

(1) Cf. le dossier : F1b II, Seine, 8.

Luynes qui, comme nous l'avons vu, allait passer à une mairie d'arrondissement; l'avocat Bellart, que l'arrêté appelait *Belard* et qui devait jouer un rôle prépondérant dans les déterminations du conseil général en 1814; l'archéologue Quatremère de Quincy, ancien député à la Législative. Les conseils généraux étaient investis du droit d'élire leur président et leur secrétaire : à la première session, le président fut un administrateur des postes, Anson, et le secrétaire Quatremère.

Le ministre de l'intérieur avait projeté de présenter collectivement au Premier Consul les membres du conseil général de la Seine, ceux du conseil de préfecture et les maires et adjoints des douze arrondissements (1); mais à la date indiquée (17 floréal-7 mai), Bonaparte venait de partir pour l'armée. Le conseil général profita de sa première session pour demander une audience séparée au vainqueur de Marengo. Celui-ci reçut le conseil le 5 thermidor (24 juillet), et insista avec complaisance sur son rôle départemental, allant jusqu'à dire qu'il « devait être l'œil du gouvernement comme le préfet en était le bras » ; mais il s'abstint soigneusement de parler des attributions municipales, qui en fait étaient de beaucoup les plus importantes (2). On tenait décidément en haut lieu à écarter tout souvenir de la Commune révolutionnaire.

Entre le conseil général et Frochot, il s'établit dès le début des rapports de mutuelle confiance qui ne se démentirent jamais. Ce préfet d'un gouvernement autoritaire avait au fond le tempérament libéral : il cherchait à éclairer ses collaborateurs beaucoup plus qu'à les régenter; de plus, son application et son désintéresse-

(1) Le ministre de l'intérieur au préfet de la Seine, 2 floréal an VIII : F1c III, Seine, 29.
(2) Passy, *op. cit.*, p. 231-235.

ment se révélaient en toute occasion. Le conseil général n'avait pas siégé depuis un an, qu'il vantait dans une délibération « le zèle sans relâche de ce magistrat, la dignité de sa conduite, la simplicité de ses manières et sa constante sollicitude pour le bien du département (1) ». Cette phraséologie un peu pompeuse était l'expression d'un sentiment très sincère et très durable.

V

A la différence du conseil général, le conseil de préfecture, chargé à la fois d'assister le préfet et de statuer sur le contentieux administratif, reçut une organisation et des attributions analogues à ce qui avait été établi pour tous les départements. Des cinq membres, nommés le 23 ventôse an VIII, le plus connu ou le moins inconnu était Champion de Villeneuve, qui avait été un instant ministre de l'intérieur dans la dernière période du règne de Louis XVI.

Obscurs et laborieux, ces honnêtes fonctionnaires n'auraient jamais fait parler d'eux, même dans les bureaux du ministère de l'intérieur, si le chiffre de leurs appointements n'avait donné lieu de leur part à des réclamations aussi vives que prolongées. L'article 22 de la loi organique du 28 pluviôse fixait d'une façon générale le traitement des conseillers de préfecture au dixième de celui du préfet. Comme le préfet de la Seine touchait 30,000 francs (article 21 de la même loi), cela faisait 3,000 à Paris, c'est-à-dire un chiffre notoirement insuffisant pour vivre de façon honorable dans la capitale.

(1) 29 germinal an IX : F1c III, Seine, 29.

Avec cela, le travail était écrasant, surtout en matière de contributions, où les réclamations s'étaient amoncelées sous le Directoire. A l'automne de 1801, les conseillers de préfecture adressèrent au « gouvernement » de respectueuses instances, faisant valoir que pour les contributions seulement ils avaient expédié deux cent mille affaires en dix-huit mois, et qu'une aussi lourde besogne méritait d'être mieux rémunérée (1). Un arrêté du 3 brumaire an X leur accorda une gratification annuelle de 3,000 francs; ce doublement de traitement ne tarda point à leur paraître insuffisant, et la question demeura agitée jusqu'à la chute de Napoléon.

Les conseillers de préfecture soulevèrent aussi une querelle de préséance, ou plutôt de présidence. Les textes définissaient assez mal les attributions du secrétaire général. Frochot, à l'instigation de Méjan sans nul doute, prit occasion du sénatus-consulte sur les émigrés pour décider que ceux-ci prêteraient serment devant le conseil de préfecture, présidé, en cas d'empêchement du préfet, par le secrétaire général (2). Les conseillers de préfecture protestèrent avec indignation qu'à défaut du préfet ils ne pouvaient être présidés que par l'un d'entre eux, et le gouvernement leur donna raison, bien que Coulomb, secrétaire général du ministère de l'intérieur, eût agi en faveur de son compatriote Méjan. Celui-ci, faisant contre mauvaise fortune bon cœur, se défendit vivement de toute « prétention honorifique (3) ».

(1) F1b II, Seine, 8.

(2) Arrêté préfectoral du 13 floréal an X : F1c III, Seine, 24.

(3) Au ministre de l'intérieur, 17 floréal : *Ibidem*. Chaptal adressa à ce sujet (22 floréal) un rapport de principe aux Consuls, établissant que le secrétaire général ne peut suppléer le préfet que pour les actes de pure administration : F1c III, Seine, 29. C'est la thèse qui a toujours prévalu depuis lors.

VI

En dehors de Paris, le département de la Seine comprenait deux arrondissements *ruraux* : le mot était exact alors, puisque aucune des communes qui les composaient ne comptait *cinq mille* habitants (1), et que Garnier pouvait dans un de ses derniers rapports tracer ce tableau idyllique : « Dans les cantons ruraux les mœurs sont encore simples et se ressentent peu de la proximité de la grande ville (2). »

Le chef-lieu d'un de ces arrondissements fut fixé sans contestation à Saint-Denis, qui dans les actes officiels se nommait encore *Franciade*. Dans l'autre arrondissement, il paraît que Sceaux dut triompher des prétentions des habitants d'une commune voisine, le *Bourg-Égalité* (Bourg-la-Reine) (3).

Sous la Troisième République, Saint-Denis et Sceaux, tout en demeurant chefs-lieux d'arrondissement, ont cessé d'être sous-préfectures. Cette anomalie n'existait pas pendant les trois premiers quarts du dix-neuvième siècle. Comme nous l'avons dit, les deux premiers sous-préfets furent nommés par le même arrêté consulaire qui désignait le secrétaire général (4). C'étaient deux

(1) On sait qu'aujourd'hui ces deux arrondissements comprennent quelques-unes des plus populeuses villes de France.

(2) Rapport sur pluviôse an VIII : F1c III, Seine, 20.

(3) Cela résulte d'une correspondance échangée entre le ministre de l'intérieur et le conseiller d'État Dufresne, directeur général du Trésor public, qui défendait les intérêts de ses compatriotes de Sceaux; 7 et 9 germinal an VIII : F1b I, Préfets, v° *Méjan* (dossier mal classé).

(4) 14 germinal : Aulard, *Paris sous le Consulat*, t. I, p. 257, note.

membres obscurs de l'ancien personnel administratif : à Sceaux, Houdeyer, secrétaire général de la défunte administration centrale de la Seine ; à Saint-Denis, Dubos, le seul des trois membres du Bureau central qu'on ne conservait point à la police. Tous deux paraissent avoir joué un rôle effacé, justifiant soixante-quinze ans d'avance la future suppression de leurs fonctions. L'usage s'établit pourtant promptement d'ajouter à leurs émoluments, par décision consulaire ou impériale, une gratification annuelle de 3,000 francs (1).

Dans toutes les communes, puisque aucune n'atteignait le chiffre de 5,000 habitants, c'est au préfet seul qu'incombait, aux termes de la loi, le soin de nommer les maires, les adjoints et les membres du conseil municipal. Ces choix n'allèrent pas sans difficulté, par suite du grand nombre des refus et des démissions (le fait se produisit d'ailleurs à cette époque dans toutes les parties de la France rurale). Un peu découragé, Frochot demanda à maintenir provisoirement en fonctions les anciennes administrations municipales de cantons, ne fût-ce que pour s'acquitter du travail ingrat et impopulaire de la conscription. Le ministre de l'intérieur n'y consentit que pour un délai très court : « L'établissement du nouvel ordre constitutionnel, écrivait-il, exige une prompte installation des maires et adjoints (2). »

VII

L'article 16 de la loi du 28 pluviôse, qui fondait à Paris l'institution des maires d'arrondissement, conte-

(1) F1b II, Seine, 9.
(2) 29 ventôse et 7 germinal : F1b II, Seine, 8.

nait un second paragraphe ainsi conçu : « Un préfet de police sera chargé de ce qui concerne la police, et aura sous ses ordres des commissaires distribués dans les douze municipalités. » C'est sous cette forme incidente, modeste, presque anodine, que fut créé un des rouages les plus importants de l'administration parisienne.

Au fond, l'institution de la préfecture de police était un souvenir de l'ancien régime. Pendant la Révolution, la police, à Paris comme ailleurs, avait figuré parmi les attributions des autorités communales ou départementales; en dernier lieu, le fameux Bureau central dépendait étroitement de l'administration centrale de la Seine, qui en désignait les membres. La législation consulaire ressuscitait au contraire le lieutenant de police d'avant 1789, agent direct de l'autorité royale, indépendant du prévôt des marchands comme de l'intendant. A soi seul, le titre de *préfet* annonçait un représentant du pouvoir suprême.

En signant l'arrêté qui nommait le premier préfet de police, Bonaparte prononça-t-il une phrase à effet (1)? Il est infiniment plus probable qu'à ce choix, comme à la plupart de ceux qui furent faits dans cette période des débuts, le Premier Consul ne prit pas une part prépondérante. Il connaissait mal alors le personnel des fonctionnaires, et s'en rapportait aux indications de son entourage. Il y eut certainement des compétitions, mais la trace n'en est pas venue jusqu'à nous; pour économiser sans doute un apprentissage, on mit à la préfecture de police le plus en vue ou le plus recommandé des trois membres du Bureau central, que cette institution allait remplacer. L'arrêté de nomination, daté du

(1) « Il ne faut pas prendre l'homme à qui la place convient, mais l'homme qui convient à la place. » (Duchesse d'Abrantès, *Mémoires*, t. III, p. 108.)

17 ventôse, désignait en même temps des commissaires généraux de police pour les villes de Lyon, Marseille et Bordeaux (1).

Sous Louis XVI, Dubois avait été procureur au Châtelet, comme Réal et Fouquier-Tinville. Pendant la Révolution, sans se mettre trop en avant, il ne s'était pourtant abstenu ni de démonstrations démagogiques, ni de déclamations antireligieuses (2). Vers la fin de la période du Directoire, probablement sur la désignation de Réal, il avait été nommé commissaire du gouvernement auprès de la municipalité du Xe arrondissement. C'est de là que le Consulat provisoire l'avait appelé au Bureau central.

Des fonctions aussi en vue que celles de préfet de police et comportant une aussi grande part d'arbitraire devaient valoir à leur titulaire bien des jalousies et bien des haines : Dubois a été violemment attaqué (3). On lui a su insuffisamment gré soit de sa diligence à faire régner l'ordre matériel dans les rues de Paris, soit de sa fidélité à Napoléon et de sa naturelle aversion pour les intrigues politiques. Cette dernière qualité lui attira la particulière inimitié de Fouché et de Talleyrand. Entre la préfecture et le ministère de police, ce fut bientôt une rivalité en règle, envenimée par les subalternes des deux côtés et sur laquelle il nous faudra revenir. Quant au ministre des relations extérieures, ses dédaigneuses épigrammes lui attiraient des ripostes d'autant plus dangereuses qu'elles lui demeuraient inconnues : sous couleur de relater les racontars des promenades ou des

(1) AULARD, *Paris sous le Consulat*, t. I, p. 198.

(2) DES CILLEULS, *Histoire de l'administration parisienne*, t. I, p. 380.

(3) Ces attaques ont été résumées avec éclat par M. Gilbert-Augustin THIERRY (*Le Complot des Libelles*, p. 117 et s.).

cafés, le préfet glissait de terribles insinuations dans ses rapports confidentiels au maître (1).

Cela dit à la décharge de Dubois : l'historien doit convenir non seulement que, comme la plupart des agents du gouvernement napoléonien, il se montra dans ses fonctions étranger à tout scrupule de libéralisme, souvent même d'équité, mais qu'il se distingua par son absence de délicatesse morale et de désintéressement. Son successeur, qui ne lui était certainement pas sympathique, mais dont le témoignage est très grave et très digne de foi, ne nous a laissé ignorer ni qu'il avait fait succéder à une liaison dégradante un mariage révoltant, ni que son habitude était, quand il réunissait à sa table ses collègues du conseil d'État, de leur offrir un assortiment des livres obscènes saisis chez les libraires, ni surtout qu'il se réservait discrètement une part soit sur les bénéfices de la ferme des jeux, soit même sur la taxe de la visite sanitaire des filles publiques : il est vrai qu'en gendre modèle, il consacrait les revenus de ce dernier article à la toilette de sa belle-mère (2)!

C'étaient là de sérieux défauts; Dubois y joignait des ridicules qui faisaient la joie de ses ennemis. Il était fat, important, pointilleux en matière de préséances, ami de la pompe dans les cérémonies et dans le langage. Même à cette époque de rhétorique boursouflée, sa littérature officielle prêtait à sourire. A peine installé en maître unique dans le local précédemment affecté au Bureau central, c'est-à-dire dans l'ancien hôtel du pre-

(1) Par exemple, à propos de la non-participation officielle de Talleyrand aux négociations avec l'Angleterre : « On ajoute qu'on craignait à Londres qu'il ne jouât sur les fonds publics s'il avait été chargé de la négociation. » (8 messidor an IX-27 juin 1801 : F7, 3820.)

(2) *Mémoires du chancelier Pasquier*, t. I, p. 408, 429-430, 451 et 458.

mier président du Parlement, rue de Jérusalem, à côté de la Sainte-Chapelle (1), Dubois jugea à propos, ce qu'avait négligé Frochot dans sa simplicité, d'adresser aux Parisiens une proclamation bourrée d'antithèses : « Citoyens, cette ville est immense; sa police doit être rapide : son exécution vient de m'être confiée; je veux justifier le choix du gouvernement; j'appelle vos conseils; je provoque vos réclamations. Tout ce qui a pu être quelquefois le sujet de vos plaintes sera désormais l'objet de ma sollicitude... Sévérité, mais humanité! Mon œil pénétrera les replis de l'âme du criminel; mais mon oreille sera ouverte aux cris de l'innocence, et même aux gémissements du repentir... » Il poursuivait en promettant, par un amalgame assez baroque, « la liberté des cultes, la liberté des costumes, la liberté des plaisirs » et en s'excusant d'avance si la pénurie financière ne permettait pas de donner immédiatement tout le développement désirable « à l'illumination et au nettoiement des rues » (c'étaient alors les expressions consacrées pour désigner ce que nous appelons les services de l'éclairage et du balayage) (2). — Un peu plus tard, avec presque autant de solennité, Dubois protestait publiquement que jamais il n'avait déconseillé de boire de l'eau de Seine (3). — Sous l'Empire, pour transmettre aux commissaires de police cette recommandation très simple, de ne pas tolérer de pots de fleurs sur le rebord des fenêtres, il préludait par des considérations pod-

(1) Dès le surlendemain de son installation, Dubois insista auprès de Fouché pour que l'édifice fût exclusivement consacré à ses bureaux, par le déplacement de la commission des contributions publiques (21 ventôse : F1c III, Seine, 20.) — On sait que la préfecture de police a été incendiée en mai 1871; sur son emplacement, le palais de justice a été agrandi vers le quai des Orfèvres.

(2) 21 ventôse : AULARD, *Paris sous le Consulat*, t. I, p. 212.

(3) 26 thermidor an VIII : *Ibidem*, t. I, p. 603.

tiques : « Le printemps est la saison, Messieurs, où les fleurs sont recherchées avec le plus d'avidité... Élevez vos regards jusqu'à la lucarne qui éclaire le galetas du pauvre; vous y verrez des pots à fleurs souvent posés sur un plan incliné, et toujours dépourvus de points d'appui (1)... »

Les bureaux de la préfecture de police, comme les autres services publics, recueillirent un certain nombre de révolutionnaires assagis, amis de jeunesse du préfet ou clients de personnages politiques importants. Mais le fond du personnel se composa de vieux serviteurs expérimentés, qui s'étaient formés sous les lieutenants de police de la monarchie et qui continuaient la même besogne dans une institution à peu près analogue; Pasquier en trouva en 1810 dont les débuts remontaient à la lieutenance du célèbre Lenoir (2).

Le préfet de police, comme les préfets des départements, était doublé d'un secrétaire général. Le personnage qui fut investi de ces fonctions par arrêté spécial du 23 ventôse n'était plus un jeune homme (il était né en 1755), et devait sa notoriété à des travaux fort étrangers à la police comme à tout autre genre d'administration. Le citoyen Piis, qui était issu de noble souche et s'était appelé avant la Révolution *chevalier* de Piis, était un des plus féconds parmi ces versificateurs qui à la fin du dix-huitième siècle inondèrent de leurs rimes les almanachs, les gazettes et la scène des petits théâtres. Les couplets étaient alors le condiment obligé de tout ce qui n'était pas grande comédie, et Beaumarchais avait cru devoir en placer au dénouement du *Mariage*

(1) Circulaire du 16 mai 1800, reproduite par les journaux du temps.

(2) PASQUIER, *Mémoires*, t. I, p. 444. (Lenoir avait été en fonctions de 1774 à 1785.)

de Figaro : pour en avoir tourné un certain nombre, les rimeurs se croyaient auteurs dramatiques. Ainsi Piis, en collaboration avec d'autres improvisateurs, notamment avec Barré, fit jouer plusieurs piécettes, et contribua en 1796 à la restauration du Vaudeville. Comme le théâtre ne suffisait point à l'écoulement de sa verve poétique, il fut l'un des fondateurs du Caveau, ce qui ne veut pas dire que sa « muse » pût se comparer à celle de Désaugiers, ni même à celle de Laujon. Les pièces qu'il débitait à ses confrères et qu'il donna un peu plus tard au public étaient très monotones dans leur apparente variété : chansons prétendues bachiques et lourdement triviales, stances prétendues passionnées et froidement grivoises, contes prétendus philosophiques et indécemment impies (1). Car Piis se piquait de penser librement, et il fréquentait presque aussi assidûment que le Caveau une loge maçonnique, mythologiquement dite « les Neuf Sœurs (2) ». Il convient d'ajouter que la franc-maçonnerie n'avait point alors d'attitude ouvertement antireligieuse.

Ce personnage sans passé politique ni administratif fut inopinément désigné, au début du Consulat provisoire, pour faire partie du Bureau central au printemps de 1800 pour demeurer à la préfecture de police comme secrétaire général. Dubois, habitué des loges lui aussi, prisait-il chez Piis le confrère en maçonnerie, ou simplement le « littérateur », dont la présence et la collaboration donneraient à la maison de la rue de Jérusalem un vernis de distinction, aux circulaires un tour acadé-

(1) Alors que Piis était le très redouté secrétaire général de la préfecture de police, le *Journal de l'Empire se croyait* obligé de s'élever contre le caractère antireligieux de ses poésies (feuilleton du 17 frimaire an XIV).

(2) Amiable, *La R.·. L.·. les Neuf Sœurs*, p. 363.

mique? Ce qui est certain, c'est que Piis, devenu gros fonctionnaire, continua à rimer sur un mode aussi folâtre, à pérorer sur un ton aussi sentencieux. Encore membre du Bureau central, il chantait au *Portique républicain* des couplets « d'une originalité piquante » sur les *Malheurs des huîtres* (1). Dix mois plus tard, dans un banquet officiel, on « distinguait » son toast : « Au triomphe de la philosophie par l'instruction publique et à l'extinction des préjugés par la tolérance (2) », discrète mais significative protestation contre les bruits d'arrangement avec le pape. Tout lui était matière à rimes; tout, même ses fonctions à la préfecture : pour thème de couplets badins dédiés à une dame de ses amies, il prenait l'œil légendaire figurant sur les cartes d'identité des agents de la sûreté; il n'est peut-être pas hors de propos de donner ici un spécimen de ces gentillesses entortillées et de ces galanteries mythologico-policières :

Parce qu'un œil est notre emblème
De surveillance et de rigueur,
Nous faut-il comme Polyphème
A Galathée être en horreur?
Ah! sans compter cet œil austère
Dont le méchant craint le pouvoir,
J'en ai deux qui ne peuvent taire
Le plaisir qu'ils ont à vous voir (3).

Tout en sollicitant du gouvernement une réglementation de principe qui définît et étendît ses attributions, Dubois se mit incontinent à l'œuvre. Les beaux esprits affectaient déjà de l'appeler le préfet « des lanternes, des

(1) AULARD, *Paris sous le Consulat*, t. I, p. 59.
(2) *Ibidem*, t. I, p. 667.
(3) PIIS, *Œuvres choisies*, t. IV, p. 458.

filous et des filles » ; il eut à cœur de montrer que, même dans ce cercle restreint, il y avait d'utiles réformes à accomplir.

Sous le Directoire, le *Dépôt* du Bureau central avait dû une fâcheuse célébrité à la promiscuité dans laquelle on y entassait provisoirement les personnes arrêtées pour les motifs les plus divers, criminels de droit commun, suspects politiques, boutiquiers en contravention, filles soumises (1). Par une décision de la fin de floréal, immédiatement communiquée aux journaux, Dubois établit que des locaux séparés et « salubres » seraient désormais affectés aux gens détenus faute d'avoir pu représenter immédiatement leurs papiers d'identité (2). Quelques jours après, il s'en prit aux étalages mobiles qui, insensiblement accrus, avaient fini par obstruer la circulation et devenir pour les passants une gêne intolérable. Mais le gouvernement tenait alors à ménager toutes les opinions et tous les intérêts, ceux des boutiquiers en particulier ; sur l'ordre des consuls, Dubois restreignit d'abord l'application de son arrêté aux ponts et aux quais, qui furent débarrassés sans difficulté ; quant aux rues proprement dites, il enjoignit aux commissaires de ne procéder que « lentement et même imperceptiblement », par persuasion plutôt que par contrainte (3). L'assainissement moral de la cité ne fut pas négligé davantage ; aux rafles sommaires et un peu brutales des premiers jours, Dubois fit succéder à l'égard des filles des mesures plus discrètes et au moins aussi efficaces, comme la visite médicale obligatoire et au besoin l'internement à

(1) Cf. Norvins, *Mémorial*, t. II, p. 130-135.
(2) Aulard, *Paris sous le Consulat*, t. I, p. 331. Cf. *Journal des Débats*, 26 floréal an VIII.
(3) Rapport du 2 prairial : Aulard, *Paris sous le Consulat*, t. I, p. 350.

l'infirmerie spéciale de la Petite-Force; l'aspect des voies publiques devint plus décent, et les cas de maladies spéciales diminuèrent (1).

L'arrêté réglementaire qui fixait la compétence et les attributions du préfet de police fut signé par Bonaparte le 12 messidor an VIII; les dispositions essentielles en sont encore en vigueur aujourd'hui. Le champ ouvert à l'activité du nouveau magistrat était immense : en dehors de la police proprement dite, prise dans le sens le plus extensif, il était chargé notamment du service des subsistances. Les deux premiers articles de l'arrêté consulaire lui conféraient le droit, en qualité de préfet, de correspondre directement avec les ministres, de publier les lois et règlements et de rendre des ordonnances pour en assurer l'exécution. Les articles suivants indiquaient les matières soumises à sa compétence dans l'ordre suivant : passeports à l'intérieur (il ne tarda point à délivrer également les passeports à l'étranger), cartes de sûreté, permissions de séjour à l'étranger, mendicité et vagabondage, police des prisons et nomination des gardiens, hôtels garnis et logeurs, maisons de jeu, maisons de débauche, attroupements, coalitions d'ouvriers, imprimerie et librairie, théâtres, poudres et salpêtres, émigrés (certificats de résidence et actes de notoriété), cultes (réception des promesses de fidélité), port d'armes, déserteurs, fêtes publiques, petite voirie, voie publique (balayage, arrosage, gouttières, accidents), salubrité (inhumations, usines insalubres, denrées avariées), incendies, inondations, Bourse, poids et mesures, libre circulation des subsistances, vérification des patentes, surveillance des places et lieux publics (l'art. 32 conte-

(1) Le rapport du 8 vendémiaire an IX donne des chiffres comparatifs : *Ibidem*, t. I, p. 687-688.

nait à cet égard une très longue énumération, se terminant par les bureaux de nourrices), inspection des marchés (y compris les marchés de bestiaux se tenant hors de Paris pour la consommation de la capitale), préservation des édifices publics. En dehors des employés de ses bureaux, le préfet de police avait sous ses ordres (art. 35) les commissaires des quartiers ou divisions; les officiers de paix, le commissaire de police de la Bourse, le commissaire chargé de la petite voirie, les commissaires et inspecteurs des halles et marchés, les commissaires des ports, toute une armée enfin.

Dubois, actif et ambitieux, ne se contenta point d'exercer avec minutie les vastes attributions qui lui étaient confiées, entrant dans les plus intimes détails, appelant par exemple sur les chanteurs des rues la surveillance de ses subordonnés (1), ou se réservant le droit d'autoriser individuellement les femmes à porter le costume masculin (2). Il réclama, dès le début, sous des prétextes divers, l'extension des pouvoirs si largement concédés. Un mois à peine après la signature de l'arrêté du 12 messidor, il exposait que la Bièvre, ou, comme il l'appelait, « la petite rivière dite des Gobelins », était à sec dans Paris, répandant une odeur « morbifère » (3), réduisant au chômage tanneries et blanchisseries. La faute en était, suivant lui, aux riverains d'amont, habitants des communes rurales, qui négligeaient le curage ou détournaient les eaux. Il en profitait pour réclamer l'extension de ses pouvoirs à la banlieue parisienne (4).

(1) Circulaire du 17 fructidor an VIII : *Ibidem*, t. I, p. 637.

(2) Ordonnance du 16 brumaire an IX.

(3) C'est bien ce que porte l'original (AF. IV, 1329); M. Aulard a imprimé par erreur « mortifère ».

(4) Rapport du 16 thermidor an VIII : Aulard, *Paris sous le Consulat*, t. I, p. 577.

Un arrêté consulaire du 3 brumaire an IX, d'une légalité contestable, vint combler ses vœux : à l'occasion des premières conspirations, dont nous aurons à reparler, le gouvernement décida que le préfet de police exercerait son autorité non seulement dans toute l'étendue du département de la Seine (1), mais dans les communes de Saint-Cloud, Meudon et Sèvres, appartenant au département de Seine-et-Oise (2).

VIII

Une légende très accréditée dans les milieux administratifs (3) rapporte qu'après l'installation du préfet de la Seine et du préfet de police chacun de ces deux fonctionnaires eut pour premier soin de s'asseoir à son bureau et de rédiger un rapport concluant à la suppression du poste de son collègue.

Il y a dans ce récit une pointe d'exagération, et les choses ne se sont point passées sans doute d'aussi piquante manière. Mais ce qui est incontestablement vrai, c'est que les rivalités et les conflits d'attributions des deux préfets suivirent de bien près leur nomination, se perpétuèrent pendant la plus grande partie de la

(1) Décidément insatiable, Dubois prétendait que cet arrêté contenait une « omission », et que les sous-préfets de Sceaux et de Saint-Denis auraient dû être placés sous ses ordres en matière de police. (Au ministre de l'Intérieur, 27 prairial an IX : F1c III, Seine, 20.)

(2) M. Louis Passy, l'historien de Frochot, prépare depuis longtemps, sur la fondation et les débuts de la préfecture de police, un travail dont les éléments seront empruntés aux documents officiels inédits, et qui promet d'être définitif.

(3) Je l'ai entendu fort agréablement raconter par un ancien préfet de la Seine, M. Ferdinand Duval.

période napoléonienne, et se sont souvent renouvelés au cours du dix-neuvième siècle. « Tous deux, disait un judicieux mémoire de la fin du Premier Empire, tous deux invoquent avec beaucoup d'esprit les meilleures raisons du monde pour prouver que la ville et les administrés souffrent également de ce que chacun d'eux n'a pas un pouvoir plus complet (1). » L'auteur ou les auteurs de la légende se sont donc contentés de parer la réalité.

Aussi bien, il était inévitable que deux fonctionnaires dotés du même titre, exerçant leurs attributions dans la même circonscription, faisant partie tous deux d'une organisation administrative encore neuve et mal définie, s'entendissent malaisément sur les limites respectives de leurs droits. Les chances de difficultés s'accrurent par l'arrêté consulaire du 12 messidor, qui faisait rentrer dans la compétence du préfet de police des matières de pure administration, comme l'éclairage et le balayage de la voie publique.

Le caractère de Dubois y fut pour beaucoup aussi : l'âpreté de son ambition n'avait d'égale que la susceptibilité de son amour-propre. Il était poussé d'ailleurs par le personnel de ses bureaux, qui, nous l'avons dit, datait en majorité de l'ancien régime, et qui se rappelait, selon les expressions du document cité plus haut, qu' « avant la Révolution le lieutenant de police avait de fait envahi toute l'autorité administrative de Paris ».

Dès les premiers temps, les preuves abondent de la jalouse susceptibilité de Dubois. Sans se borner à ce qui le concernait personnellement, il avait à cœur les prérogatives de ses subordonnés, réclamait un costume

(1) Mémoire anonyme et sans date, présenté au ministre Montalivet : F1c III, Seine, 20.

pour les officiers de paix (1) et se plaignait aigrement que Frochot n'eût pas compris de droit les commissaires de police dans la liste de notabilité communale (2). Mais ses propres griefs prenaient naturellement à ses yeux une importance capitale; lors de l'organisation de la première fête du 14 juillet célébrée sous le Consulat, il ne pouvait se faire à l'idée que « le préfet du département » eût « tous les honneurs », et il sollicitait au moins la prérogative de présenter au ministre les vainqueurs des jeux publics (3). Déçu dans ce rêve, il se retirait sous sa tente, et faisait bruyamment démentir dans les journaux qu'il dût être juge des jeux sous la présidence de Frochot (4). A l'occasion de la proclamation des traités de paix, la condescendance de Bonaparte devait lui réserver une éclatante compensation : en effet, après les premières conspirations, le Premier Consul s'appliqua à ménager le préfet de police, comme l'homme chargé de veiller à sa sécurité personnelle.

Dubois fit preuve d'une jalousie un peu moins puérile, mais également vive, à propos des services désignés aujourd'hui sous le nom collectif d'*Assistance publique*, dont la direction supérieure et le contrôle furent confiés au préfet de la Seine. Il déclara d'abord qu'en ce qui concernait particulièrement les bureaux de bienfaisance et les secours à domicile, la décision prise, contraire aux traditions de l'ancien régime comme à celles de la Révolution, lui rendait très difficile la surveillance des

(1) Au ministre de l'intérieur, 16 messidor an VIII : F1c III, Seine, 25.
(2) Au même, 18 thermidor an IX; la réponse du ministre (1er fructidor) fut nettement défavorable : F1c III, Seine, 20.
(3) Au même, 16 messidor an VIII : F1c III, Seine, 25.
(4) Note du 29 messidor an VIII.

indigents (1). Puis il s'abstint soigneusement de paraître aux séances du conseil des hospices, pour ne pas avoir l'humiliation de siéger sous la présidence de son rival (2).

L'énumération risquerait d'être à la fois fastidieuse et incomplète, des plaintes constamment portées par le préfet de police contre les prétendues usurpations du « préfet de département » ou « préfet civil », car il évitait scrupuleusement de lui donner son vrai titre de « préfet de la Seine ». Tantôt c'était un arrêté de Frochot, qui, en interdisant arbitrairement aux blanchisseurs de laver dans la Bièvre en amont des Gobelins, risquait de soulever tout le « faubourg Marceau (3) ». Tantôt Dubois s'en prenait au conseiller d'État Regnaud de Saint-Jean-d'Angély qui, rédigeant un projet de règlement des Bourses, donnait au « préfet civil » le droit d'ajouter des noms à la liste des candidats pour les charges d'agents de change et de courtiers; le préfet de police se prétendait aigrement « seul à même de donner des renseignements certains sur la moralité et la fortune des candidats (4) ».

En multipliant l'exposé de ses griefs et de ses prétentions, Dubois paraissait à coup sûr en haut lieu ridicule et fatigant, mais souvent aussi, par un sentiment de lassitude, on lui concédait une partie de ses demandes. C'est ainsi que ses attributions furent considérablement étendues dès l'arrêté de messidor an VIII, et qu'il obtint une série de prérogatives honorifiques. En cas de conférence avec le conseil général, il fut décidé

(1) Rapport du 27 brumaire an IX : AULARD, *Paris sous le Consulat*, t. I, p. 810-820.
(2) PASQUIER, *Mémoires*, t. I, p. 423.
(3) Rapport du 25 germinal an IX : F7, 3829.
(4) Rapport du 28 germinal an IX : *Ibidem*.

que le préfet de police indiquerait son heure, et ne pourrait être mandé comme un subalterne (1). Un arrêté consulaire du 6 messidor an X statua que pour juger les affaires contentieuses se rattachant à des décisions prises par le préfet de police (contrats d'éclairage et de « nettoiement », par exemple), le conseil de préfecture de la Seine se réunirait une fois par semaine sous la présidence du préfet de police; il est vrai que Dubois avait sollicité davantage l'absolue séparation du conseil de préfecture d'avec la préfecture « civile », et son installation dans un local séparé, où les deux préfets l'auraient alternativement présidé (2).

Un familier de Frochot a prétendu que par son indolence, sa bonhomie, son absence d'ambition et son peu de goût pour la lutte, le préfet de la Seine avait indirectement favorisé les empiétements de son collègue; on a cité ce mot de Réal, non encore brouillé avec Dubois : « Nous nous levons de meilleur matin que vous, et mon préfet sera plus gros que le vôtre (3). » Il peut y avoir dans ce récit une part de vérité; mais il faudrait se garder d'exagérer la mansuétude et le détachement de Frochot, qui savait à l'occasion se montrer lui aussi jaloux de ses prérogatives. La question précisément du conseil de préfecture fut traitée par lui dans un mémoire assez passionné de ton, où il énumérait les attributions conférées au préfet de police contre la logique et l'équité.

(1) Le ministre de l'intérieur au président du conseil général, 14 frimaire an IX : F1b II, Seine, 8 : « Le préfet de police doit disposer à lui seul de son temps. »

(2) Mémoire de Frochot au conseiller d'État Cretet, 21 prairial an X : *Ibidem*. On sait que depuis le Second Empire le conseil de préfecture de la Seine siège effectivement hors de l'Hôtel de Ville, dans le bâtiment du Tribunal de commerce; mais les causes de cette séparation sont d'ordre tout pratique.

(3) NORVINS, *Mémorial*, t. II, p. 238-239.

— Une autre fois il relevait, non sans aigreur, une circulaire ministérielle qui interdisait aux préfets de prendre des arrêtés d'administration générale sans l'approbation du gouvernement (1). — Enfin, Frochot usa souvent, pour se venger des empiétements et des mauvais procédés de Dubois, d'un moyen un peu mesquin sans doute, mais qui allait sûrement au but : tantôt en prétextant les besoins des hospices (2), tantôt en réclamant simplement la préférence pour les employés de ses propres bureaux (3), il fit en sorte d'empêcher ou de retarder indéfiniment, en ce temps de durable pénurie, l'acquittement des dépenses de la préfecture de police par le receveur général. Il devait en résulter d'assez sérieux embarras.

IX

Après les autorités administratives, il conviendrait de mentionner les autorités militaires instituées à Paris par le Consulat naissant; mais ni la garnison n'avait alors l'importance qu'elle devait recevoir ultérieurement, ni son chef ne possédait le rang et les attributions du futur gouverneur de la capitale de l'Empire. Junot, un des aides de camp favoris, que nous verrons plus tard trôner dans ces hautes fonctions, reçut dans l'été de 1800 le simple titre de *commandant* de Paris. Il s'ins-

(1) Au ministre de l'intérieur, 2 ventôse an IX ; réponse du ministre, 16 ventôse : F1b II, Seine, 8.

(2) Rapport du préfet de police, 13 frimaire an IX : AF. IV, 1329.

(3) Rapport du même, 9 prairial an VIII : AULARD, *Paris sous le Consulat*, t. I, p. 374.

talla avec son modeste état-major dans un hôtel de la sombre rue de Verneuil, et « dans la partie la plus triste et la plus malpropre encore (1) », au témoignage de celle qui n'était que sa fiancée. Un an plus tard, à l'occasion de la naissance de son premier enfant, Bonaparte lui fit cadeau d'une maison dans le quartier des Champs-Élysées (2).

Commandant de Paris, Junot fut ce qu'il avait été sous-officier et aide de camp, ce qu'il devait être gouverneur de la capitale, commandant de l'armée de Portugal, jusqu'à la catastrophe où s'abîmèrent sa raison et sa vie, c'est-à-dire le plus dévoué des serviteurs, le plus brave des soldats, le plus incorrigible des écervelés. Dès ce temps-là il se commettait dans des scènes sans dignité, dans des altercations avec des subalternes; par exemple, en vêtements civils, il affectait, au mépris des règlements de police, de passer à cheval sur la contre-allée d'un boulevard; il se laissait arrêter, conduire au poste, et, révélant alors son identité, infligeait vingt-quatre heures de consigne au caporal de service, qui n'avait fait que son devoir (3).

X

La reconstitution des tribunaux suivit de près celle des corps administratifs : elle préoccupa vivement les esprits et suscita d'ardentes compétitions; on racontait

(1) Duchesse D'ABRANTÈS, *Mémoires*, t. II, p. 195-196.
(2) *Ibidem*, t. IV, p. 340.
(3) Rapport confidentiel du commissaire de police de la division de l'Ouest au préfet de police, 16 thermidor an IX : F7, 3829.

qu'à Paris, pour moins de deux cents sièges à pourvoir, il y avait près de cinq mille candidats (1).

L'influence de Cambacérès, prépondérante dans cet ordre de nominations, fit entrer dans les corps judiciaires un grand nombre de jacobins, dont cet esprit si modéré se jugeait solidaire dans une certaine mesure et qu'il croyait avoir intérêt à ménager. Les deux choix qui firent le plus de bruit furent ceux de Merlin et de Treilhard, tous deux remarquables juristes, mais bien engagés tous deux dans le jacobinisme violent, et naguère expulsés ensemble du Directoire aux applaudissements du public (2) : l'un était nommé substitut du commissaire du gouvernement près le tribunal de cassation, et l'autre vice-président du tribunal d'appel de Paris; ils ne devaient point en rester là. Les mérites du procureur général et du rédacteur des codes atténuent dans une large mesure, aux yeux de la postérité, ce que leur attitude à la Convention et au Directoire avait eu de répréhensible.

Mais pour le recrutement de la magistrature comme pour celui des autres grands corps de l'État, le gouvernement demeura fidèle au système d'équilibre et de conciliation entre les partis : aux noms de Merlin et de Treilhard, il chercha à en associer d'autres qui évoqueraient le souvenir soit des débuts de la Révolution, soit même de l'ancien système judiciaire. Cette inspiration dicta visiblement les arrêtés du 14 germinal an VIII, qui fixaient le personnel du tribunal d'appel de Paris, du tribunal de première instance de la Seine et du tribunal criminel du même département (3). A la

(1) *Journal des Débats*, 5 germinal an VIII.

(2) En ce qui concerne la nomination de Merlin, cf. MIOT DE MÉLITO, *Mémoires*, t. I, p. 266.

(3) Le *tribunal criminel*, rouage supprimé en 1810, avait des

tête du tribunal d'appel, on plaça un Daguesseau, petit-fils du chancelier, ancien constituant, futur sénateur et pair de France; mal rompu d'ailleurs aux questions juridiques, ce personnage abandonna à Treilhard la direction effective et bientôt même la présidence. Le commissaire du gouvernement d'abord désigné fut un proscrit du 18 fructidor, Muraire, qui d'ailleurs fut, sur ces entrefaites, appelé au tribunal de cassation. Au tribunal de première instance, le président fut un autre ancien constituant, Berthereau, et au tribunal criminel, Agier; c'est sur le refus de celui-ci qu'on nomma Hémart, qui devait se faire une fâcheuse réputation dans le procès de Moreau.

Ces divers tribunaux siégèrent tout naturellement au Palais de Justice. Pour mieux marquer un retour aux traditions d'autrefois, le ministre de la justice Abrial eût souhaité installer les deux sections ou chambres correctionnelles dans le local du « ci-devant Châtelet », mais on parlait beaucoup déjà de la démolition de ce bâtiment encombrant et inélégant; l'intérieur en était d'ailleurs si délabré que la remise en état aurait nécessité des frais excessifs (1).

Bonaparte tint à marquer par une manifestation personnelle l'attitude impartiale que son gouvernement attendait de la nouvelle magistrature, au moins en ce qui concernait les souvenirs et les luttes du passé. Un mois environ après leur nomination (13 floréal-3 mai), il se fit présenter les membres des tribunaux de Paris; aux hommages de leurs présidents, il répondit par une harangue évidemment destinée à la publicité : « Lorsque

attributions analogues à celles de notre cour d'assises, dont il se distinguait par son caractère permanent.

(1) Le ministre de la justice au ministre de l'intérieur, 22 germinal an VIII : F1c III, Seine, 20.

des factions divisaient la France, la justice était mal administrée : cela devait être. Il y a dix ans que cet état dure; vous le ferez cesser. Vous n'examinerez jamais de quel parti était l'homme qui vous demandera justice... C'est aux armes à assurer la paix avec les puissances étrangères; la justice est le moyen d'assurer la paix entre les citoyens (1)... » C'était le même langage que le Consul n'avait cessé de tenir depuis Brumaire; mais formulés à la veille du départ pour la campagne de Marengo, adressés aux représentants du pouvoir judiciaire, ces conseils de tolérance mutuelle et de pacification intérieure avaient quelque chose de particulièrement solennel.

Un des premiers soins des nouveaux tribunaux fut d'établir la liste des avoués d'appel et de première instance, dont la nomination n'était définitive qu'après l'agrément du gouvernement. Ici aussi les compétitions se produisirent en grand nombre, et l'opération demanda plusieurs semaines (2).

XI

Malgré l'indifférence où était tombée la population en matière de libertés politiques, malgré le projet très arrêté des révolutionnaires nantis de se perpétuer au pouvoir, il avait bien fallu, avec une étiquette républicaine, conserver une apparence de système électif. C'est à cette nécessité que répondaient les *listes de notabilité*, combinaison inventée par Rœderer (3), immédiatement

(1) *Correspondance*, 4750.
(2) *Journal des Débats*, 16 floréal an VIII.
(3) *Mémoires sur le Consulat* (par Thibaudeau), p. 69.

agréée par Sieyès en raison de sa complication et par Bonaparte en raison de son inanité. On sait en quoi cela consistait : par une suite de scrutins à plusieurs degrés, qui avaient pour point de départ le vote des assemblées primaires, il était formé des listes de notabilité communale, départementale et nationale, sur lesquelles le gouvernement serait tenu à l'avenir de choisir tous les fonctionnaires des différents ordres ; mais de peur d'apporter l'ombre d'une entrave au bon plaisir renaissant, la Constitution déclarait non seulement que pour les premiers choix à faire le gouvernement ne serait pas astreint à se conformer aux listes, mais que les fonctionnaires ainsi nommés figureraient de droit sur leurs listes respectives.

Dans ces conditions, bien loin de soulever les passions, les scrutins préparatoires à la confection des listes n'excitèrent même pas l'intérêt. Les affirmations opposées de Frochot (1) ne sauraient prévaloir sur ce point contre les détails précis donnés par les rapports de police; ceux-ci attribuent à « la malveillance » un raisonnement que la simple logique suffisait à inspirer, à savoir que sous un régime de pouvoir personnel croissant, il était superflu de perdre son temps à des simulacres d'élection (2). Il se trouvait sans doute un brasseur d'affaires comme Haînguerlot qui, moitié pour faire du zèle, moitié pour éblouir les gens en place du scintillement de ses millions, réclamait à titre de plus imposé le poste de scrutateur de la liste nationale, en se vantant de payer cinquante mille francs de contribution foncière dans toute l'étendue de la République (3) (le

(1) Au ministre de l'intérieur, 22 brumaire an X : F1b II, Seine, 8.
(2) Rapport du 28 thermidor an IX : F7, 3820.
(3) Au ministre de l'intérieur, 28 vendémiaire an X : F1c III, Seine, 29.

chiffre paraîtrait mesquin aujourd'hui à plus d'un gros propriétaire foncier). La masse des hommes indépendants de fortune et de situation, des « citoyens aisés », pour parler comme les rapports de police, fit preuve d'une extrême indolence.

Ce n'en était pas moins, avec un corps électoral aussi étendu que celui de Paris, une opération étrangement compliquée que la formation de la triple liste. Les bureaux de la préfecture de la Seine, chargés de la mise au net du travail, trahirent une grande inexpérience : un mois après la publication de la liste communale, ils firent paraître deux *errata*, modifiant près de quatre cents noms! Les intéressés s'émurent, et une dénonciation en forme fut portée au Tribunat, prétendant que les employés de Frochot avaient non pas rectifié, mais arbitrairement modifié les résultats du scrutin (1).

Il s'ensuivit de longs retards, qui firent traîner l'établissement des listes jusqu'à la fin de l'année 1801. De plus, l'abstention de l'élite, les intrigues et les marchandages de certaines gens (2) aboutirent à donner pour Paris une liste nationale très différente de celle qu'on attendait, et bourrée de noms inconnus. En vain Rœderer expliquait-il paradoxalement cette déception par le grand nombre d' « hommes instruits » que renfermait la capitale; en vain Bonaparte lui-même s'écriait-il au Conseil d'État : « Nous ne devons pas mépriser ce mouvement du peuple ni son vœu, parce que Paris aura fait une mauvaise liste, et que Paris compte les départements

(1) Cf. deux rapports du chef de division Benoist et une lettre du ministre de l'intérieur Chaptal au préfet de la Seine, du 29 frimaire an X, avec un post-scriptum autographe assez vif : F1c III, Seine, 2.

(2) Cf. les doléances naïvement intéressées de l'abbé MORELLET, *Mémoires*, t. II, p. 206.

pour rien (1). » Ces médiocres choix de Paris mirent le comble au discrédit des listes de notabilité, dont l'abandon devait être décrété lors de la réforme constitutionnelle de l'an X.

Les délais nécessités par l'établissement des listes de notabilité firent reculer jusqu'à l'hiver de 1801 à 1802 la seule véritable élection qu'eût laissé subsister la Constitution de l'an VIII, celle des juges de paix (2). Sous un régime où les membres des assemblées politiques et administratives étaient désignés par le gouvernement ou par le Sénat, il était passablement illogique d'abandonner aux citoyens le choix de magistrats rendant la justice. Est-ce afin de corriger cette inconséquence qu'on enleva aux juges de paix les fonctions d'officiers de police judiciaire, pour les confier aux substituts du commissaire ou procureur près le tribunal de première instance? Le préfet de police s'en félicitait, en accusant formellement certains juges de paix parisiens de se prêter à de déshonorantes transactions avec les prévenus (3).

Les élections de l'an X paraissent avoir épuré ce personnel. Ici encore on montra peu d'empressement, et le scrutin, selon la pittoresque expression d'un rapport de police, « se traîna lentement (4) ». Il y eut pourtant çà et là des compétitions, et plusieurs candidats malheureux accusèrent leurs adversaires de manœuvres dolosives (5). Dans l'ensemble, le résultat n'en fut pas moins satisfaisant, à en juger par les annotations individuelles que Frochot joignait au tableau des juges de paix et des

(1) *Mémoires sur le Consulat* (par Thibaudeau), p. 70-73.
(2) Le préfet de la Seine au ministre de l'intérieur, 22 brumaire an X : F1b II. Seine, 8.
(3) Rapport du préfet de police, 12 ventôse an IX : F7, 3829.
(4) Rapport du même, 15 pluviôse an X : F7, 3830.
(5) Cf. les dossiers : F1c III, Seine, 2.

suppléants (1). La plupart des élus avaient été avocats, procureurs au Châtelet ou employés dans les administrations publiques d'avant la Révolution; il y avait parmi eux deux anciens prêtres, dont l'un était marié.

(1) Ventôse an XI : F1b II, Seine, 8.

CHAPITRE III

LE PREMIER CONSUL AUX TUILERIES. — MARENGO. — LES FÊTES NATIONALES. — REPRISE DES ANCIENS USAGES SOCIAUX ET MONDAINS.

I. Installation de Bonaparte aux Tuileries; les débuts de la cour consulaire. — II. La population parisienne pendant la campagne de Marengo. — III. Fêtes nationales. — IV. Reprise de la vie mondaine : le Carnaval; Longchamp; réouverture des premiers salons.

I

Le palais des Tuileries, vacant depuis le 10 août 1792, avait été attribué aux Consuls, tandis que le Sénat siégeait au Luxembourg, le Corps législatif au Palais-Bourbon et le Tribunat au Palais-Royal. Mais il y fallait exécuter des travaux de réparation et d'appropriation, qui se prolongèrent assez au delà de la mise en vigueur de la Constitution. En attendant, le gouvernement demeura provisoirement au Luxembourg, où le Consulat provisoire avait tenu ses séances.

Cette installation des chefs de la République dans la vieille demeure royale risquait de mécontenter les deux fractions extrêmes de l'opinion. Aux royalistes elle pouvait paraître une profanation sacrilège, et aux ardents républicains une première étape vers la restauration de la monarchie. Avec la souple diplomatie dont il donna tant de preuves lors de l'établissement de son pouvoir, Bonaparte s'appliqua à rassurer les uns et les autres. Pour se concilier les partisans des Bourbons, il fit communiquer à deux journaux fort lus parmi eux, les *Débats* et la *Gazette de France*, une note d'après laquelle sa première intention aurait été de s'installer aux Tuileries le 2 pluviôse : averti que cette date coïncidait avec le 21 janvier il aurait protesté « avec sensibilité » contre toute idée de prendre possession à pareil jour de la résidence de Louis XVI (1). — Afin de rassurer les partisans de la République, les réparateurs eurent ordre de respecter sur la façade les empreintes des boulets, autour de chacune desquelles était inscrite la mention *dix aoust* (2). La cour du château était alors séparée de la place du Carrousel par une simple barrière en planches, au milieu de laquelle était placardée cette inscription : *La royauté est abolie en France; elle ne se relèvera jamais*. On trouva plus digne et plus élégant de substituer aux planches une grille en fer (celle que notre enfance a connue), coupée par deux petits pavillons, sur l'un desquels fut reportée l'inscription révolutionnaire; mais comme celle-ci était moins en évidence, le bruit courut qu'elle avait été supprimée (3).

Le plus récent historien de cette époque voit encore une avance et une garantie à l'adresse des républicains dans la « pompe funèbre » de Washington, solennellement et officiellement célébrée quelques jours avant l'installation aux Tuileries (4). C'était assurément une ingénieuse pensée que de glorifier le fondateur désintéressé d'une grande république, le héros qui avait volontairement et

(1) 12 pluviôse an VIII : AULARD, *Paris sous le Consulat*, t. I, p. 131.
(2) BARANTE, *Souvenirs*, t. I, p. 53-54.
(3) AULARD, *Paris sous le Consulat*, t. I, p. 170 et 175.
(4) VANDAL, *Revue des Deux Mondes* du 15 mai 1901.

obstinément abdiqué le premier rang pour rentrer dans la retraite; mais plus d'un détail fut de nature à inquiéter les jacobins impénitents. Ils notèrent, dans l'ordre du jour qui prescrivait un deuil militaire, la résurrection de cette formule autoritaire : « Le Premier Consul *ordonne* (1)... » D'autre part, le choix de l'orateur du *temple de Mars* (c'était le nom que portait alors l'église des Invalides) ne pouvait leur inspirer confiance : au lieu de prendre un idéologue de marque, un coryphée de l'Institut, comme Garat ou Ginguené, Lucien et Napoléon n'allèrent-ils point désigner un ci-devant, un proscrit de Fructidor, un « exclu » de l'Institut, un personnage qui passait pour le type non seulement du monarchiste, mais du courtisan (2)! Le discours même n'était point fait pour calmer les alarmes des démocrates : dans une langue très classique, encore qu'un peu trop fleurie, Fontanes louait assurément Washington, mais il exaltait surtout Bonaparte, et la tradition était désormais renouée des harangues de cour. Les murmures de réprobation se perdirent d'ailleurs dans le tumulte des applaudissements. Fontanes, prévenu seulement trente-six heures avant la cérémonie, avait au premier abord eu la tentation de se récuser; il n'eut point à regretter d'avoir sacrifié les scrupules de l'homme de lettres à la fortune qui sollicitait le courtisan : « Depuis ce moment, écrivait quelqu'un de son entourage, il est recherché, fêté, choyé; on ne l'appelle plus que le nouveau Bossuet (3). « A certains égards, « nouveau Thomas » eût été mieux en situation.

(1) Duchesse d'Abrantès, *Mémoires*, t. IV, p. 189.

(2) Comme spécimen de la façon dont le parti républicain et philosophe jugeait le caractère de Fontanes, cf. Fauriel, *Derniers Jours du Consulat*, p. 118.

(3) Paul Joubert à son frère le moraliste, 6 avril 1800 (et non 1801) : P. de Raynal, *Correspondants de Joubert*, p. 69-70.

La date définitive de l'installation du gouvernement aux Tuileries fut fixée au 30 pluviôse (19 février 1800), et l'on annonça qu'un cortège solennel, comprenant les conseillers d'État, les ministres, les Consuls enfin, avec une nombreuse escorte militaire, se déroulerait du Luxembourg aux Tuileries. Sans parler des partis extrêmes, déjà disposés à tout critiquer, il se trouva bien quelques héritiers des idées et de l'esprit des vieux salons parisiens pour s'étonner « qu'un déménagement fût une si grande affaire (1) » ; la masse des badauds, chez qui les fêtes révolutionnaires avaient émoussé le sens de la mesure, ne songea qu'à profiter du spectacle et à applaudir le principal figurant.

Au jour dit, parmi les salves d'artillerie, à travers des voies étroites et tortueuses, aujourd'hui disparues ou délaissées, Bonaparte suivit l'itinéraire que Napoléon devait refaire plus d'une fois en sens inverse, pour aller porter à son docile Sénat l'expression de ses impériales volontés. Il avait écarté l'idée saugrenue, mise en avant par ce troupier endurci de Lefebvre, de faire monter à cheval tous les personnages officiels (2). Le début du cortège n'en excita pas moins les remarques caustiques de l'assistance. A ce lendemain du *maximum* et des impôts somptuaires, les industries de luxe se réveillaient à peine dans Paris; les voitures de remise étaient notamment si rares encore que pour transporter les conseillers d'État on n'avait pu racoler que de vulgaires fiacres; quelque subalterne trop ingénieux avait donné l'ordre d'en dissimuler les numéros sous des bandes de papier blanc, ce qui, selon la très juste remarque d'une spectatrice, « faisait un effet beaucoup plus ridicule que si les

(1) Mme DE CHASTENAY, *Mémoires*, t. I, p. 418.

(2) Papiers inédits de Cambacérès, cités par M. Vandal (*Revue des Deux Mondes*, 15 mai 1901).

numéros eussent été apparents (1) ». Le sérieux se rétablit sur les visages quand défilèrent les corrects équipages des ministres : l'enthousiasme fut presque général à l'aspect du carrosse à six chevaux que Bonaparte avait reçu en présent de l'empereur d'Allemagne après le traité de Campo-Formio. Les trois Consuls y étaient réunis, portant l'habit rouge vif à parements d'or qui était leur costume d'apparat.

Satisfait d'avoir ainsi marqué le caractère civil de son principat, Bonaparte, au bas du perron des Tuileries, sauta à cheval et passa la revue des troupes, contemplé et acclamé par tout un peuple qui se pressait aux balcons du château, aux fenêtres des maisons, au débouché des ruelles donnant à cette époque sur le Carrousel. Le succès particulier de cette conclusion de la fête lui suggéra peut-être (2) l'idée des *parades* périodiques du Carrousel, qui tous les quintidis, plus tard tous les dimanches, ne cessèrent d'exciter l'émulation de la garnison et la vibrante curiosité des Parisiens (3).

Le commissaire central Garnier traduisait en termes aussi exacts qu'inélégants l'impression générale, quand il déclarait que la cérémonie du 30 pluviôse avait « montré aux bons citoyens un appareil de la puissance et de la gloire qui veillent aujourd'hui sur leurs destinées (4) ». Fouché mit plus de nuances à son appréciation ; il ne lui déplaisait pas que le pouvoir dont il était

(1) Duchesse d'Abrantès, *Mémoires*, t. III, p. 39.

(2) Quelques jours plus tard, le 9 ventôse, le *Journal des Débats* reproduisait l'ordre fixant la parade consulaire au quintidi de chaque décade.

(3) « Tout Paris voudrait jouir de ce spectacle » (rapport du ministre de la police, du 16 ventôse an VIII, p. p. Aulard, *Paris sous le Consulat*, t. I, p. 196).

(4) Compte moral sur le mois de pluviôse an VIII : Schmidt, *Tableaux de la Révolution française*, t. III, p. 485.

ministre allât en se fortifiant, mais il redoutait une trop brusque évolution dans le sens autocratique, et il tenait à ménager les susceptibilités révolutionnaires. Il prit donc soin de spécifier que les acclamations populaires « n'étaient point celles de la servitude » et que « la nouvelle demeure des Consuls n'avait causé aucune inquiétude aux vrais républicains (1) ». Cette double affirmation renfermait le plus discret comme le plus clair des avertissements.

Lebrun, prenant à la lettre le texte qui affectait les Tuileries à la résidence *des* Consuls, choisit dans le château un appartement : un peu plus tard, quand le caractère monarchique du gouvernement alla s'accentuant, il comprit que les Tuileries devaient être occupées sans partage par son impérieux collègue, et sous un prétexte quelconque il s'installa à l'hôtel de Noailles, rue Saint-Honoré. Plus perspicace, Cambacérès avait entrevu de prime abord cette éventualité : pour s'épargner l'ennui d'un déménagement, il élut domicile d'emblée à l'hôtel d'Elbeuf, sur la place du Carrousel.

Soucieux d'établir aux Tuileries une représentation digne du chef d'un grand État, Bonaparte y introduisit en même temps ces principes de sévère économie qui restèrent en vigueur jusqu'à sa chute. Cette disposition était naturelle chez lui, mais il tenait surtout à réagir contre les traditions et les légendes de gaspillage qui avaient tant contribué à dépopulariser l'ancienne cour. Avant même d'avoir quitté le Luxembourg, il ne dédaignait pas de faire démentir au *Moniteur* un racontar de journal d'après lequel il aurait commandé une fête de deux cent mille francs (2). Quand il fallut solder la note

(1) Tableau de situation du 1er ventôse : AULARD, *Paris sous le Consulat*, t. I, p. 156.

(2) « Cela est faux. Le Premier Consul Bonaparte sait que deux

des frais d'aménagement des Tuileries, il entretint très haut ses intimes de son indignation contre ces « voleurs » de fournisseurs, qui ne rougissaient point de demander deux millions; il voulut qu'on sût dans le public qu'il avait interdit de lui représenter les mémoires tant qu'ils n'auraient pas été réduits à huit cent mille francs (1).

L'installation aux Tuileries coïncida avec l'organisation de ce qui, sans être encore à proprement parler la cour consulaire, peut rétrospectivement en être considéré comme l'embryon. Des jours fixes furent indiqués, dans le mois ou dans la décade, pour la réception par les Consuls du corps diplomatique, des membres du Sénat, du Corps législatif, du Tribunat et du Tribunal de cassation. De plus, chaque Consul se mit à donner individuellement des soirées : au dire d'un bon juge, tandis que celles de Cambacérès et de Lebrun avaient le caractère banal et insignifiant de toutes les réceptions officielles, Bonaparte maintenait chez lui la conversation sur des sujets très sérieux, et faisait subir un véritable interrogatoire à tous ceux d'entre ses invités de qui il pensait tirer quelque renseignement instructif ou profitable (2).

C'est à cette époque aussi que remonte la première ébauche d'étiquette. La haute direction du protocole renaissant fut confiée à un personnage fort obscur. Benezech, qui avait dirigé les *Petites Affiches* avant la Révolution, avait été quelque temps ministre de l'intérieur au début du Directoire, et faisait pour l'heure partie du Conseil d'État. Il fit ses débuts le 2 ventôse, à la

cent mille francs sont le prêt d'une brigade pendant six mois. » (9 nivôse an VIII).

(1) Conversation à Malmaison, 30 thermidor an VIII-18 août 1800 : RŒDERER, *Œuvres*, t. III, p. 334.

(2) MOLLIEN, *Mémoires* (nouvelle édition), t. I, p. 326.

réception solennelle du corps diplomatique, en introduisant les ambassadeurs auprès du ministre Talleyrand, chargé de les présenter aux Consuls. Tel était alors, chez les survivants de la Révolution, le culte de « la dignité des magistratures civiles », comme ils disaient, ou plus simplement telle la force du préjugé démagogique, que ce fut un scandale pour les conseillers d'État de voir l'un des leurs s'acquitter de la charge que devait bientôt remplir un Ségur ou un Montesquiou : des mots désobligeants furent murmurés à l'adresse du pauvre Benezech, entre autres celui de « maître d'hôtel (1) ».

Au contraire, il semble que le public s'intéressa à cette résurrection de l'étiquette. Les journaux notèrent avec satisfaction qu'à la même audience du 2 ventôse des rafraîchissements avaient été servis aux diplomates étrangers (2) : c'était « quelque chose de nouveau », qui sous le principat de Barras aurait paru incompatible avec la frugalité républicaine. Mais le Français, livré à son instinct naturel, goûte toujours chez les chefs d'État les habitudes de large hospitalité, comme il regrette l'absence de panache et de clinquant. Précédemment, en rendant compte de la distribution des prix du Conservatoire, présidée par Lucien, un autre journaliste avait écrit : « J'ai souffert de voir le ministre en redingote, assis sur cette estrade pompeuse (3). » La population qui manifestait de telles dispositions d'esprit accueillerait sans protestation les uniformes des chambellans et des pages.

(1) *Mémoires sur le Consulat* (par Thibaudeau), p. 3-4.

(2) *Publiciste*, 4 ventôse : AULARD, *Paris sous le Consulat*, t. I, p. 171-172.

(3) *Messager des relations extérieures*, 21 nivôse : *Ibidem*, t. I, p. 86.

Mais dans les détails matériels comme dans les mots, Bonaparte eut d'infinis ménagements pour les survivants des assemblées révolutionnaires, qui constituaient la majorité de son entourage politique et de son personnel administratif. C'est par une insensible et savante progression que l'étiquette s'établit aux Tuileries et autour du Premier Consul (1). On commence, au lendemain même de l'emménagement, par rétablir officiellement l'appellation de *Madame* ou *Mademoiselle*, en donnant dans les journaux deux explications également gauches, à savoir que les femmes, ne possédant pas de droits civiques, ne pouvaient être qualifiées de *citoyennes*, et que ce dernier titre ne permettait pas de distinguer les personnes mariées ou non (2). Six mois plus tard, on voit renaître sur les affiches des grands théâtres la formule traditionnelle *par ordre*, qui présage implicitement la présence du Premier Consul et qui provoque infailliblement l'affluence des spectateurs (3). Plus tard encore, à l'occasion des fameuses parades du quintidi, la consigne est donnée de ne laisser pénétrer dans les galeries des Tuileries que les femmes « vêtues en robes », c'est-à-dire en toilette de cérémonie (4). Après la paix d'Amiens, Bonaparte inaugure pour recevoir les ambassadeurs un vrai costume de cour, bas blancs, souliers à boucles, habit brodé en soie (5). Enfin, dans le cortège solennel qui se rend des Tuileries à Notre-Dame pour fêter la publication du Concordat, les livrées réappa-

(1) Cf. Frédéric MASSON, *Napoléon et sa famille*, t. II, p. 78.

(2) Article identique dans le *Publiciste* du 6 ventôse an VIII et le *Journal des Débats* du 7 ventôse : AULARD, *Paris sous le Consulat*, t. I, p. 178.

(3) *Gazette de France*, 12 brumaire an IX : *Ibidem*, t. I, p. 776.

(4) Rapport du préfet de police, 17 thermidor an IX : F7, 3829.

(5) Ph. Cobenzl à Colloredo, 27 mars 1802 : BOULAY DE LA MEURTHE, *Documents sur la négociation du Concordat*, t. V, p. 266.

raissent sur les carrosses officiels, et l'impression générale est la curiosité beaucoup plus que la surprise, beaucoup plus surtout que le mécontentement (1).

II

Cette énumération nous a entraînés notablement au delà de l'été de 1800 et de la campagne de Marengo, à laquelle il nous faut revenir, car elle marque un notable affermissement du prestige et du pouvoir de Bonaparte. Le plan de ce livre ne comporte ni la description des opérations stratégiques, ni même le récit détaillé des intrigues politiques qui se nouèrent pendant les heures d'attente et d'anxiété : mais nous devons dire un mot des manifestations par lesquelles la population parisienne s'associa à l'émotion de cette attente et à la joie du triomphe (2).

Assoiffés de paix comme tous les Français, les Parisiens comprenaient pourtant qu'une paix honorable ne pouvait être conquise qu'au prix d'une nouvelle campagne militaire. Ce fut une des habiletés de Bonaparte de leur persuader (et peut-être alors était-ce la vérité) qu'il désirait sincèrement traiter, et que seules les exigences de l'Angleterre et de l'Autriche entraînaient la prolongation des hostilités. En tout cas, malgré le médiocre succès final de l'expédition d'Égypte, son renom d'invincibilité était demeuré intact; chacun se rappelait les merveilles de la campagne d'Italie, couronnées par

(1) Marescalchi à Scarabelli, 19 avril 1802 : *ibidem*, t. V, p. 563. Cf. Frédéric Masson, *Napoléon et sa famille*, t. II, p. 111.

(2) Ce sujet a été traité par M. Vandal dans un article de la *Revue des Deux Mondes* du 1er juin 1901, auquel nous renvoyons le lecteur d'une façon générale.

le glorieux traité de Campo-Formio, qui avait affranchi la Lombardie et consacré la réunion de la Belgique à la France. La masse du peuple avait l'instinctive confiance que ces prodiges allaient se renouveler.

On en eut une première preuve dans le réveil général de l'esprit militaire, alangui depuis les échecs du Directoire. Ébauchant la réalisation d'une idée qui l'obséda jusqu'au bout (1), le Premier Consul avait décrété l'organisation d'un corps de volontaires, auxquels certains avantages seraient assurés et que le public baptisa d'emblée « hussards de Bonaparte ». L'empressement fut si vif pour répondre à cet appel, que plus d'un contemporain évoqua le souvenir des enrôlements de 1792 : mais tandis que les volontaires du début de la Révolution, devenus depuis lors colonels ou généraux, sortaient surtout du peuple et de la petite bourgeoisie, c'étaient cette fois les fils de gros financiers, de parlementaires, de gentilshommes, d'émigrés même qui briguaient l'honneur de défendre la patrie de nouveau en danger; celui d'entre eux qui a fait la plus brillante carrière militaire et littéraire, Philippe de Ségur, a expressivement analysé les mobiles qui avaient entraîné sa détermination et celle de ses compagnons (2).

L'ensemble de la population était animé d'un enthousiasme analogue. Comme les troupes rendues libres par la pacification de l'Ouest s'acheminaient vers la frontière, le 25 ventôse, la parade régulière du quintidi fut remplacée par une grande revue, à laquelle prirent part une quinzaine de mille hommes; pour un tel déploiement de forces, le Carrousel eût été trop exigu, et la revue, la « fête », comme dirent les témoins, eut lieu

(1) Cf. Frédéric MASSON, *Cavaliers de Napoléon.*
(2) Général Cte DE SÉGUR, *Histoire et Mémoires*, t. II, passim.

au Champ-de-Mars, en présence d'un concours extraordinaire de spectateurs. Les démonstrations patriotiques furent si vives, l'élan d'exaltation si unanime, que tous ceux qui rendirent compte de la cérémonie, policiers et journalistes, se reportèrent à cette journée de juillet 1790 qui, dans le même cadre, avait réuni une foule aussi enthousiaste. Nous sommes portés à juger la Fédération d'après les malentendus qui la préparèrent, les hypocrisies et les réticences qui y présidèrent, les déceptions qui la suivirent : elle demeurait pour les contemporains comme une inoubliable manifestation de fraternité civique, comme la « fête nationale » par excellence. Mais dans un article évidemment inspiré, le *Moniteur*, tout en soulignant le rapprochement, eut soin d'indiquer que cette fois les applaudissements et les marques de confiance allaient presque exclusivement à l'armée, qui seule n'avait pas fait faillite aux espérances de 1790; il développa, sur les « braves », un thème bien souvent repris par nos historiens et nos hommes politiques au cours du dix-neuvième siècle : « Par huit années de gloire, ils ont racheté et l'imperfection de nos lois et la honte de nos mœurs. Ils ont expié nos erreurs, que la postérité n'apercevra point, couvertes de leurs lauriers (1). »

Résignée à la continuation de la guerre, confiante dans la fortune des armes, la population parisienne, par une singulière contradiction, ne s'en troublait pas moins à l'idée de voir s'éloigner le Premier Consul. Deux mois d'avance, c'était déjà le sujet de toutes les conversations, et les bureaux de Fouché résumaient ainsi l'état des esprits : « Les hommes paisibles redoutent qu'il

(1) 26 ventôse an VIII : AULARD, *Paris sous le Consulat*, t. I, p. 216.

n'en résulte quelque chose; les malveillants, les conspirateurs d'habitude espèrent (1). » Les Parisiens n'avaient point encore dans la stabilité du gouvernement napoléonien cette confiance robustement naïve qui devait survivre aux désastres de Russie et d'Allemagne et s'ébranler seulement en 1814. Ils se rendaient compte en 1800 qu'un malheur ou un échec pouvait les rejeter dans l'anarchie; un sentiment irraisonné leur faisait même considérer la présence matérielle de Bonaparte comme un gage de sécurité.

C'est peut-être pour ménager ce sentiment, autant que pour ne pas soulever une épineuse question constitutionnelle et pour cacher son jeu à l'ennemi, que le Consul différa son départ et ne prit pas de commandement officiel. En tout cas, la tranquillité de Paris fut un de ses principaux soucis au cours de la campagne. D'avance, il prit prétexte de la pseudo-conspiration de Bouchereau pour prescrire l'éloignement des réfugiés étrangers, des émigrés, des agitateurs de profession (2). Une fois parti, il multipliait à ses collègues, à Fouché, à Mortier, commandant la division, des exhortations dont le ton était déjà empreint parfois de l'*imperatoria brevitas* : « Frappez vigoureusement le premier, quel qu'il soit, qui s'écarterait de la ligne (3). »

Sans qu'il y eût besoin de « frapper » personne, l'ordre extérieur fut maintenu, mais le trouble des esprits se trahissait à plus d'un indice. Aux termes de la Constitution, l'intérim du pouvoir gouvernemental était exercé par le Second Consul : jurisconsulte éminent, conseiller sagace, Cambacérès n'était déjà pour la

(1) Tableau de la situation de Paris, 17 ventôse : *Ibidem*, t. I, p. 195.
(2) A Fouché, 15 germinal : *Correspondance*, 4707.
(3) *Ibidem*, 4764, 4790, 4791, 4837, etc.

foule qu'un personnage ridicule. Les journaux s'émancipaient en conjectures ironiques sur la question de savoir s'il présiderait à cheval à la parade du quintidi (1). — La Bourse, d'autre part, devenait nerveuse. et sur des nouvelles insignifiantes ou controuvées, le cours de la rente marquait de brusques oscillations. — Enfin, si la masse demeurait étrangère aux conciliabules mystérieux où s'échangeaient les pronostics et où s'ébauchaient les combinaisons, il en transpirait jusqu'à elle quelque chose, qui suffisait à entretenir un état de malaise général.

En dehors des contre-révolutionnaires endurcis, qui n'avaient rien appris depuis dix ans et qui en étaient toujours à attendre le salut de la victoire des coalisés, Mme de Staël n'était pas seule à professer cette opinion blasphématoire, que « le bien de la France exigeait qu'elle eût alors des revers (2) ». En termes peut-être plus discrets et avec des mobiles assurément plus intéressés, ceux que le vocabulaire politique du temps appelait les *exclusifs*, c'est-à-dire les ultrà-démocrates, dont les principaux chefs étaient Antonelle et Félix Lepeletier, se confiaient les uns aux autres qu'un échec militaire était le seul moyen de venir à bout du gouvernement. Comme cet échec leur semblait improbable tant que Bonaparte exercerait le commandement, leur plan était de provoquer son retour avant tout engagement décisif, de façon à désaffectionner et à démoraliser l'armée (3).

Dans un autre parti, dans une autre coterie si l'on veut, il eût paru criminel de souhaiter la défaite, mais imprudent de ne pas la prévoir; c'était le cas de plu-

(1) AULARD, *Paris sous le Consulat*, t. I. p. 321.
(2) *Dix années d'exil*, p. 30.
(3) Rapports de police, p. p. AULARD, *Paris sous le Consulat*, t. I. *passim*.

sieurs de ceux qui avaient préparé le coup d'État de Brumaire, et notamment des amis particuliers de Sieyès. Ces hommes de précaution ne craignaient rien tant que de se trouver pris au dépourvu : estimant que Bonaparte pouvait succomber sur le champ de bataille, et que dans tous les cas son gouvernement ne survivrait pas à un échec militaire sérieux, ils se mirent dores et déjà en quête d'un successeur éventuel. Tout en cherchant avant tout à garantir leur propre situation, ils comprirent qu'il fallait tenir compte du mouvement qui s'était fait dans les esprits vers les hommes et les principes modérés : après avoir mis en avant le nom de La Fayette, ils se rallièrent à celui de Carnot, qui leur parut offrir plus de garanties aux *votants* (on sait que cet euphémisme désignait les conventionnels régicides) (1).

Simultanément, presque parallèlement, la famille Bonaparte prenait ses mesures. Joseph laissait déjà entrevoir un commencement de prétentions dynastiques, et Lucien donnait à entendre à ses intimes que ses mérites comme ses services justifiaient les plus hautes ambitions (2). Mais ici il y eut moins des menées que des aspirations, qui s'ébruitèrent peu au dehors, et dont le public ne put s'émouvoir.

Cependant l'armée de réserve, commandée officiellement par Berthier et effectivement par le Premier-Consul, avait franchi le Saint-Bernard et débouché en Italie. Un combat décisif ne pouvait tarder. La première nouvelle importante qui arriva à Paris le 24 prairial (13 juin) était incontestablement mauvaise : après une résistance héroïque, Masséna affamé avait dû se résoudre

(1) Cf. MIOT DE MÉLITO, *Mémoires*, t. I, p. 275 et s., et Stanislas GIRARDIN, *Journal et Souvenirs*, t. I, p. 175 et s.

(2) Frédéric MASSON, *Napoléon et sa famille*, t. I, p. 340 et s.

à capituler dans Gênes. Comme le dessein primordial de Bonaparte était de le débloquer, les pessimistes déclarèrent la campagne manquée : les « royalistes » triomphèrent ouvertement, les « exclusifs » leur firent écho, et la rente baissa de dix points... Le rapport de police qui contient ces renseignements inquiétants est daté du jour même où se livrait la bataille de Marengo (1).

De même que l'issue de cette mémorable rencontre parut d'abord défavorable, les premiers bruits qui en parvinrent à Paris furent incertains, plutôt fâcheux : le 1er messidor (20 juin), on murmurait que l'armée française, après avoir vu tomber un de ses généraux les plus en vue, commençait à battre en retraite. Ce fut le lendemain matin seulement qu'un courrier arriva avec des renseignements complets, confirmant la mort de Desaix, mais annonçant en même temps le définitif écrasement des Autrichiens et l'armistice qui les rejetait au delà du Mincio.

Dans le monde officiel accouru dès l'aube aux Tuileries, l'exaltation patriotique fut très vive, même chez la plupart de ceux qui avaient calculé les résultats d'une défaite (2). A la Bourse, où un agent de change, anglais d'origine, lut la dépêche à haute voix (3), l'enthousiasme se manifesta non seulement par des acclamations répétées, mais par une hausse de six francs (4).

Mais ce fut dans les milieux populaires que l'explosion de joie fut la plus remarquable, et la plus prolongée comme la plus spontanée. Qu'il s'agisse de policiers rédi-

(1) 25 prairial-14 juin : AULARD, *Paris sous le Consulat*, t. I, p. 417-418.

(2) Cf. le récit de M. Vandal, qui cite et analyse le témoignage inédit de Cambacérès.

(3) Rapport du préfet de police, 2 messidor : AULARD, *Paris sous le Consulat*, t. I, p. 435.

(4) De 29 à 35.

geant leurs rapports sur le moment même, ou d'observateurs indépendants, parfois hostiles, évoquant leurs souvenirs après bien des années et des vicissitudes, un même mot revient sous la plume de tous les contemporains, celui d'*ivresse*. Il faut le prendre au pied de la lettre, s'il est vrai que « les cabarets ont été pleins jusqu'à onze heures du soir, et il ne s'y est pas bu un verre de vin qu'il ne fût pour la République, le Premier Consul et les armées (1). » Mais c'est avant tout de griserie patriotique qu'il s'agit. Quand vers midi le canon commença à tonner, les ateliers furent désertés et les boutiques se fermèrent comme par magie; la foule se répandit dans les places et carrefours, avide de détails sur la bonne nouvelle reçue. Par l'ordre de Cambacérès ou de Fouché, Dubois avait fait imprimer à la hâte des paquets de bulletins, que ses agents placardèrent dans tous les quartiers, et de préférence dans les faubourgs. On lisait ces affiches, on les commentait, on s'extasiait sur la franchise avec laquelle nos pertes y étaient avouées, et par une ironique conséquence de l'engouement populaire, le premier en date des bulletins impériaux (car Marengo est déjà une victoire de chef d'État) eut surtout un succès de sincérité (2). A six heures du soir, dans l'église Saint-Gervais, desservie par des prêtres non jureurs ou rétractés (3), un *Te Deum* s'improvisa au milieu d'une telle affluence que la majorité des assistants demeura en dehors du vaste monument. La nuit venue, on chanta des couplets de circonstance dans les théâtres, et des fêtes populaires s'organisèrent un peu partout. Les dames Permon, qui, sans savoir

(1) Bulletin de police, 3 messidor : *Ibidem*, t. I, p. 439.
(2) *Ibidem*.
(3) Abbé Grente, *Le culte catholique à Paris de la Terreur au Concordat*, p. 380-381.

la nouvelle, avaient été passer la journée à Saint-Mandé, furent stupéfaites le soir en redescendant le faubourg Saint-Antoine : « Depuis la barrière (1) jusqu'à la maison de Beaumarchais (2), nous vîmes au moins deux cents feux de joie autour desquels le peuple dansait en criant : « Vive la République! Vive le Premier Consul! « Vive l'armée! » Et tout le monde s'embrassait (3). »

La suspension de la vie normale dura deux journées entières (4), après quoi le calme se rétablit en apparence : mais la secousse avait été trop violente pour que le moindre incident ne suffît point à galvaniser les esprits. Le 5 messidor, qui coïncidait avec la fête chômée de saint Jean-Baptiste, le clergé constitutionnel, ne voulant pas se laisser dépasser par les réfractaires en zèle patriotique, annonça à Notre-Dame un *Te Deum* présidé par l'évêque Royer : malgré les railleries des « philosophes » et les invectives des journaux antireligieux, le concours d'assistants fut « immense », et leur attitude si généralement respectueuse que deux dragons, entrés dans l'église casque en tête, faillirent s'attirer un mauvais parti (5). — Huit jours plus tard, le même sentiment patriotique se manifestait sous des formes et dans des circonstances très différentes. Le 12 messidor, conformément aux traditions du temps, le théâtre des Troubadours donnait un vaudeville de circonstance, intitulé *La nouvelle inattendue ou la reprise de l'Italie* : les spectateurs avaient souligné toutes les allusions, battu des mains à tous les couplets, et la pièce tirait à sa fin, lorsque

(1) La barrière du Trône, aujourd'hui la place de la Nation.

(2) On sait que cette maison était proche de la Bastille, sur le boulevard qui porte à présent le nom de Beaumarchais.

(3) Duchesse d'Abrantès, *Mémoires*, t. II, p. 168-169.

(4) Miot de Mélito, *Mémoires*, t. I, p. 283.

(5) Rapport du préfet de police, 5 messidor : Aulard, *Paris sous le Consulat*, t. I, p. 447.

Cambacérès fit son entrée. La salle entière se leva et exigea que le médiocre impromptu fût recommencé en entier, pour que le Second Consul pût en goûter les beautés, et surtout juger de la vivacité des acclamations. « De temps immémorial », écrivaient les auxiliaires de Fouché, « à aucune époque de la monarchie, le public n'avait donné aux chefs de l'État une preuve aussi sensible d'attachement et de satisfaction (1). »

Quelque entrain que missent les Parisiens à applaudir Cambacérès, c'était surtout le vainqueur qu'ils étaient impatients de revoir et de fêter. Mais lui, moitié par affectation de simplicité, moitié par instinctive aversion pour les solennités de ce genre, répudiait à l'avance toute « entrée » de parade; il préférait surprendre les Parisiens par une de ces courses à bride abattue qui devaient se renouveler si souvent sous son règne : « J'arriverai à Paris à l'improviste », écrivait-il de Lyon à Lucien. « Mon intention est de n'avoir ni arcs de triomphe ni aucune espèce de cérémonie. J'ai trop bonne opinion de moi pour estimer beaucoup de pareils colifichets (2). » Il fit comme il l'avait dit : le 13 messidor (2 juillet) ceux qui se préparaient à aller de bonne heure l'attendre à la barrière furent tout ébahis d'apprendre qu'il était depuis deux heures du matin aux Tuileries.

L'enthousiasme populaire tenait à se donner de nouveau carrière, et cette surprise n'ôta à la démonstration rien de son éclat. De tous les quartiers, mais principalement des faubourgs, une foule compacte convergea vers les Tuileries, où Bonaparte dut plusieurs fois se montrer au balcon au milieu d'une tempête de cris de joie.

(1) Tableau de la situation de Paris, 13 messidor : *Ibidem*, t. I, p. 467-468.

(2) 10 messidor-29 juin : *Correspondance*, 4955.

Depuis Henri IV, jamais vainqueur n'avait été si triomphalement fêté, pas même Condé, Turenne ou Villars: cette fois en effet, selon la remarque d'un sagace observateur, « on ne craignait pas, en louant le général, de déplaire au chef de l'État (1). » Le défilé dura la journée entière; le soir, les maisons particulières s'illuminèrent toutes, ou plutôt *presque* toutes (2), ce qui n'en démontrait que mieux la spontanéité et l'indépendance de la manifestation. Cette fois encore, le faubourg Saint-Antoine se distingua par l'éclat et l'exubérance de sa joie : ce fut, de la Bastille au Trône, une illumination ininterrompue, un concert de chansons, de fusées et de pétards : « Les plus anciens habitants du faubourg », écrivait la municipalité, « ne se rappellent pas *d'*avoir vu une aussi éclatante démonstration de la satisfaction générale (3). »

Se sentant désormais maître des Parisiens, Bonaparte s'appliqua pourtant à ménager leur frondeuse susceptibilité, à afficher encore les dehors du désintéressement et de la simplicité. Les habitants de Saint-Cloud, qui se rappelaient le temps profitable où Marie-Antoinette faisait des séjours auprès d'eux, rédigèrent une pétition pour que le château et le parc fussent offerts en récompense nationale au Premier Consul. Le Tribunat, en veine d'adulation, non seulement accueillit l'idée, mais par imitation de ce que le Parlement anglais avait fait pour Marlborough après la victoire de Blenheim, manifesta l'intention de débaptiser Saint-Cloud et de l'appeler *Marengo*. Bonaparte arrêta ce beau zèle, en déclarant qu'il serait inconstitutionnel d'attribuer la propriété d'un domaine national à un Consul en exercice. Il trouva plus

(1) Miot de Mélito, *Mémoires*, t. I, p. 285, note.
(2) Rapport du préfet de police, 14 messidor : Aulard, *Paris sous le Consulat*, t. I, p. 470.
(3) Au préfet de la Seine, 14 messidor : *Ibidem*, t. I, p. 478.

simple de faire mettre Saint-Cloud à la disposition du gouvernement, de façon à pouvoir y transférer sa résidence d'été quand il le jugerait bon (1). Mais pour le moment, Malmaison suffisait à son installation et à celle de son entourage encore très restreint.

Après cette succession de fêtes improvisées, la solennité officielle eut son tour. A peine la bataille gagnée, Bonaparte avait eu soin de diriger sur Paris la garde consulaire, en lui confiant les drapeaux pris sur l'ennemi; il calculait qu'en forçant les étapes, elle arriverait pour l'anniversaire du 14 juillet. et dans sa prévoyance déjà universelle, il écrivait à ses deux collègues : « Il est nécessaire de s'étudier à rendre cette fête brillante, et d'avoir soin qu'elle ne singe pas les fêtes qui ont eu lieu jusqu'à ce jour. Un feu d'artifice serait d'un bon effet. Les courses de chars pouvaient être très bonnes en Grèce, où l'on se battait sur des chars; cela ne signifie pas grand'chose chez nous (2). »

Quelques jours avant Marengo, le ministre Lucien avait précisément fait décider par Cambacérès et Lebrun que le prochain 14 juillet, sous le nom de *fête de la Concorde,* serait consacré à célébrer l'entière pacification des départements de l'Ouest; de plus, on poserait ce jour-là dans chaque chef-lieu de département la première pierre d'une colonne en l'honneur des défenseurs de la patrie, et à Paris la première pierre d'une colonne *nationale* à la même intention (3); enfin, on inaugurerait les travaux du quai de la Pelleterie, entre le pont Notre-Dame et la place de Grève (4). A ce programme déjà

(1) Miot de Mélito, *Mémoires*, t. I, p. 298-299.

(2) 3 messidor-22 juin : *Correspondance*, 4910.

(3) Un arrêté du 29 ventôse (20 mars 1800) avait décidé en principe l'établissement de ces colonnes.

(4) Rapport ministériel et arrêté consulaire du 23 prairial-12 juin : Aulard, *Paris sous le Consulat*, t. I, p. 415-416.

passablement chargé, on résolut de joindre la présentation des drapeaux autrichiens, la glorification des armées françaises et une séance de jeux publics renouvelés de l'antique : l'enthousiasme populaire était alors rebelle à la lassitude.

Il fallut pourtant anticiper d'un jour l'inauguration du quai, qui reçut solennellement le nom de Desaix, la plus illustre et la plus regrettée victime de Marengo. Le matin même du 25 messidor (14 juillet), la garde fit son entrée, les souliers poudreux, les uniformes déchirés, bien différente d'aspect de ce qu'elle devait être aux solennités impériales. On ne lui ménagea point sans doute les bravos, mais les rues se vidaient déjà, et la foule se portait vers les divers centres de la fête.

Place Vendôme tout d'abord, Frochot posa la première pierre de la colonne *départementale* de la Seine. Un peu plus tard, place de la Concorde, en présence de toutes les autorités et des corps constitués, Lucien posa de même la première pierre de la colonne *nationale*. Puis, reprenant en partie l'idée du brave Lefebvre pour l'installation aux Tuileries, les Consuls et les ministres, même Cambacérès, même Talleyrand, montèrent à cheval, et suivis de la foule des dignitaires et fonctionnaires, qui formaient dans la poussière une « immense infanterie (1), » s'acheminèrent vers le *temple de Mars*, dont les tribunes étaient depuis longtemps garnies de femmes en grande toilette. La Grassini, que le Consul connaissait depuis longtemps (2), mais que les Parisiens n'avaient point encore applaudie, chanta avec son camarade Bianchi une ode italienne qui célébrait l'affranchissement de sa patrie. Après une verbeuse harangue

(1) NORVINS, *Mémorial*, t. II, p. 253.
(2) Frédéric MASSON, *Napoléon et les femmes*, p. 42 et 84.

de Lucien, le grand succès fut pour une cantate dont la musique était de Méhul et les paroles de Fontanes, devenu décidément le poète comme le discoureur officiel de ce monument et de ce genre de cérémonies. Bien des années plus tard, un auditeur qualifiait malicieusement la cantate de « très belle, très républicaine et très héroïque (1) » : est-ce pour cela que la fille de Fontanes l'a exclue du recueil des œuvres de son père (2)? Cette poésie contient assurément des parties poncives, où l'intervention des dieux du Rhin et du Danube fait penser à la mythologie des épitres de Boileau, où le Pô se déguise sous l'appellation plus « noble » d'*Eridan;* mais Fontanes eut ce jour-là le mérite et le courage de développer, dans des vers éloquents et harmonieux, sinon très colorés, deux idées auxquelles le monde officiel et « intellectuel » était alors fermé, à savoir la solidarité de gloire entre la vieille et la nouvelle France, et la nécessité du sentiment religieux pour une nation triomphante :

. . . .
O Condé, Villars et Turenne!
C'est vous que j'entends, que je vois:
Vous cherchez le grand capitaine
Qui surpassa tous vos exploits.
Les fils sont plus grands que les pères
Et vos cœurs n'en sont point jaloux;
La France, après tant de misères,
Renaît plus digne encor de vous.
. . . .
Un grand siècle finit, un grand siècle commence :
Gloire, vertus, beaux-arts, renaissez avec lui!
O Dieu, vois à tes pieds tomber ce peuple immense :
Les vainqueurs de l'Europe implorent ton appui.
. . . .

(1) NORVINS, *Mémorial*, t. II, p. 234.
(2) La cantate se trouve dans les journaux du temps, notamment dans les *Débats* du 27 messidor an VIII.

Être immortel, qu'à ta lumière
La France marche désormais,
Et joigne à la vertu guerrière
Toutes les vertus de la paix!

Malgré les vastes dimensions de l'église des Invalides, c'était un auditoire restreint qui avait joui des périodes de Lucien et des strophes de Fontanes : il y eut même à ce sujet quelques murmures dans le public (1). Au Champ-de-Mars, où se transportèrent ensuite les autorités infatigables, la fête redevint populaire, et les talus étaient garnis d'une foule innombrable. La garde, massée en carré, présenta les drapeaux conquis au Premier Consul, qui la passa en revue; puis Bonaparte alla rejoindre ses collègues au balcon de l'École militaire, pour assister aux courses de chevaux et de chars dont les concurrents devaient être des jeunes gens de la meilleure bourgeoisie. Mais le peuple, avide de contempler à son aise le héros de Marengo, envahit d'une poussée irrésistible l'espace réservé pour les joutes, et se pressa sous le balcon avec une immense acclamation : ce fut, dans la fête officielle, la part de l'improvisation. Bonaparte aurait eu mauvaise grâce à ne s'y point prêter : il décida que les jeux seraient remis à une date ultérieure, et quand le tumulte des ovations se fut apaisé, il reprit le chemin des Tuileries, où un grand banquet clôtura la journée. Le Premier Consul y porta ce toast : *Au peuple français, notre souverain à tous!* Ce qui s'était passé depuis son retour l'avait convaincu que ce souverain abdiquait joyeusement en sa faveur. L'histoire la plus récente et la mieux informée a pu dater

(1) Rapport du préfet de police, 26 messidor : AULARD, *Paris sous le Consulat*, t. I, p. 513.

de Marengo la définitive « conquête de Paris par Bonaparte (1) ».

III

La fête du 14 juillet 1800 eut forcément un caractère unique, parce qu'on y célébra bien moins le retour d'un anniversaire déjà ancien que le triomphe tout récent de Marengo et les premiers résultats du Consulat. Les fêtes nationales qui suivirent ne virent pas se reproduire pareille explosion d'enthousiasme; néanmoins, elles se distinguèrent avantageusement de celles de la Convention ou du Directoire.

Tout d'abord, par un libéralisme gouvernemental que les régimes précédents n'avaient pas connu et que le Consulat devait bientôt oublier, chacun demeurait maître, en fait comme en droit, de s'associer aux fêtes ou de s'en abstenir. A l'une de ces solennités, Mme de Soyecourt, dont la famille avait été décimée par la Révolution, jugea à propos de ne pas illuminer le couvent des Carmes, où elle avait groupé, comme nous le dirons, quelques autres anciennes religieuses. Le lendemain, les commères de la rue de Vaugirard disaient en riant : « Mme de Soyecourt a brillé hier par son obscurité. » Mais les choses en restèrent là, et l'ex-carmélite ne fut nullement inquiétée (2).

En second lieu, les fêtes nationales perdirent le caractère pédantesquement agressif que leur avaient imprimé les rhéteurs révolutionnaires. Sans doute, elles se res-

(1) C'est le titre général d'une suite d'articles de M. Vandal (*Revue des Deux Mondes*, avril-juin 1901).

(2) *Vie de la R. M. Thérèse-Camille de Soyecourt*, p. 173-174.

sentirent toujours du goût de l'allégorie compliquée, qui était une manie de l'époque; lors de la fête du 14 juillet 1801, les journaux, décrivant un temple de la Victoire provisoirement érigé devant le palais du Corps législatif, énuméraient sérieusement et complaisamment les emblèmes des principales vertus guerrières, expliquant qu'elles étaient représentées. « l'amour de la patrie par le pélican, le courage par le lion, la valeur par le cheval, la prudence par le cerf, la patience par le chameau, l'intrépidité par le sanglier, la tempérance par l'éléphant, le désintéressement par le chien, l'obéissance par le bœuf et un joug, la sagesse par la chouette, la vigilance par le coq (1). » Si cette ménagerie symbolique pouvait être ridicule, elle n'était du moins désobligeante pour personne. C'était sa grande supériorité sur les solennités dont, un peu plus tard, le géographe Malte-Brun évoquait plaisamment le souvenir : « En observateur impartial, j'ai contemplé de près une vingtaine de ces fameuses fêtes nationales : j'ai vu brûler six trônes de paille, douze sceptres de bois, et vingt ou trente couronnes de papier... J'ai vu un garçon artificier arroser d'huile volatile les figures du Despotisme et du Fanatisme, qui, mouillées par la pluie, bravaient le feu céleste de la Liberté... Mais ce que je n'ai point vu avant le 18 brumaire, c'est une fête à laquelle le peuple prît aucune part, ou à laquelle il eût l'air seulement de comprendre quelque chose (2). » Cambacérès témoigne de même que les fêtes antérieures au Consulat « avaient porté une empreinte de contrainte ou d'indifférence (3) ».

(1) *Journal des Débats*, 25 messidor an IX.
(2) *Journal de l'Empire*, 24 août 1806.
(3) *Éclaircissements* inédits, cités par M. Vandal (*Revue des Deux Mondes*, 1er juin 1901).

Moins « instructives » peut-être, moins prétentieuses à coup sûr, les fêtes nationales redevinrent ce qu'elles n'auraient jamais dû cesser d'être, des amusements populaires : les danses, les jeux d'adresse y reprirent la place prépondérante, jeux auxquels participaient soit des jeunes gens de la riche bourgeoisie comme Tourton (1), soit au moins les employés des maisons de banque (2). Ici encore le début du Consulat se distingue avantageusement non seulement du régime qui a précédé, mais de celui qui suivra : en même temps qu'il supprime les démonstrations agressives, il ne ressuscite pas encore certains usages avilissants de l'ancien temps, comme les fontaines de vin et les distributions de victuailles, sur lesquelles il nous faudra revenir à propos des fêtes impériales. Il s'efforce même de lier aux fêtes, comme on l'a fait avec tant de succès après Marengo, quelque cérémonie occasionnelle qui exalte le patriotisme et renoue la solidarité morale entre la vieille France et la nouvelle. Au 1er vendémiaire an IX, c'est l'annonce de la prolongation d'armistice qui nous livre trois places fortes de Bavière et semble garantir la conclusion si désirée de la paix (3); c'est la pose de la première pierre du monument commun à Kléber et à Desaix sur la place des Victoires (4); c'est l'attribution solennelle à l'ancienne place Royale du nom du département des Vosges, qui a été le plus exact à acquitter ses

(1) Norvins, *Mémorial*, t. II, p. 256.

(2) Marant, *Tout Paris en vaudevilles*, p. 27-28.

(3) Sur le passage du comte de Saint-Julien, plénipotentiaire autrichien, les Parisiens criaient : *Vive la paix!* (Rapport du préfet de police, du 6 thermidor an VIII : Aulard, *Paris sous le Consulat*, t. I, p. 512-513.)

(4) On venait de profiter de l'occasion pour démolir, sur la même place, la « colonne pyramide » élevée en 1793 à la mémoire du régicide Le Peletier de Saint-Fargeau, assassiné par un ancien garde du corps (*Ibidem*, t. I, p. 651).

contributions de l'année écoulée; c'est surtout le transfert solennel aux Invalides du corps du maréchal de Turenne, échappé aux profanations sauvages de Saint-Denis et recueilli par Lenoir dans son Musée des monuments français (1).

Aux fêtes du 14 juillet 1801 et du 1er vendémiaire an X, il n'y a point d'adjonctions de ce genre : mais la paix générale est conclue ou sur le point de l'être, la prospérité se développe, les provinciaux affluent, et l'enthousiasme se déchaîne de plus belle. L'éclat des illuminations (2), la pompe des jeux, l'attrait des représentations gratuites, tout concourt à rassembler la foule et à provoquer les acclamations.

En dehors de ces fêtes publiques et à proprement parler nationales, l'élite des fidèles et des empressés ne négligeaient point de solenniser les éphémérides du nouveau régime. Dès le 16 vendémiaire an IX, l'attentif Cambacérès donna une fête pour célébrer le premier anniversaire du retour d'Égypte : Garat le chanteur y soupira des stances écrites pour la circonstance par le vieux Boufflers, et Esménard lut des strophes franchement et platement adulatrices (3). Le 23, Lebrun suivit l'exemple de son collègue, et offrit un dîner commémoratif, où le poète de rigueur fut un familier de la maison, Creuzé de Lesser.

Le branle était donné, et pour l'anniversaire du 18 brumaire, plusieurs réunions s'organisèrent. Les

(1) A cette occasion, l'ancienne rue Saint-Louis-au-Marais, où le maréchal avait eu son hôtel, reçut le nom de Turenne, qu'elle porte encore.

(2) Cf., sur la soirée du 14 juillet 1801, les impressions du prêtre champenois Servant, venu au concile constitutionnel (*Société des sciences et arts de Vitry-le-François*, t. XVIII, p. 271).

(3) *Journal des Débats*, 19 vendémiaire an IX.

deux plus en vue eurent lieu chez Rose, le restaurateur en renom : l'une groupa les « députés des départements », c'est-à-dire les délégués qui étaient venus assister officiellement aux dernières fêtes, et l'autre les principaux meneurs du coup d'État, Sieyès, Roger-Ducos, Talleyrand, etc. On échangea des toasts d'une salle à l'autre, et l'on passa la soirée ensemble, pendant qu'un orage épouvantable grondait au dehors. Le lendemain 19 vit banqueter à leur tour les anciens membres des commissions législatives formées à Saint-Cloud parmi les deux Conseils des Anciens et des Cinq cents : c'était devenu l'état-major du nouveau gouvernement, et c'était resté la grande majorité des révolutionnaires nantis; aussi, de tous les toasts portés, le plus sincère et le plus expressif fut le dernier, quand le conseiller d'état Boulay de la Meurthe but « à l'union éternelle des membres qui ont composé les commissions des deux Conseils (1)! »

Il faut encore mentionner une suite de fêtes semi-publiques qui se succédèrent pendant plus d'un mois, au commencement de l'été de 1801, lors du séjour du comte et de la comtesse de Livourne. C'était le nom sous lequel voyageaient l'héritier des Bourbons de Parme et sa femme et cousine, une infante d'Espagne, avant d'aller régner en Toscane avec le titre un peu bien archaïque de roi et reine d'Étrurie. Comme leur royaume avait été créé au traité de Lunéville, ils venaient faire à la cour consulaire acte de gratitude et de vassalité (2).

A cette nouvelle, le cardinal Maury prenait son ton le plus solennel, le plus attristé aussi, pour écrire à un

(1) AULARD, *Paris sous le Consulat*, t. I, p. 799.

(2) Cf., outre les rapports quotidiens de la préfecture de police (F7, 3829), NORVINS, *Mémorial*, t. II, p. 284 et s., et duchesse D'ABRANTÈS, *Mémoires*, t. IV, p. 187 et s.

confident de Louis XVIII : « C'est le premier descendant de Philippe V qui ait vu la capitale de la France, depuis que Louis XIV dota de la monarchie d'Espagne la branche cadette de son auguste maison (1). » Mais c'était également le premier prince qui mît les pieds à Paris depuis la Révolution, et les « exclusifs » ne furent pas moins prompts à s'offusquer que les royalistes à se scandaliser.

Pour les rassurer, Bonaparte s'appliqua d'avance à restreindre la solennité de la réception faite au couple royal. Prenant texte des prétendues exagérations commises par certains fonctionnaires de province, il interdit qu'aucune autorité civile de Paris rendît officiellement visite à « ces voyageurs », ni qu'on laissât chanter ou lire dans les spectacles « aucun vers » en leur honneur (2). De plus, il affecta d'expliquer à Malmaison, dans un cercle de hauts fonctionnaires à sentiments ou à antécédents jacobins, que s'il avait fait ou laissé venir le prince à Paris, c'était pour désabuser les jeunes générations du prestige ou du préjugé monarchique : « Il y en a assez », conclut-il, « pour dégoûter de la royauté (3). » Il eût été plus sincère et mieux seyant de sa part de faire valoir que la République française ayant repris sa place dans le concert européen, ses chefs étaient tout naturellement appelés à entretenir des relations de courtoisie avec les princes des autres nations.

Il est parfaitement exact d'ailleurs que Louis Ier d'Étrurie n'eut auprès des Parisiens qu'un succès de ridicule, dû autant à l'étrangeté de son accoutrement et

(1) A d'Avaray, 13 mars 1801 : RICARD, *Correspondance du cardinal Maury*, t. I, p. 121.

(2) Aux ministres de l'intérieur et de la police, 2 prairial an IX-22 mai 1801 : *Correspondance*, 5585 et 5586.

(3) *Mémoires sur le Consulat* (par Thibaudeau), p. 67-68.

à son disgracieux physique qu'à la puérilité de son attitude et de ses conversations. Selon la tradition, les journaux bien pensants l'avaient dépeint comme un prince « éclairé..... à la fois l'ami des sciences et des beaux-arts », particulièrement curieux de physique et de chimie (1). On s'empressa donc, autant du moins que le permit une malencontreuse indisposition, de lui faire faire des visites « savantes » : il multiplia les marques d'ennui à la Monnaie, à la classe des sciences de l'Institut, et posa au Jardin des Plantes « des questions sur les poissons ou les quadrupèdes, qu'un enfant de douze ans bien élevé ne ferait plus (2). » Comme la société parisienne lui prodiguait des distractions moins sévères (3), il promena ses interminables bâillements chez Talleyrand, qui lui avait combiné à Neuilly les plus ingénieux divertissements; chez Berthier, qui lui offrit une fête militaire pour l'anniversaire de Marengo; chez Mme de Montesson, qui avait organisé pour lui une comédie d'amateurs. — Tant d'insignifiance découragea les jeunes monarchistes, qui, disposés, pour jouer un tour au Consul, à oublier la défection de ce Bourbon, avaient comploté de le saluer à Tivoli du vieux cri de *Vive le Roi!* Le prince mit le comble à sa réputation de naïveté lors d'une représentation du Théâtre-Français, le 29 mai. On donnait *Œdipe*, la première en date des tragédies de Voltaire et la plus semée peut-être de sentences à effet, surtout dans le rôle de Philoctète. Le parterre eut le bon goût de ne pas souligner le vers fameux :

> Qu'eussé-je été sans lui? Rien que le fils d'un roi.

(1) Cf. le *Journal des Débats* du 24 floréal an IX.
(2) Mme DE STAËL, *Dix années d'exil* (éd. Paul Gautier), p. 55.
(3) La jacobine *Décade* en faisait la constatation sur un ton ironiquement rogue : « Ceux qui parlent avec tant d'enthousiasme des *fêtes de nos pères* n'ont plus rien à regretter. » (An IX, t. III, p. 561.)

Mais au second acte, et malgré l'absence de Bonaparte, qui s'était fait remplacer par Lebrun dans la loge consulaire, de frénétiques acclamations, renouvelées pendant plus de dix minutes, accueillirent cette fin de tirade :

. . . . . . Sans sujets et sans maître,
J'ai fait des souverains, et n'ai pas voulu l'être.

Interloqué tout d'abord, Louis Ier crut ensuite que l'ovation s'adressait à lui, et se mit en devoir de saluer à la ronde.

Plus intelligente, plus fine tout au moins, la princesse s'adapta mieux au milieu parisien, sans réussir à contrebalancer les bévues et les enfantillages de son mari. Après avoir été un objet de curiosité, puis d'amusement, le couple royal partit le 1er juillet 1801, au milieu de l'indifférence.

IV

Dans son retour partiel aux formes, aux usages, à l'étiquette d'autrefois, le gouvernement avait marché d'accord avec la grande majorité de la société parisienne, qui souvent même l'avait précédé dans cette voie. Pendant la fin de la période directoriale, soit appauvrissement, soit crainte de donner prise à l'emprunt forcé, la bourgeoisie avait adopté dans son train et dans sa mise une extrême simplicité. Quelques semaines à peine après le coup d'État, les habitués des théâtres remarquaient que les spectateurs, les spectatrices surtout, reprenaient goût à la recherche des vêtements et des parures. « On s'aperçoit », écrivait joyeusement et lourdement le commissaire central Garnier, « que la masse est ramenée visiblement aux habitudes et aux formes qui firent passer dans l'Europe les Français pour le plus poli et le plus aimable des peuples (1) ».

Si les titres de noblesse ne se donnaient que de vive voix, et seulement dans les cercles royalistes, le *monsieur* faisait partout sa réapparition. En vain la note officieuse dont nous avons parlé, relative à l'appellation de *madame* et *mademoiselle*, spécifiait-elle que chez le Consul tous les hommes de nationalité française étaient traités de *citoyens* : la courtoisie était la plus forte, et un journaliste pseudo-démagogue s'indignait que jusque dans les administrations publiques, on *monsieurisât* couramment (2). Pareillement, dans le billet de mariage d'une de ses petites-filles, on osait nommer le *maréchal* de Ségur (3); mais cette fois, Bonaparte, qui songeait déjà peut-être à faire des maréchaux lui aussi, encourageait la résurrection de la plus enviée dignité militaire de la vieille monarchie; vers la même époque, le maréchal, qui s'était rendu aux Tuileries, avait l'émotion à sa sortie d'entendre les tambours battre aux champs et de voir la garde lui rendre les honneurs prescrits par les anciens règlements (4).

Avec ce mélange de frivolité et d'esprit traditionnel qui la distinguait, la société parisienne regrettait surtout, parmi les usages du temps passé, les divertissements du carnaval et notamment ces bals masqués de l'Opéra, où sous l'ancien régime il s'était dépensé tant de verve, d'interpellations ironiques et de ripostes cin-

(1) Compte général sur le mois de pluviôse an VIII : AULARD, *Paris sous le Consulat*, t. I, p. 164.

(2) *Journal des hommes libres*, 17 thermidor an VIII : *Ibidem*, t. I, p. 582-583.

(3) *Ibidem*, t. I, p. 183.

(4) Pierre DE SÉGUR, *Le maréchal de Ségur*, p. 361-362.

glantes ou galantes, ces bals que la meilleure compagnie avait fréquentés (1) et dont Marie-Antoinette avait consacré la réputation en ne dédaignant pas d'y paraître. Dès le début de la Révolution, par suite de l'ardeur des passions politiques, le marivaudage avait fait place aux violentes et parfois sanglantes altercations : supprimés par mesure de prudence, les bals masqués n'avaient jamais été rétablis, par défiance du masque, qui facilitait les propos anticiviques, et du carnaval, qui, tirant sa raison d'être de l'ancien calendrier, se présentait sous un aspect à la fois rétrograde et clérical.

Sous le Consulat, le premier sentiment de Fouché fut de maintenir la prohibition, en invoquant « l'intérêt des mœurs et de la tranquillité publique (2) », malgré les instances du Bureau central, qui faisait valoir qu'un important prélèvement serait fait sur la recette en faveur des indigents. Une intervention supérieure se produisit, que l'opinion publique attribua avec vraisemblance à Bonaparte, désireux d'étendre sa popularité et de donner une marque de confiance aux Parisiens. Le principe de l'interdiction fut respecté, mais par exception on toléra, au « Théâtre de la République et des Arts », c'est-à-dire à l'Opéra, quatre bals masqués et un bal paré, à la condition que le quart des recettes serait versé à la « caisse des indigents » et qu'une quête au profit des pauvres serait faite au bal paré (3).

Parmi ces atermoiements, la période du carnaval était passée, de sorte que le premier bal eut lieu au début du

(1) Dans un des premiers et des plus amusants chapitres de son *Mémorial*, Norvins raconte comment, jeune conseiller au Châtelet, il parut au bal de l'Opéra déguisé en arlequin.

(2) Rapport du Bureau central, 25 pluviôse an VIII (13 février 1800) : Aulard, *Paris sous le Consulat*, t. I, p. 149.

(3) Rapport du Bureau central, 15 ventôse an VIII : AF. IV, 1535.

carême, le jeudi 6 ventôse (25 février). Ce fut ce qu'on est convenu aujourd'hui d'appeler une « solennité parisienne », c'est-à-dire une inexprimable cohue; le prix d'entrée (6 francs) était à la portée des fortunes même les plus ébréchées, et soit curiosité, soit attrait de souvenirs anciens, la foule se précipita à l'Opéra. Mais en dépit des récits dithyrambiques et des commentaires adulateurs des journaux (1), en dépit même de la présence de Mme Bonaparte et du ménage Murat (2), les habitués d'autrefois constatèrent que pendant ces dix années, qui à bien des égards valaient un siècle, l'esprit parisien avait étrangement perdu de sa finesse, de sa liberté et de sa spontanéité. Le premier succès de badauderie une fois épuisé, la vogue des bals de l'Opéra ne se maintint point. Le directeur de ce théâtre, Devismes, mis en goût par les recettes du printemps, prétendit se conformer aux vœux du public en reprenant, comme il disait dans sa circulaire aux journaux, « l'ancien usage de donner quelques bals à l'époque de la Saint-Martin (vieux style) (3). » Ces deux bals d'automne, donnés les 19 et 29 brumaire (10 et 20 novembre 1800) eurent peu de succès : la recette du second dépassa à peine trois mille francs, et on y remarqua bon nombre d'hommes travestis en femmes, ce qui donnait la mesure du bon goût et du niveau social des assistants (4).

Tolérer le masque à l'Opéra, en l'interdisant sévèrement dans les nombreux bals populaires qui continuaient à grouiller dans les quartiers de Paris, c'était incontes-

(1) « Le retour des anciens plaisirs est un gage de la sécurité du gouvernement, et surtout de la supériorité de ses lumières. » (*Journal des Débats*, 6 ventôse.)

(2) *Ibidem*, 8 ventôse.

(3) *Ibidem*, 13 brumaire an IX.

(4) Rapport du préfet de police, 1er frimaire an IX : AULARD, *Paris sous le Consulat*, t. I, p. 829.

tablement traiter les classes bourgeoises en privilégiées. Pour donner au peuple un dédommagement, on permit aux blanchisseuses, « tant dans leurs bateaux qu'ailleurs », de fêter la mi-carême (1). Non que les autorités se risquassent à prononcer un mot aussi entaché de fanatisme : dans les rapports et circulaires de police, il ne fut question que du « 29 ventôse », mais à défaut du nom, c'était un progrès déjà que de concéder la chose.

L'hiver suivant (1801), Dubois s'enhardit en son langage et se montra plus large dans ses permissions. Il rendit une ordonnance spéciale (21 pluviôse an IX), dont les considérants parlaient des « jours dits *du Carnaval* » et déclaraient que le fait d'exhiber ces jours-là un déguisement dans les rues « ne serait contraire aux lois qu'autant qu'il troublerait l'ordre public et compromettrait la tranquillité ». Si le masque demeurait interdit sur la voie publique, les travestissements étaient autorisés, tous ceux du moins qui n'offensaient point la décence et ne prêtaient point à des allusions politiques. En 1802, les masques mêmes furent tolérés dans la rue, et s'exhibèrent quinze jours avant le carnaval proprement dit : le dimanche de la Septuagésime, un char à quatre chevaux promena des masques dont les costumes reproduisaient ceux des trois ordres de l'ancien régime ; le dimanche d'après, les masques affluèrent dans la rue Saint-Honoré et les environs ; le Dimanche-Gras, la « frénésie », pour parler comme les scribes de Dubois, fut telle, que les cercles frondeurs, remettant en circulation une vieille légende, chuchotèrent que le gouvernement avait payé huit mille personnes pour se masquer (2).

(1) Rapport du même, 19 ventôse an VIII : *Ibidem*, t. I, p. 224.

(2) Rapports du préfet de police, 26 pluviôse, 2 ventôse et 9 ventôse an X : F7, 3830.

La société parisienne d'avant la Révolution, qui au carnaval fréquentait le bal de l'Opéra et promenait ses déguisements dans les rues, avait aussi pour habitude, les mercredi, jeudi et vendredi de la semaine sainte, de se rendre en solennel équipage à l'abbaye de Longchamp : le prétexte de ce déplacement était d'assister à l'office de Ténèbres; le vrai motif, d'exhiber les voitures neuves et les toilettes de printemps. Longchamp tenait dans la vie élégante la place qu'occupe aujourd'hui, qu'occupait surtout naguère le Concours hippique.

Dans ces conditions, la fermeture de l'abbaye et la dispersion des nonnes n'était pas une raison suffisante pour empêcher la reprise d'un rit beaucoup moins religieux que mondain. Dès le printemps de 1800, la promenade traditionnelle recommença : la police, dont l'autorisation était ici superflue, eut l'attention de prendre quelques mesures d'ordre, qui se trouvèrent d'ailleurs insuffisantes, car l'affluence, comme au premier bal de l'Opéra, dépassa les prévisions (1). D'année en année, le succès alla s'affirmant : en 1801, on constatait déjà que l'approche de la semaine sainte valait aux carrossiers une recrudescence de commandes (2); en 1802, on racontait d'avance que plus de douze cents voitures neuves paraderaient à Longchamp, et le vendredi, qui était de fondation le jour le plus brillant, les équipages formèrent deux files ininterrompues (3).

Cette vogue devait persister, et survivre même à l'Empire. Néanmoins, là encore, les témoins des derniers Longchamp de l'ancien régime constataient avec

(1) Tableau de la situation de Paris, 22 germinal an VIII : AULARD, *Paris sous le Consulat*, t. I, p. 263.

(2) Rapport du préfet de police, 11 germinal an IX : F7, 3829.

(3) Rapports du même, 19 ventôse et 27 germinal an X ; F7 3830.

une pointe de regret que le luxe des voitures avait décru, et surtout que la fête avait perdu en gaieté familière. C'était une tradition d'autrefois que ces jours-là les spectateurs qui faisaient la haie le long des Champs-Élysées avaient licence d'assaillir de leurs quolibets cavaliers et gens à équipage, sauf à ceux-ci à riposter de leur mieux : des réflexions s'exprimaient, des dialogues s'engageaient qui mettaient la galerie en joie et étaient marqués au coin du plus original esprit parisien (1). Mais depuis 1789, la verve populaire s'était permis trop d'écarts, elle avait fait écho à des passions trop ardentes et trop meurtrières, pour qu'on pût impunément lui permettre les privautés du temps jadis : il semble bien que la police n'eut à formuler aucune interdiction précise, et que la foule comprit d'elle-même que la situation ne comportait plus les pittoresques apostrophes permises sous « le tyran ». Ce qui est certain, c'est que désormais les badauds gardèrent leurs impressions pour eux ou pour leurs voisins, et que le défilé parut morne à ceux qui l'avaient contemplé avant la Révolution (2).

Les ministres, ou du moins certains d'entre eux, sûrs de l'aveu du maître, s'associaient avec empressement à cette résurrection de l'élégance et de l'urbanité parisiennes. Le soir même du premier bal masqué de l'Opéra (6 ventôse an VIII-25 février 1800), Talleyrand donna une fête qui fit grand bruit, moins encore par la magnificence de la réception et le choix délicat des divertissements, que par la présence d'un grand nombre de « gens d'autrefois (3) ». A côté d'anciens « modérés »

(1) Cf. Norvins, *Mémorial*, t. I, p. 193.
(2) *Paris et ses modes* (an XI), p. 189-190.
(3) Le *Journal des Débats* du 8 ventôse en donna la descrip-

de la Révolution, comme le duc de Liancourt, Mathieu Dumas, Portalis, le comte de Ségur, on vit ce soir-là au ministère des relations extérieures un familier de la cour de Louis XVI, le chevalier de Coigny, et un chef vendéen, l'abbé Bernier, qui préludait à sa carrière de courtisan de Napoléon. Le Premier Consul était là aussi : loin de paraître gêné en pareille compagnie, il affecta de caresser les anciens adversaires du Directoire; par une gracieuse prévenance, il avertit Portalis et Dumas qu'il venait d'apprendre l'heureux débarquement à Brest de leurs amis Barbé-Marbois et Laffon-Ladebat, rapatriés de la Guyane, où Fructidor les avait déportés. L'hiver suivant, Berthier, très amateur lui aussi de pompe et de cérémonial, donnait à son tour une fête où le nombre et la qualité des invités, l'interminable attente imposée aux voitures, l'élégance des toilettes, la somptuosité de la décoration, tout contribuait à rappeler les réceptions des ministres de la monarchie (1).

En même temps, des salons particuliers se rouvraient, en dehors de ceux des fournisseurs et des banquiers. Nous tenterons plus tard d'indiquer ce que fut la vie mondaine à Paris durant la période napoléonienne. Une seule maison doit être signalée dès à présent, parce qu'elle eut une incontestable influence sur le rétablissement de l'étiquette dans le monde officiel : celle de Mme de Montesson.

On sait que Jeanne de la Haye de Riou était veuve non

tion, reproduite en grande partie dans le recueil de M. Aulard (*Paris sous le Consulat*, t. I, p. 180).

(1) Thiébault, *Mémoires*, t. III, p. 171-175. Mme Sophie Gay, après avoir raconté que sa voiture fit la queue durant trois heures, ajoute : « On prétend même que plusieurs personnes sorties de chez elles à dix heures du soir ne purent arriver qu'à six heures du matin chez le ministre, ce qui réjouit beaucoup le Premier Consul. » (*Souvenirs d'une vieille femme*, p. 62-63.)

seulement du marquis de Montesson, mais de l'avant-dernier duc d'Orléans (le père de Philippe-Égalité), qui l'avait épousée morganatiquement, sur le refus de Louis XV d'autoriser un mariage public. Cette situation de princesse douairière *in partibus* lui avait permis de traverser la Terreur sans trop de désagréments, et lui valait d'autre part un grand crédit en matière de traditions mondaines. Ses décisions à cet égard étaient reçues comme des oracles, et la tenue de sa maison était considérée comme un modèle.

Elle habitait rue de Provence, entre les rues Taitbout et du Mont-Blanc (Chaussée d'Antin), un vaste et bel hôtel, le même qui en 1810, servant de résidence à l'ambassadeur d'Autriche, fut le théâtre d'un bal tragiquement terminé en incendie (1). Chez elle, la chère était délicate, et surtout l'ordonnance générale très soignée, d'une correction qui faisait contraste avec le débraillé des riches parvenus et de la plupart des politiciens. Ce fut, pour ne citer que deux détails, le premier salon où les hommes reparurent en souliers et en bas de soie, le premier où la tenue des domestiques rappela les livrées, toujours proscrites officiellement.

Le Premier Consul s'y rendit, à l'instigation sans doute de sa femme; il fut peut-être flatté de l'accueil empressé de la vieille marquise, et certainement frappé de ce luxe de bon aloi, de ce train de maison réglé avec tant de soin, sans étalage de faste inutile. Le passé de la dame lui persuada que c'étaient là les pures traditions princières, tandis qu'à Versailles jadis les beaux esprits de l'Œil-de-Bœuf avaient accusé Mme de Montesson d'embourgeoiser le duc d'Orléans. Duroc eut ordre de s'ins-

(1) La cité d'Antin occupe aujourd'hui une partie de l'emplacement de l'hôtel Montesson.

pirer de ce modèle pour organiser le service intérieur des Tuileries. Les hauts fonctionnaires, avertis que c'était une bonne note de fréquenter rue de Provence, se démenèrent de leur mieux pour obtenir des invitations; on racontait que Mme Maret, la future duchesse de Bassano, avait brigué comme une faveur une présentation à l'hôtel Montesson (1).

(1) THIÉBAULT, *Mémoires*, t. III, p. 176.

CHAPITRE IV

COMPLOTS ET ATTENTATS

I. Complots jacobins : Metge, Arena, Chevalier. — II. La machine infernale. — III. Proscriptions et condamnations.

La popularité de Bonaparte auprès des Parisiens, et par contre-coup sa puissance, reçurent un sensible accroissement pendant l'automne de 1800 et l'hiver suivant. De même qu'en 1804 la conspiration de Georges devait être le prétexte et jusqu'à un certain point la vraie cause de la proclamation de l'Empire, de même les périls courus par le Consul au début de sa magistrature contribuèrent à accréditer l'idée que son existence était nécessaire au salut national et qu'il fallait fortifier son pouvoir. Il importe donc, pour donner une idée complète de l'état des esprits à Paris pendant le Consulat électif, de rappeler brièvement les différentes entreprises dirigées contre la vie de Bonaparte.

I

Le surlendemain de cette fête du 1er vendémiaire an IX, dont nous avons un peu plus haut mentionné le vif succès, la police constatait la distribution clandestine d'un pamphlet intitulé : *Le Turc et le militaire français* (1). C'était un dialogue qui avait pour sujet la mort de Kléber et le sort de l'armée d'Égypte; Bonaparte y était accusé non seulement d'avoir abandonné ses soldats, mais d'avoir volontairement travaillé à aggraver leur condition, et d'avoir fait altérer les dépêches où Menou rendait compte de la situation. Après un pathétique exposé de la tyrannie qui pesait sur la France, le Turc, apparemment très ferré sur l'histoire romaine, concluait : « Il ne se trouve pas un Brutus. » — A quoi le militaire répliquait : « Il s'en trouvera des milliers. »

Si cette brochure ne prouvait pas l'existence d'une conspiration proprement dite contre la vie du Premier Consul, elle contenait du moins une provocation ouverte à l'assassinat, et à ce titre elle méritait assurément d'être poursuivie. De prime abord, la police en attribua la composition et la distribution à un certain Metge, connu depuis longtemps pour ses opinions ultra-démagogiques, et qui, déjà sous le coup d'un mandat d'arrestation, se dérobait aux agents en changeant de refuge presque tous les soirs. On parvint à l'arrêter à la sortie du passage Feydeau (11 vendémiaire-3 octobre), et dans une de ses cachettes, avec d'autres papiers suspects, on trouva le manuscrit de sa main du dialogue incriminé. Mais où la police se trompait, c'était quand elle représentait Metge comme l'agent salarié de conspirateurs plus riches ou plus en vue. Metge était un fanatique, un ascète, comme à toutes les époques il s'en rencontre dans les milieux révolutionnaires, très capable de commettre ou de conseiller froidement un crime par conviction politique, incontestablement au-dessus de tout soupçon de

(1) Cf. les rapports de police publiés par M. Aulard, *Paris sous le Consulat*, t. I, p. 670, 694 et s.

vénalité (1). Du reste, on ne parvint à impliquer dans les poursuites que quelques comparses, encore plus obscurs que Metge, ouvriers ou gens du peuple comme lui, qui lui avaient donné l'hospitalité ou l'avaient assisté dans l'impression et la diffusion de ses pamphlets.

Cette affaire passa inaperçue pour plus d'un motif. La notoriété de Metge était restreinte à un petit cercle de voisins ou de coreligionnaires. Sa brochure, peu intéressante en soi, n'avait circulé qu'à un nombre infime d'exemplaires. La police enfin, déçue dans son espoir de compromettre en cette occasion des hommes marquants, comme Antonelle et Félix Le Peletier, avait tout avantage à détourner l'attention publique d'un appel vague à l'assassinat.

C'est au contraire à grand fracas qu'on répandit quelques jours plus tard la nouvelle d'un complot ayant pour but de poignarder le Premier Consul à sa sortie de l'Opéra (2). Un des chefs de l'entreprise, le sculpteur romain Ceracchi, avait été arrêté dans le théâtre même, le 18 vendémiaire (10 octobre), au moment où il venait de distribuer douze poignards à ses affidés. Ses aveux avaient mis en cause, avec un de ses compatriotes du nom de Diana, trois personnages qui avaient leur notoriété dans le parti des *exclusifs* ou jacobins : Demerville, ancien secrétaire de Barère; Topino-Lebrun, bon élève du peintre David, ancien juré du tribunal révolutionnaire; surtout l'adjudant-général Philippe Arena. Ce dernier, qui avait été député quelque temps, était le compatriote du Premier Consul, mais appartenait à une

(1) Cf. le témoignage de Norvins, qui l'avait beaucoup vu à la prison de la Force sous le Directoire : *Mémorial*, t. II, p. 197-199.

(2) Sur le complot Arena-Ceracchi-Demerville, cf. les rapports de police dans le recueil de M. AULARD, *Paris sous le Consulat*, t. I, p. 709 et s.

famille qui avait voué aux Bonaparte une haine corse : c'était son frère Barthélemy, membre des Cinq-Cents, que la légende accusait d'avoir levé un poignard sur le général dans l'orangerie de Saint-Cloud. Demerville, dans l'espoir de sauver sa tête, alla lui-même se présenter au ministère de la police et dénoncer plusieurs de ses complices ; les autres furent rapidement arrêtés et écroués au Temple.

Dubois, dont l'ambition était toujours en éveil, tira parti de l'incident pour demander et obtenir une extension de pouvoirs. Avec plus de succès que de logique, il prit prétexte d'un complot machiné en plein centre de Paris pour faire valoir qu'il lui était indispensable de pouvoir surveiller la résidence de villégiature du Consul. Un arrêté du 3 brumaire an IX décida que le ressort de sa préfecture, déjà étendu à tout le département de la Seine, comprendrait désormais trois communes de Seine-et-Oise : Saint-Cloud, Sèvres et Meudon.

On profita également de la présence de Ceracchi et de Diana parmi les chefs du complot pour interner, éloigner de Paris ou même expulser de France la plupart de ces Italiens soi-disant réfugiés, qui pullulaient dans la capitale et professaient souvent les opinions révolutionnaires les plus exaltées. L'exécution de cette mesure paraît s'être faite sans modération et sans discernement : le séjour de Paris fut momentanément interdit même à Mme Visconti, dont pourtant la liaison avec Berthier était déjà quasi officielle ; il est vrai qu'elle était coupable d'avoir été à l'Opéra, le soir du pseudo-crime, au bras de Saliceti, un partisan dévoué des Bonaparte sans doute, mais un ami intime aussi du troisième des frères Arena, Joseph (1).

(1) Miot de Mélito, *Mémoires*, t. I, p. 310.

A peine la nouvelle fut-elle divulguée que, sans peut-être qu'un mot d'ordre eût été nécessaire, ce fut aux Tuileries un défilé des corps constitués, protestant de leur indignation et de leur dévouement en termes dont la vivacité n'était point exempte d'adulation. « Le corps municipal » de Paris fut parmi les plus empressés (25 vendémiaire) : à la harangue débitée par Frochot (1), le Consul répondit en termes dignes et habiles, parlant de sa confiance dans les Parisiens (2). Un des thèmes préférés des orateurs consista à mettre Bonaparte en garde contre sa prétendue générosité naturelle ; c'est celui que développa Crassous au nom du Tribunat, et que Fouché eut le front de reprendre dans le rapport par lequel il concluait aux poursuites judiciaires (1er brumaire) : « Tout a des bornes. Les affections généreuses ont les leurs aussi : au delà de ce sentiment des grandes âmes est la faiblesse et l'imprévoyance, comme au delà de la nature est le chaos ».

En dehors des cercles purement officiels, deux opinions contradictoires semblent avoir prévalu. La foule des badauds ou, comme on les appelait alors, des *gobe-mouches*, non seulement crut à la réalité de la conspiration, mais y impliqua des personnages très haut placés, comme Masséna, comme Fouché lui-même (3). Les amis politiques des accusés, et avec eux les opposants royalistes, affectèrent au contraire de ne voir dans le complot qu'une invention gouvernementale, un « coup monté pour avoir ensuite l'occasion de persécuter les patriotes (4) ». Dans le salon de l'ex-directeur Gohier, on

(1) Elle est reproduite en grande partie par THIERS, *Histoire du Consulat et de l'Empire*, t. II, p. 207-208.

(2) *Correspondance*, 5130.

(3) Rapport de l'agent Mangourit, 22 vendémiaire an IX : AULARD, *Paris sous le Consulat*, t. I, p. 716.

(4) Rapport du préfet de police, 23 vendémiaire : *Ibidem*, t. I,

traitait couramment d' « opprimés » les prisonniers du Temple (1).

La vérité, telle qu'elle commençait dès lors à percer, était que la culpabilité certaine d'Arena et de ses complices consistait surtout à avoir écouté les suggestions des agents de Fouché et de Dubois. Ils avaient assurément tenu des propos inconsidérés, violents, criminels même : mais c'étaient des suppôts de la police qui, donnant un corps à des projets très vagues, s'étaient présentés à eux comme des coreligionnaires politiques, leur avaient offert de recruter des hommes d'exécution (mouchards comme eux bien entendu), avaient en un mot dressé le *scénario* de la conspiration. Ces circonstances, impossibles à dissimuler dans un débat public, atténuaient singulièrement la responsabilité des accusés et rendaient fort problématique un verdict affirmatif du jury.

Pendant que se poursuivait l'instruction, qui devait aboutir au renvoi de l'affaire devant le tribunal criminel de la Seine (juridiction fort analogue à notre cour d'assises), la police arrêtait les auteurs d'un autre projet d'attentat beaucoup plus spontané et plus dangereux (2). Un soir d'octobre 1800 (vendémiaire an IX), une très violente détonation s'était fait entendre dans un hangar abandonné, entre le Jardin des Plantes et la Salpêtrière (3); accourus un peu tardivement au bruit, les agents avaient trouvé les traces évidentes d'un engin explosif, avec lequel on avait dû se livrer à quelque

p. 720 (le texte de M. Aulard porte « coup *inventé* », au lieu de « coup *monté* » que j'ai cru lire dans l'original (AF. IV, 1329).

(1) Rapport du même, 3 frimaire : AF. IV, 1329.

(2) Pour l'affaire Chevalier, cf. les rapports de police dans le recueil de M. Aulard, *Paris sous le Consulat*, t. I, p. 786 et s.

(3) Vers l'emplacement actuel de la gare, dite d'*Austerlitz*, du chemin de fer d'Orléans.

expérience dans ce coin solitaire. Mise en éveil, la police arrêta le mois suivant (17 brumaire-8 novembre) un chimiste du nom de Chevalier, très suspect par ses propos et ses allures. Chevalier ne déguisait point ses sentiments jacobins; pendant les manifestations d'enthousiasme auxquelles avait donné lieu la nouvelle de Marengo, on l'avait entendu dire en haussant les épaules : « Les imbéciles! avec deux batailles gagnées ils sont contents! (1) » Ce qui était plus grave, c'est qu'il faisait clandestinement le commerce d'explosifs, qu'il avait plusieurs cachettes, et qu'on trouva dans l'une d'elles une machine fort meurtrière, sorte de petit baril agencé pour éclater en projetant de toutes parts des balles et de la mitraille. Chevalier, tout en reconnaissant que c'était lui qui avec un engin analogue avait procédé à l'expérience du Jardin des Plantes, assignait à sa machine un but invraisemblable, prétendait qu'il comptait la proposer à la marine pour foudroyer le pont des vaisseaux ennemis. Un certain nombre de ses amis et de ses hôtes d'occasion, arrêtés avec lui, entrèrent dans la voie des aveux : il s'agissait de frapper un grand personnage, soit dans une rue de Paris, soit sur une route des environs, du côté de Malmaison; une petite voiture, saisie dans un des domiciles de Chevalier, devait servir à la fois à transporter l'engin et à créer un obstacle momentané, qui aurait ralenti la marche de la victime désignée. — En constatant qu'une partie de ces détails s'était ébruitée, les bureaux de Dubois avaient soin d'insister sur le « frisson d'horreur et d'indignation » qui s'était derechef emparé des « bons citoyens » : il paraît vraisemblable surtout que cette divulgation contribua à mûrir et à préciser les projets de Saint-Réjant.

(1) Duchesse d'ABRANTÈS, *Mémoires*, t. III, p. 80.

Quant à la police, elle en fut confirmée dans l'opinion que si un attentat était à craindre, c'était pour le moment de la part des jacobins. Tantôt elle signalait les tentatives des exclusifs pour s'introduire par un égout dans les sous-sols des Tuileries (1); tantôt, et cela le *2 nivôse*, c'est-à-dire littéralement la veille de l'explosion de la machine infernale, elle dénonçait un attentat contre le Premier Consul machiné par Barras, avec la complicité, ou tout au moins la connivence de Lenoir-Laroche et de Benjamin Constant (2).

II

Pour le soir du 3 nivôse, qui correspondait à la veille de Noël, l'Opéra avait annoncé l'audition d'un *oratorio* de Haydn. C'était une nouveauté, et la plus élégante société de Paris se donna rendez-vous à ce divertissement austère; le Premier Consul fit espérer qu'il y accompagnerait Mme Bonaparte.

Quelques minutes après huit heures du soir, on entendit dans le centre de Paris une forte détonation, analogue à celle d'une pièce d'artillerie. Comme depuis la victoire de Hohenlinden, on s'attendait d'un moment à l'autre à apprendre la signature des préliminaires de paix avec l'Autriche, les badauds crurent d'abord que c'était le début d'une salve, et prêtèrent l'oreille pour compter le nombre des coups. La nouvelle se colporta ensuite qu'un baril de poudre avait fait explosion dans

(1) Rapports du préfet de police, 6 et 7 brumaire : AULARD, *Paris sous le Consulat*, t. I, p. 760 et 762.
(2) Rapport du même, 2 nivôse : F7, 3829.

la boutique d'un épicier, du côté de la rue Saint-Nicaise, disait-on (1).

Bientôt la vérité se fit jour : c'était d'un épouvantable attentat qu'il s'agissait, dirigé contre la vie du Premier Consul. L'engin avait été disposé sur une charrette qui barrait à demi la rue Saint-Nicaise (l'une des voies étroites dont le dédale s'étendait alors entre le Carrousel et le Palais-Royal); il avait éclaté quelques secondes après le passage de la voiture de Bonaparte, qui avait été sauvé par la prestesse ou l'ébriété de son cocher. La rue était jonchée de victimes, et les maisons voisines si endommagées, qu'on dut un peu plus tard les démolir.

L'émotion fut beaucoup plus vive et plus justifiée qu'après la divulgation du complot d'Arena : la réalité de l'attentat n'était que trop évidente cette fois. Seulement, presque personne ne douta que le coup ne partît du même côté et ne fût inspiré par les mêmes passions. Aux Tuileries, ce fut un déchaînement général contre les « Brutus du coin », selon un sobriquet à la mode (2), et contre Fouché, qui ménageait à l'excès ses anciens coreligionnaires. Les journaux réclamèrent presque tous des mesures draconiennes contre les jacobins. Dubois sembla d'abord se prononcer dans le même sens, soit qu'il fût déjà bien aise de se poser en censeur de son ministre, soit qu'il eût été interloqué par les vifs reproches du Consul, lui disant à brûle-pourpoint : « A votre place, je serais bien honteux de ce qui est arrivé (3)! » Il avait allégué une piètre excuse, à savoir

(1) Mémoire ultérieurement adressé par Frochot au conseiller d'État Lacuée : ROCQUAIN, *État de la France au 18 brumaire*, p. 292.

(2) PEUCHET, *Mémoires tirés des archives de la police*, t. IV, p. 226.

(3) RŒDERER, *Œuvres*, t. III, p. 356.

que la police ne peut pénétrer le dessein d'un criminel isolé. Puis, pour se faire pardonner sans doute, il transmit des racontars qui incriminaient des jacobins parlementaires, comme Bailleul et Duveyrier, en les représentant comme très anxieux dans la soirée de l'attentat et très « déconcertés » par la nouvelle de l'insuccès. Il fit arrêter un grand nombre de « démagogues forcenés », comme il disait, dont le passé terroriste était évidemment fort peu digne d'intérêt, mais contre lesquels on n'avait présentement à alléguer que de purs griefs d'opinion, énoncés ainsi, par exemple : *mauvais sujet, lié avec tout ce qu'il y a d'impur*. Il relata avec complaisance que dans les théâtres les spectateurs applaudissaient frénétiquement tous les passages où il était question du châtiment des crimes, et que les hommes connus comme *exclusifs*, non seulement évitaient de se montrer dans les lieux de réunion, mais osaient à peine se risquer dans la rue (1).

Le cri contre les jacobins était à peu près unanime. C'est à peine si quelques voix isolées incriminaient les chouans, ou plutôt le gouvernement anglais, qui depuis le début de la Révolution était représenté comme soudoyant en France toutes les conspirations (2).

(1) Rapports du préfet de police, 6 nivôse et jours suivants : F7, 3829.

(2) Cette idée fut notamment indiquée dans une pièce de vers que publia le *Journal des Débats* du 15 nivôse, et qui avait pour auteur le général Lucotte, commandant la 15ᵉ division. En voici la dernière strophe, échantillon assez caractéristique de la poétique du temps :

Que leurs têtes de l'échafaud
Roulent dans la Seine indignée!
Qu'à ce fatal présent, bientôt
Les mers sachent leur destinée!
Que Neptune, au même moment,
Dans la Tamise les vomisse!
Et qu'apprenant leur châtiment,
Le léopard Pitt en frémisse!

III

Bonaparte partageait la croyance commune sur la culpabilité des jacobins, et se montrait plus convaincu que personne de la nécessité d'une répression exceptionnelle. Il mit adroitement en avant la convenance de protéger la population parisienne, dont plusieurs membres avaient été victimes de l'attentat dirigé contre lui. Ce fut le fond de sa réponse à Méjan, qui, en l'absence de Frochot malade (1), était venu dès le 4 nivôse lui exprimer l'indignation du corps municipal : « Tant que cette troupe de brigands s'est attaquée directement à moi, j'ai pu laisser aux lois le soin de les punir; mais puisqu'ils viennent, par un crime sans exemple dans l'histoire, de mettre en danger une partie de la population de la capitale, la punition sera aussi prompte que terrible (2). » Le 5 nivôse, le Consul développa le même thème devant le Conseil d'État convoqué en assemblée générale : « La France et l'Europe se moqueraient d'un gouvernement qui laisserait impunément miner un quartier de Paris, ou qui ne ferait de ce crime qu'un procès criminel ordinaire. » Et comme l'amiral Truguet objectait que le coup avait pu être machiné par les royalistes ou les prêtres, Bonaparte reprit avec impatience : « Tout cela est bon à dire chez Mme Condorcet et chez Mailla Garat (3), et non dans un conseil des hommes les plus éclairés de la France (4). »

(1) Duchesse d'Abrantès, *Mémoires*, t. III, p. 104-105.

(2) Thiers, *Histoire du Consulat et de l'Empire*, t. II, p. 314.

(3) Sur ce tribun opposant, frère du chanteur et neveu du sénateur, cf. l'introduction placée par M. Étienne Lamy en tête des *Mémoires d'Aimée de Coigny*, p. 53 et s.

(4) *Mémoires sur le Consulat* (par Thibaudeau), p. 30-31.

Nous n'avons point à raconter ici comment, à la suite de cette discussion, où le maître ne s'était pas ménagé, le Conseil d'État décida tout à la fois que des mesures d'ensemble seraient prises contre les terroristes et que ces mesures ne feraient pas l'objet d'une loi, mais d'un simple arrêté consulaire; le Sénat serait appelé ensuite à déclarer cet arrêté conforme à la Constitution. Ce fut l'inauguration des sénatus-consultes, dont le régime napoléonien devait tant user (1).

Fouché qui, sans posséder encore une certitude matérielle, s'ancrait chaque jour dans la conviction que le coup ne venait pas des jacobins, Fouché eut la faiblesse de rédiger ou de signer un rapport réclamant contre eux la déportation extra-légale : « C'est une guerre atroce », disait-il, « qui ne peut être terminée que par un acte de haute police extraordinaire. » L'avis officiellement rédigé au nom du Conseil d'État était fondé sur le même sophisme : « Une constitution et des lois faites pour le peuple le plus généreux et le plus doux de la terre ne peuvent offrir aucun moyen contre cette classe d'individus. »

Un arrêté consulaire du 14 nivôse, reconnu en harmonie avec la Constitution par un sénatus-consulte du 15, prescrivit la déportation « hors du territoire de la République » de cent trente individus nommément désignés : sans les accuser positivement de complicité dans l'attentat du 3 nivôse, les considérants de l'arrêté déclaraient que leur présence était un danger permanent pour la paix publique. Faut-il ajouter foi à l'assertion d'un opposant, prétendant quelques années plus tard

(1) Sur les mesures arbitraires prises après l'attentat de nivôse, et principalement sur ceux qui en furent victimes, on peut consulter le livre passionné, mais bien documenté, de M. Jean Destrem, *Les Déportations du Consulat et de l'Empire*.

que la liste, dressée avec une précipitation fébrile, contenait les noms de plusieurs personnes décédées (1)? Il y eut au moins de fâcheuses confusions, produites par la similitude des noms.

Les rapports de police (2) laissent discerner à travers leurs exagérations que la foule fut indifférente ou hostile sur le passage des déportés, auxquels on fit traverser en plein jour le faubourg Saint-Marceau. Quant aux esprits plus éclairés, ils semblent bien avoir fait une distinction : nul n'éprouvait un sentiment de sympathie ou même de pitié pour ceux d'entre les proscrits auxquels était attaché l'odieux qualificatif de « septembriseurs »; mais on trouvait que les simples « enragés » étaient bien durement frappés pour de simples opinions, si subversives fussent-elles. Aussi apprit-on avec satisfaction que pour beaucoup de gens de cette catégorie la « déportation » se bornerait à un internement dans l'île d'Oléron. Dans la suite, plusieurs furent élargis et même autorisés à rentrer à Paris (3). Mais d'autres languirent misérablement aux îles Seychelles ou à Cayenne (4).

Sur ces entrefaites, le 17 nivôse (7 janvier 1801), le procès de Demerville et de ses complices s'ouvrit devant le tribunal criminel de la Seine. L'attentat de la rue Saint-Nicaise avait créé une atmosphère morale singulièrement pernicieuse aux accusés. Sans doute, on ne pouvait leur imputer de participation matérielle à un crime commis alors qu'ils étaient sous les verrous depuis plus de deux mois déjà. Mais à l'inverse, il deve-

(1) FAURIEL, *Derniers jours du Consulat*, p. 116.
(2) Rapports du préfet de police, 17 ventôse et jours suivants : F7, 3829.
(3) MIOT DE MÉLITO, *Mémoires*, t. I, p. 352.
(4) Jean DESTREM, *op. cit.*

nait impossible à leurs défenseurs de traiter d'imaginaires tous les complots contre le Premier Consul; de plus, la machine infernale passait encore pour l'œuvre de leurs amis politiques, et avec cette logique sommaire qui dicte souvent ses décisions, le jury devait être tenté de faire payer aux jacobins traduits devant lui le crime des prétendus jacobins demeurés insaisissables.

Les magistrats, autant par conviction sincère que par zèle politique, n'étaient que trop portés à insister en ce sens. A la différence de notre cour d'assises, dont les juges, depuis 1810, sont empruntés pour chaque session aux cours d'appel ou aux tribunaux de première instance, le tribunal criminel se composait alors de magistrats spéciaux, siégeant à titre permanent. Le président du tribunal criminel de la Seine était le Champenois Hémart, ancien député aux Cinq Cents, qui allait se rendre célèbre par sa partialité et sa servilité.

Il en donna un échantillon dès l'interrogatoire de Demerville, qu'on représentait comme le chef du complot (1). Il prétendit empêcher l'accusé de consulter les notes qu'il avait préparées. Le défenseur Dommanget intervint avec quelque vivacité, rappelant que l'usage des notes n'avait jamais été contesté aux accusés, même devant le tribunal révolutionnaire : « Pas de mauvaises allusions! » s'écria Hémart, et il rappela durement l'avocat à la modération.

Des interrogatoires et des dépositions, il résulta jusqu'à l'évidence que les accusés, malgré leurs dénégations, avaient tenu ensemble des conciliabules, et que des propos fort suspects s'y étaient échangés, mais aussi que toute la préparation matérielle du complot avait été

(1) Cf. le compte rendu sténographique publié en volume : *Procès de Demerville*, etc.

l'œuvre de personnes gagées ou achetées par la police. Vivement interpellés par les accusés et par leurs défenseurs, ces individus firent piètre figure, malgré la protection dont les couvrirent le président et le commissaire du gouvernement Gérard.

Deux autres témoignages firent sensation. Bertrand Barère, l'ancien membre du comité de Salut public, « l'Anacréon de la guillotine », fut lâche et vil à son ordinaire; il vint charger son ancien homme de confiance Demerville, qui, dans une pensée toute bienveillante, l'avait détourné d'aller à l'Opéra le soir du pseudo-attentat. Au contraire, le célèbre avocat Chauveau-Lagarde, évoquant ses souvenirs du tribunal révolutionnaire, attesta qu'à maintes reprises Topino-Lebrun comme juré avait relativement fait preuve de modération et d'humanité.

A peine Dommanget, qui plaidait le premier, avait-il dit : « Citoyens jurés... », que le président, d'un ton rogue, avertit les défenseurs qu'il ne tolérerait aucune attaque contre la police ni contre les personnes qui en dépendaient. L'avocat se rassit incontinent, et son confrère Guichard, qui défendait Arena, intervint en faisant observer que dans les circonstances du procès, cette prohibition rendait les plaidoiries impossibles. Hémart, comprenant qu'il avait été trop loin, expliqua ses paroles sans les retirer : Dommanget non seulement plaida pour ses clients Demerville et Ceracchi, mais improvisa une défense pour Topino-Lebrun, dont l'avocat s'était jeté dans d'insupportables digressions et avait dû quitter la barre. Dans la péroraison de cette improvisation, Dommanget eut le courage de faire une nouvelle allusion à la Terreur, et de rappeler que les iniques condamnations de cette époque avaient toutes été fondées sur des soupçons de conspiration.

Dans son résumé, le président Hémart omit délibérément tous les arguments des défenseurs, pour s'en tenir aux charges alléguées contre les accusés : dédaignant jusqu'à l'apparence de l'impartialité, il prit un ton pathétique pour presser les jurés de se montrer rigoureux, dans l'intérêt de la France, et il invoqua par deux fois le souvenir de l'attentat du 3 nivôse.

La loi criminelle alors en vigueur voulait que pendant vingt-quatre heures les jurés fissent effort pour se mettre d'accord sur un verdict unanime : passé ce délai, la simple majorité suffisait. Dans l'espèce, ils demeurèrent partagés : la majorité acquitta Diana et quelques comparses, mais proclama la culpabilité de Demerville, Arena, Ceracchi et Topino-Lebrun (1) ; le tribunal, conformément aux textes légaux, les condamna tous quatre à mort (19 nivôse.)

Leur pourvoi en cassation faillit les sauver. D'une part, en effet, on alléguait en leur nom de graves irrégularités de procédure ; de l'autre, le bruit commençait à se répandre que l'attentat de nivôse avait été machiné par les tenants d'un tout autre parti, et l'humanité semblait commander la réparation de cette sorte d'erreur judiciaire. La section ou chambre criminelle du tribunal de cassation se partagea exactement par moitié sur la question de savoir s'il y avait lieu à cassation (6 pluviôse-26 janvier). La loi exigeait en ce cas qu'on adjoignît à la section cinq juges désignés par le sort parmi les magistrats des autres sections, puis que les débats fussent recommencés devant le tribunal ainsi renforcé. Soit que les juges supplémentaires fussent acquis au parti de la rigueur, soit que dans l'intervalle le gouver-

(1) Il est superflu de rappeler que l'admission des circonstances atténuantes n'existait pas alors : c'est une innovation de la monarchie de Juillet.

nement eût pesé sur l'esprit des magistrats, il se trouva cette fois une majorité pour rejeter le pourvoi (8 et 9 pluviôse).

Après ces angoissantes alternatives, une mesure de clémence eût sans doute été opportune : l'éventualité ne paraît même pas en avoir été discutée. Le 11 pluviôse (31 janvier) l'échafaud fut dressé, sur la place de Grève et dans l'après-midi, selon la coutume. Demerville essaya de sauver sa vie en faisant entrevoir des révélations : mais au préfet de police, accouru d'urgence à la prison, il demanda tout d'abord la promesse préalable d'une commutation de peine pour lui et ses complices, et comme Dubois s'engageait seulement à en référer au Premier Consul, il garda le silence ; les autres condamnés déclarèrent qu'ils n'avaient rien à dire (1). Ils marchèrent au supplice sous les yeux d'une foule « immense », qui « garnissait les ponts, les quais et toutes les rues adjacentes à la place de la maison commune... On a remarqué », ajoutait le policier à qui nous empruntons ces détails, « sur presque toutes les figures des signes d'indignation contre les coupables, qui ont ri plus d'une fois avec affectation (2). » Cette attitude de l'assistance, exagérée sans doute par l'observateur, n'est point absolument invraisemblable.

Usant d'une faculté qui lui était donnée par l'arrêté du 11 nivôse, le gouvernement avait traduit devant une commission militaire Chevalier et ses complices, puis Metge et quelques personnes compromises dans la préparation ou la distribution de son pamphlet. Cette juridiction avait le double avantage d'être plus sûre et de fonctionner à huis clos. Chevalier et l'un de ses coaccu-

(1) *Procès*, p. 549-550.
(2) Rapport du préfet de police, 11 pluviôse : F7, 3829.

sés, Metge et deux de ses amis furent fusillés à la plaine de Grenelle (21 et 30 nivôse-11 et 20 janvier).

Pendant plus de trois semaines, la police fut impuissante à identifier et à arrêter les auteurs de l'attentat de la rue Saint-Nicaise. Si elle avait des soupçons, qui se fortifiaient tous les jours, elle en faisait mystère, même dans le monde officiel; le 26 nivôse, dans une conversation intime avec le Premier Consul, le tribun Girardin traduisait le mécontentement et l'impatience des Parisiens, reprochant à Fouché « d'avoir laissé faire une machine infernale sans en découvrir les auteurs, et de ne point parvenir à les connaître (1) ». En vain, semblait-il, par une ordonnance du 18 nivôse, Dubois avait obligé tous les habitants à déclarer aux commissariats de police le nom des personnes logées chez eux, même à titre de parents ou d'amis. En vain la police avait pendant quelques jours à dater du 20 nivôse (2) surveillé les barrières avec une sévérité telle que l'officier d'un des postes disait : « Nous avons ordre de ne laisser entrer ni sortir pas même les Consuls, sans qu'ils montrent leur passeport (3). »

La vérité est que les débris de la charrette sur laquelle reposait l'engin, les restes mutilés du cheval qui la traînait, avaient été bientôt reconnus par des commerçants qui avaient vendu l'un ou l'autre, ou fait à la charrette diverses réparations. Ils avaient eu affaire à trois individus, dont le signalement correspondait avec celui d'agents de Georges, mystérieusement disparus depuis l'attentat; d'ailleurs, mis en présence de tous les jaco-

(1) Stanislas Girardin, *Journal et souvenirs*, t. I, p. 225.
(2) Miot de Mélito, *Mémoires*, t. I, p. 353.
(3) Brun-Neergaard, *Les loisirs d'un étranger à Paris*, p. 104 (le fond de ce récit a l'apparence de la vérité).

bins arrêtés, les témoins avaient été unanimes à ne pas les reconnaître.

En filant la famille de l'un des chouans soupçonnés, ancien matelot du nom de Carbon, en interrogeant et en intimidant une de ses jeunes nièces, on finit par découvrir le secret de sa retraite. Le 28 nivôse (18 janvier), Carbon fut arrêté à l'heure de la messe (c'était un dimanche), rue Notre-Dame-des-Champs, dans une dépendance de l'hôtel où, depuis 1797, les religieuses dites Dames de Saint-Michel avaient clandestinement reconstitué leur communauté (1); les saintes filles avaient cru donner asile à un émigré dont les papiers n'étaient pas suffisamment en règle. Il fut immédiatement reconnu pour un de ceux qui avaient combiné les préparatifs matériels de l'attentat. Quelques jours plus tard, on arrêtait, dans la chambre où il était encore retenu par les suites de la commotion éprouvée lors de l'explosion, un ancien officier de marine, Saint-Réjant, qui avait amené la charrette rue Saint-Nicaise et mis le feu à la mèche. Quant au troisième complice, celui qui avait fait le guet et signalé (trop tard) l'approche du cortège consulaire, on sut qu'il avait réussi à quitter Paris et à s'embarquer : c'était un Breton encore, d'excellente famille et de grande distinction personnelle, nommé Picot de Limoëlan; par chagrin d'amour, et par remords peut-être d'avoir trempé dans un crime aussi odieux, il se fit prêtre aux États-Unis, refusa de rentrer en France lors de la Restauration, et mourut en 1826, sous le nom d'abbé de Clorivière (2).

(1) Sur cet épisode, les Dames de Saint-Michel conservent une curieuse relation manuscrite, dont des extraits ont été publiés par M. André Hallays dans le feuilleton du *Journal des Débats* du 6 mars 1903.

(2) Cf. une note très complète de M. Edmond Biré, dans son

Par une coïncidence au moins bizarre, Fouché data du 11 pluviôse, c'est-à-dire du jour même de l'exécution d'Arena et de ses compagnons, le premier rapport officiel où il annonçait la découverte des auteurs de l'attentat (1). Le 15, un rapport de Dubois, également adressé aux Consuls, entrait dans des détails plus circonstanciés (2).

Dans un mémoire rétrospectif écrit un peu plus tard, Frochot constatait à regret que lors de la révélation de la vérité, « la fermentation s'apaisa tout à coup » dans le public; les Parisiens, si ardents à réclamer contre les jacobins une répression exemplaire, auraient mis une sourdine à leur indignation en apprenant que le coup avait été machiné par les chouans (3). S'il n'y a point de raison de douter de l'exactitude de cette observation, on aurait tort d'en conclure que les chouans étaient alors populaires à Paris. Ce qui put indisposer une partie de l'opinion publique, c'est l'âpreté de la police et de la magistrature à impliquer dans l'affaire un grand nombre de comparses, qui n'étaient coupables que de négligence ou même de générosité.

L'instruction dura longtemps, si longtemps que le bruit fut répandu par les « exclusifs », dans les foyers des théâtres et autres lieux de réunion, que le gouvernement, de peur de provoquer une nouvelle prise d'armes dans l'Ouest, retardait indéfiniment le procès et

édition des *Mémoires d'outre-tombe* de Chateaubriand (t. I, p. 110-111).

(1) Fouché incriminait en termes vagues Hyde (de Neuville), qui publia une brochure pour se disculper.

(2) Ces deux documents ont été reproduits en tête du compte rendu sténographique des débats judiciaires : *Procès de Saint-Réjant, Carbon et autres*.

(3) Mémoire au conseiller d'État Lacuée : ROCQUAIN, *État de la France au 18 brumaire*, p. 294.

finirait par comprendre les accusés dans l'amnistie qui devait être proclamée à l'occasion de la paix (1). En réalité, c'était au contraire d'étendre les inculpations que se préoccupait le magistrat instructeur (2).

Après le retentissement qu'avait eu l'attentat, il était moralement impossible d'expédier le jugement dans le huis-clos d'une commission militaire. Ce fut devant le tribunal criminel, siégeant avec l'assistance du jury, que furent renvoyés Saint-Réjant et Carbon, et avec eux une vingtaine de prétendus complices, tels que la sœur et les nièces de Carbon, le médecin qui avait donné les premiers soins à Saint-Réjant après l'explosion, la Mère Duquesne, supérieure des Dames de Saint-Michel, Mme de Gouyon et ses jeunes filles, qui le 7 nivôse avaient conduit Carbon rue Notre-Dame-des-Champs, enfin Mlle de Cicé, sur qui se concentra le principal intérêt du procès.

C'était une vieille fille d'un peu plus de cinquante ans, sœur de deux prélats dont l'un était évêque d'Auxerre et dont l'autre, archevêque de Bordeaux, député aux États Généraux, garde des sceaux, avait joué un rôle important au début de la Révolution. Sa vie était uniquement consacrée aux œuvres de charité; son avocat, retraçant plus tard ses souvenirs, l'a représentée comme « une pauvre bonne fille toute simple, toute en Dieu, n'entendant rien aux affaires de ce monde, ne s'en mêlant pas, ne voyant dans tous les malheureux, sans distinction, que des frères (3) ». Par un mouvement de

(1) Rapport du préfet de police, 24 ventôse : F7, 3829.

(2) Ce juge, nommé Denisart, invoquait plus tard (8 octobre 1807) le zèle déployé par lui en cette circonstance pour demander d'être adjoint par décret impérial au collège électoral de département : F1c III, Seine, 3.

(3) Bellart, *Œuvres*, t. VI, p. 117 (fragments autobiographiques).

cette générosité universelle et spontanée, elle avait prié Mme de Gouyon, en visite chez elle ce jour-là, de procurer un gîte à Carbon, qu'elle prenait pour un émigré démuni de papiers. Mais désolée d'avoir ainsi compromis tant de personnes respectables, elle refusait obstinément de dire par qui Carbon lui avait été recommandé à elle-même (1). La police et la magistrature en concluaient qu'elle le connaissait pour un des auteurs de l'attentat, et qu'elle avait personnellement trempé dans le complot : on donnait un sens sanguinaire à des devises mystiques trouvées dans son appartement, telles que *Vaincre ou mourir;* pareillement, des correspondances volontairement obscures, où il était question à mots couverts de fonds à réunir pour la réorganisation du culte, étaient d'après l'accusation l'indice d'une participation aux projets de Saint-Réjant. Tout cela paraît risible à cent ans de distance : dans l'état d'exaspération où étaient les esprits, il y en avait assez pour conduire Mlle de Cicé à l'échafaud.

Les débats durèrent du 11 au 16 germinal (1er-6 avril) c'est-à-dire du mercredi saint au lundi de Pâques, par une coïncidence qui n'échappa point à la piété de plusieurs des accusées. Hémart y fut partial et brutal comme dans le procès Demerville, reprochant par exemple à Bellart, qui plaçait une observation pendant l'interrogatoire de sa cliente, d'appeler celle-ci « *Mademoiselle* », et non pas « *l'accusée* de Cicé »; le défenseur lui opposa spirituellement l'usage rétabli aux Tuileries par le Premier Consul.

Saint-Réjant adopta cette attitude ingrate et insoutenable de nier l'évidence, et d'opposer un démenti à tous

(1) C'était par son confesseur, comme elle l'avoua plus tard à Bellart; ce prêtre ignorait lui aussi la participation de Carbon à l'attentat.

les témoins qui le reconnaissaient formellement. Carbon, par une tactique plus adroite et assez bien adaptée à son rôle sulbaterne dans le parti, prétendit qu'il n'avait jamais agi que sur les instructions de Limoëlan, sans savoir ce qui se prépai ait. Mlle de Cicé, malgré sa timidité naturelle, malgré les menaces d'Hémart, persista à taire le nom de la personne qui lui avait parlé de Carbon. La Mère Duquesne s'expliqua avec une remarquable présence d'esprit, sans se laisser démonter par des ripostes dures ou des questions captieuses; elle trouva moyen de raconter *incidemment* qu'en apprenant que Bonaparte avait échappé à l'attentat, elle avait fait chanter un *Te Deum* à sa communauté; ce n'était que depuis Brumaire en effet qu'elle et ses sœurs avaient un peu repris confiance.

Outre les personnes qui avaient été en rapport avec Saint-Réjant et Carbon dans les jours précédant l'attentat, outre les policiers qui avaient arrêté les accusés, on cita comme témoins à charge les victimes ou leurs parents; ce fut à la barre un émouvant défilé d'estropiés, de veuves, d'orphelins. De temps à autre, le président interpellait Carbon ou Saint-Réjant, leur reprochant leur barbarie. Après la déposition d'une des victimes, il se permit d'adresser une interpellation analogue à Mlle de Cicé, ce qui provoqua de vives protestations de la part de Bellart.

Quand vint le tour des témoins à décharge, plusieurs personnes respectables, et notamment des prêtres, se donnant ouvertement pour tels (1), attestèrent les sentiments essentiellement pacifiques des femmes sur lesquelles pesait une si grave accusation. Mais ce fut surtout

(1) Entre autres l'abbé Varin, sans doute le futur directeur de la Congrégation.

de Mlle de Cicé qu'il fut question; sans la consulter, son défenseur avait fait citer un grand nombre de bénéficiaires ou de témoins de ses actes de charité; on apprit que pour mieux soigner sa femme de chambre malade, elle avait installé son lit auprès de celui de cette fille; que pendant des semaines elle avait tous les jours fait à pied le trajet de la rue Cassette au faubourg Saint-Marceau, afin d'aller panser une pauvresse à laquelle elle disait : « Votre temps est plus précieux que le mien... »

Le jury, ébranlé par ces récits, faits sur le ton de la gratitude et de la sincérité, fut définitivement conquis par la plaidoirie de Bellart. Celui-ci, dont la renommée datait des derniers temps du Parlement, allait être contraint par l'état de sa santé à renoncer à la barre pour ne plus donner que des consultations; la défense de Mlle de Cicé fut son dernier discours d'avocat, et peut-être son chef-d'œuvre. Après avoir habilement réfuté les charges alléguées contre sa cliente, il rappela ses vertus dans une péroraison qui se lit encore avec intérêt, et qui, à cette époque où le pathétique était fort goûté dans l'éloquence, eut un succès prodigieux. Trente ans plus tard, un spectateur résumait ainsi ses souvenirs : « Je vois encore les juges émus, l'auditoire attendri, et jusqu'aux vieux gendarmes, oubliant la consigne, laissant tomber le fusil de leurs mains pour essuyer leurs yeux mouillés de larmes (1). »

En vain Hémart, prompt à se ressaisir, dirigea-t-il contre Mlle de Cicé le principal et le plus perfide effort de son résumé. Elle fut acquittée purement et simplement avec plusieurs de ses coaccusées, notamment Mlles de Gouyon, au sujet desquelles le commissaire du gouvernement s'était laissé aller à dire qu'on ne les poursuivait

(1) ROGER, *Œuvres*, t. I, p. 285.

que parce qu'elles s'étaient trouvées le 7 nivôse avec leur mère! D'autres, comme Mme de Gouyon, la Mère Duquesne, le médecin, furent reconnus coupables d'avoir contrevenu à des ordonnances de police, et condamnés à quelques mois de prison (1). Les seuls vrais conspirateurs, Saint-Réjant et Carbon, furent condamnés à mort.

Cette sentence fut un soulagement pour l'opinion, bien que la police représentât l'auditoire comme indigné de l'acquittement de « la fille Cicé (2) » et prétendît que les jurés avaient été achetés. L'exécution des deux chouans eut lieu le 1er floréal (21 avril) ; en montant à l'échafaud, Carbon dit à la foule : « Mes bonnes gens, c'est pour le Roi (3)! »

(1) Pour plusieurs d'entre eux, et notamment pour la Mère Duquesne, la détention fut arbitrairement prolongée par mesure de haute police.

(2) Rapport du préfet de police, 17 germinal : F7, 3829.

(3) *Idem*, 1er floréal : *Ibidem*.

CHAPITRE V

ROYALISTES ET ÉMIGRÉS

I. Manifestations et sociétés royalistes. — II. Les émigrés rentrés; radiations individuelles et sénatus-consulte d'amnistie.

C'est par les partis d'opposition que nous aborderons l'étude des sentiments politiques de la population parisienne sous le Consulat temporaire. Minorité parfois bruyante et remuante, ils demeurent à l'état d'infime minorité. A cet égard, l'historien doit se tenir en garde aussi bien contre les exagérations des intéressés que contre celles des policiers : les uns par forfanterie et les autres par zèle professionnel, ils sont également portés à grossir le moindre incident, à exalter ou à dénoncer partout une agitation antigouvernementale.

Nous commencerons par les royalistes, dont les enfants perdus avaient préparé l'attentat de la machine infernale. A ce parti, nous rattacherons les anciens nobles en général, et surtout les émigrés, car la question des émigrés et de leur retour fut une de celles qui pendant cette période s'imposèrent le plus à l'attention du public et à l'examen du gouvernement.

I

Dans les semaines qui suivirent le 18 brumaire, la pacification de l'Ouest amena à Paris un assez grand nombre de *chouans* proprement dits. Les chefs venaient pour négocier, et aussi pour savoir si le nouveau gouvernement serait disposé à rétablir la monarchie, comme le bruit en avait couru en Bretagne et en Vendée : leurs illusions à cet égard ne tardèrent point à se dissiper, car le langage de Bonaparte fut significatif (1). Quant aux soldats, ou du moins aux subalternes, c'était surtout la curiosité et le désœuvrement qui les avaient conduits dans la capitale; conscients de n'avoir pas été vaincus, et d'avoir déposé les armes à la suite de conventions librement débattues, leur attitude tenait plus de la fanfaronnade que de la crainte; dans les cafés, dans les promenades, ils ne se gênaient point pour railler la couardise des Parisiens (2), qui eurent vite fait de les prendre en grippe. D'abord attirés et choyés dans les quelques maisons qui se piquaient de représenter les débris de la « bonne société (3) », ils furent bientôt l'objet de cette dédaigneuse indifférence que Chateaubriand a si expressivement décrite, à propos d'un émissaire vendéen qu'il avait rencontré à Londres dans une réunion d'émigrés (4); on les trouva mal élevés, et à leurs

(1) Il eut, le 27 décembre 1799, avec d'Andigné et Hyde de Neuville, une très importante conversation, que ses interlocuteurs ont racontée : D'ANDIGNÉ, *Mémoires*, t. I, p. 416 et s. ; HYDE DE NEUVILLE, *Mémoires et Souvenirs*, t. I, p. 267 et s.

(2) Tableau de la situation de Paris, 30 pluviôse an VIII-19 février 1800 : AULARD, *Paris sous le Consulat*, t. I, p. 156.

(3) Idem, 3 ventôse-22 février : *Ibidem*, t. I, p. 171.

(4) *Mémoires d'outre-tombe*, t. II, p. 168-171.

bravades on répliqua par des reproches, en les accusant d'avoir déserté la lutte. De son côté, la police, vexée sans doute de quelques ripostes ou bourrades un peu rudes, ne cessait de se plaindre de la présence des chouans à Paris; un jour, elle prétendit établir une corrélation entre l'augmentation du nombre des vols et la pacification de la Vendée (1); une autre fois, le prenant sur le mode tragique, elle signalait la capitale comme « le réceptacle et le point de réunion des chefs des chouans et des royalistes, des intrigants de l'ancien régime, des égorgeurs du Midi et des contre-révolutionnaires de tous les points de la France (2) ». Le Premier Consul avait tout à la fois réussi à faire cesser la résistance armée des chouans et échoué dans la plupart de ses tentatives pour les rallier à son gouvernement; il lui convint d'écouter les doléances de la police, et de prendre ce prétexte pour ordonner aux chouans amnistiés de se retirer à trente lieues de Paris; les scribes de Dubois enregistrèrent naturellement les applaudissements des « bons citoyens (3) ». De même, les préfets des départements de l'Ouest furent invités par la suite à refuser aux amnistiés des passeports pour Paris (4).

Le parti royaliste, comme on le sait, était divisé depuis le début de l'émigration entre les agents du Roi, recrutés pour la plupart parmi les anciens constitutionnels, attendant la restauration d'un mouvement d'opinion, et les agents de Monsieur (le comte d'Artois), qui préconisaient exclusivement l'intervention étrangère et les coups de

(1) Rapport du 11 ventôse, alléguant le témoignage du commissaire central de la Seine : AF. IV, 1535.

(2) Rapport du préfet de police, 28 ventôse : AULARD, *Paris sous le Consulat*, t. I, p. 220.

(3) Rapport du même, 21 germinal an IX ; F7, 3829.

(4) Rapport du même, 25 floréal an IX : *Ibidem*.

main. Au printemps de 1800, une imprudence de l'abbé Godard fit saisir les papiers de l'agence que le comte d'Artois entretenait à Paris : plusieurs membres furent arrêtés, entre autres le chevalier de Coigny, et le gouvernement, faisant grand bruit de sa découverte, chargea une commission de quatre conseillers d'État de faire un rapport sur ce qu'il appelait *la conspiration anglaise* (1). Louis XVIII choisit assez inopportunément ce moment pour céder aux instances de son frère; sous couleur de faire l'unité dans le parti, il ordonna au comité ou *conseil royal* qui fonctionnait à Paris depuis 1798 (2) de fusionner avec les agents de Monsieur. Les membres du conseil répliquèrent par leur démission collective (25 juin 1800) : ce document, rédigé par Royer-Collard, révélait combien non seulement les divisions de personnes, mais les divergences d'idées étaient accentuées parmi les royalistes. « Si les agents de Monsieur », était-il dit, « sont les mêmes personnes qui viennent de tomber dans les mains de la police avec leur correspondance, la sévérité avec laquelle le public les a jugés, leur inexpérience, l'imprudence de leur conduite, l'extravagance de leurs plans, le mépris des intérêts nationaux qui s'y fait remarquer, la préférence donnée aux moyens d'intrigue, d'espionnage et de brigandage, la dénomination ineffaçable de comité anglais, mille autres considérations, élèveraient une barrière insurmontable entre les serviteurs du Roi et ces mêmes personnes, quand elles ne seraient pas emprisonnées ou en fuite (3). » La note entière était sur le même ton hautain; les assurances

(1) Arrêté consulaire du 15 floréal an VIII. Cf. Hyde de Neuville, *Mémoires*, t. I, p. 318-321.

(2) Les membres en étaient Royer-Collard, l'abbé de Montesquiou, le marquis de Clermont-Gallerande et Becquey.

(3) Barante, *Vie politique de Royer-Collard*, t. I, p. 58-62.

même de fidélité avaient quelque chose de cassant.

Ces « agents de Monsieur », qui avaient désormais le champ libre, comprenaient une foule très bigarrée de chevaliers d'industrie, de cerveaux brûlés et d'esprits romanesques, dévorés du besoin d'agir, dédaignant les calculs de la prudence et de la politique. C'est dans cette dernière catégorie qu'il faut ranger Hyde de Neuville, dont les Mémoires retracent l'émouvante et aventureuse existence, nous ne dirons point d'un conspirateur, mais d'un « agent » royaliste sous le Consulat, constamment traqué par la police, errant de cachette en cachette (1); s'égarant un soir dans les solitudes du faubourg Montmartre en compagnie de Mme de Damas, qui devait lui servir de guide; se réfugiant un autre jour dans l'arrière-boutique ou le galetas du parfumeur Caron (2), dont la demeure dans la rue du Four était par excellence la « maison du mystère ».

Une politique ainsi comprise est réduite aux attentats individuels, pour lesquels Hyde avait l'âme trop haute, ou aux démonstrations extérieures. Le triomphe de Hyde fut, avec l'aide de son frère et de quatre amis, de tendre un velours noir à la porte de la Madeleine, dans la nuit du 20 au 21 janvier 1800, et de placarder le testament de Louis XVI dans différents quartiers de la ville (3). L'entreprise décelait assurément un amusant savoir-faire, et les cris de colère de la police témoignaient assez combien elle était dépitée de s'être laissé surprendre (4); mais quand Hyde et les siens se vantaient

(1) Hyde de Neuville, *Mémoires*, t. I, p. 343 et s.

(2) Sur ce personnage, qui aurait servi d'original au César Birotteau de Balzac, cf. Lenôtre, *Vieilles maisons, vieux papiers*, t. II, p. 181 et s.

(3) Hyde de Neuville, *Mémoires*, t. I, p. 293-294.

(4) Cf. les rapports dans le recueil de M. Aulard, *Paris sous le Consulat*, t. I, p. 100 et 112.

de la « sensation » produite sur le public, ils prenaient pour de l'émotion ce qui n'était que de la curiosité ou du plaisir de voir les argousins bernés (1). Même à la petite cour de Mitau, l'impression ne fut rien moins que favorable : Louis XVIII se montra scandalisé dans une lettre au comte d'Artois. Son confident, d'Avaray, ne se contenta pas d'écrire fort judicieusement : « Le résultat n'est qu'un vain spectacle pour quelques badauds que vingt dragons dissipent. » Il insinua, ce qui était une calomnie, que « la farce du drap mortuaire » pouvait bien servir de prétexte à Hyde et à ses amis pour dilapider les subsides fournis par le gouvernement anglais (2).

C'était alors le temps où Fouché et le Bureau central se montraient encore assez débonnaires, et où l'on ne courait pas grand risque à certaines manifestations toutes platoniques. Ainsi plusieurs personnes, hommes et femmes, affectèrent de paraître sur les boulevards le 21 janvier en vêtements de deuil; dans la matinée, une messe fut célébrée à Saint-Roch avec des ornements noirs. La police nota ces incidents, sans sévir; mais elle adressa de sévères admonestations à un bijoutier du Palais-Royal pour avoir exposé un médaillon « représentant la famille du dernier roi (3) ».

Un autre bijoutier racontait au café Valois, connu pour un centre royaliste, qu'il avait vendu en un mois plus de cent cinquante croix de Saint-Louis, payées 120 francs pièce (4). Ceci n'était pas sans doute une pure vanterie, car l'usage se répandit bientôt, parmi les

(1) Cf. un rapport d'agent royaliste cité par Peuchet, *Mémoires tirés des Archives de la police*, t. IV, p. 57-58.

(2) Documents inédits.

(3) Rapport du Bureau Central, 3 ventôse an VIII : Aulard, *Paris sous le Consulat*, t. I, p. 171.

(4) Rapport du préfet de police, 7 prairial : *Ibidem*, t. I, p. 368.

anciens chevaliers de Saint-Louis, de porter la croix, non point ostensiblement, mais sur le gilet, dissimulée par l'habit, et quelquefois même sous le gilet (1). Il y eut des exemples de cette fidélité jusque parmi les nobles enrôlés dans les armées impériales (2).

Dans les premiers temps, les royalistes firent une propagande de presse assez active, distribuant ou faisant vendre à bas prix des brochures qui rappelaient les malheurs de la famille royale ou qui attaquaient directement le *Corse usurpateur*, selon le titre de l'une d'elles : les libraires et imprimeurs étaient assurés de l'impunité, car en matière de presse le jury d'accusation s'était fait de l'acquittement une habitude invariable (3). Lorsque la répression eut été rendue plus assurée, on recourut à des subterfuges, annonçant par exemple une prétendue traduction d'un ouvrage anglais par Louis XVI, pour avoir l'occasion de nommer et de louer ce prince (4). Cela était encore assez anodin.

Comme nous venons de le dire, certains cafés du Palais-Royal ou des environs étaient fréquentés de préférence par les royalistes : les autres partis avaient leurs établissements favoris, et cette distinction des restaurateurs et estaminets d'après les opinions politiques de la clientèle devait persister jusque sous la Restauration. Mais un café n'en était pas moins un endroit public, où avaient accès les badauds, les indiscrets et les espions. Pour conférer avec plus de mystère, les royalistes, à l'imitation des démagogues, fondèrent ou envahirent des loges maçonniques, notamment rue du Vieux-Colombier

(1) Rapport du *même*, 17 frimaire an X : F7, 3830.
(2) NORVINS, *Mémorial*, t. III, p. 137 (réunion à Mayence des gendarmes d'ordonnance, à l'automne de 1806).
(3) Rapports de pluviôse et ventôse an VIII : AULARD, *Paris sous le Consulat*, t. I, p. 126, 123 et 176.
(4) Dubois à Fouché, 16 frimaire an IX : F7, 3829.

et boulevard Poissonnière (1) : la police s'efforça de surveiller ces établissements, mais n'osa point les fermer, couverts qu'ils étaient par l'étiquette de la franc-maçonnerie. Il se fonda aussi des clubs mondains, où l'on annonçait à peu près ouvertement que les anciens nobles seraient seuls admis à s'abonner : le vicomte de Ségur, toujours frondeur, organisa un établissement de cette sorte sur le boulevard, au coin de la Chaussée d'Antin (rue du Mont-Blanc, selon l'appellation officielle) (2). Mais c'étaient surtout les maisons privées, les salons rouverts ou entr'ouverts, qui servaient de centre aux royalistes de conviction, de sentiment, de tendance. Les conversations mondaines étaient loin d'avoir atteint ce degré de prudence et d'insignifiance qui caractérisa la fin du régime : les échos moqueurs en arrivaient aux oreilles de la police, qui s'en tenait alors à des doléances ou des dénonciations vagues.

Dans ces salons, et même dans certains cafés (3), quand on se croyait entre soi, on se saluait les uns les autres des titres de noblesse officiellement abolis. Le Premier Consul, tenu au courant de ces pratiques, avait la faiblesse de s'en montrer importuné, et de commander contre la résurrection des titres dans les sociétés privées des articles de journaux (4), qui naturellement avaient pour effet de provoquer à la récidive. Les premiers compliments échangés, les habitués des salons s'entretenaient des événements avec ce mélange de suffisance, de

(1) Rapports du préfet de police, 4 prairial et 4 thermidor an VIII : AULARD, *Paris sous le Consulat*, t. I, p. 356 et 537.

(2) Rapport du même, 8 floréal an IX : F7, 3829.

(3) Rapport du même, 23 prairial an VIII : AULARD, *Paris sous le Consulat*, t. I, p. 412-413.

(4) ROEDERER, *Œuvres*, t. III, p. 420 (campagne entamée dans le *Journal de Paris*, en ventôse an X, sur un désir de Bonaparte transmis par Maret).

légèreté et d'illusion qui n'avait cessé de caractériser le parti royaliste depuis le début de la Révolution : leurs propos favoris étaient que si un prince s'était montré au matin du 18 brumaire, le peuple de Paris aurait acclamé la monarchie (1), que la restauration était l'affaire de quelques mois (2), et autres prédictions cent fois déjà démenties par les faits, toujours reprises avec une inébranlable confiance. On raillait le personnel gouvernemental; on persiflait les essais d'étiquette princière qui s'ébauchaient aux Tuileries. D'autres, plus enclins à la malédiction qu'au sourire, parlaient des châtiments qui finiraient par atteindre les jacobins; portant toujours sur eux la liste des *votants* (c'est-à-dire des conventionnels régicides), ils l'exhibaient constamment, pour décourager les velléités d'indulgence et d'apaisement (3).

C'est qu'en effet, malgré l'intensité des regrets et l'attrait des épigrammes, la masse des anciens royalistes se sentait conquise par le prestige et les bienfaits du nouveau gouvernement; ils comprenaient que si Bonaparte barrait le chemin à Louis XVIII, il le barrait bien plus sûrement encore à l'anarchie; sans renoncer à leurs espérances, ils en ajournaient tacitement la réalisation. « Ils aiment mieux leur tranquillité que leur opinion (4) », disait crûment un haut fonctionnaire qui venait d'inspecter la région parisienne, et cette formule trop brutale contenait une grande part de vérité. Dès le printemps de 1801, la police, fort hostile pourtant à l'ancienne noblesse, rapportait que dans une société très

(1) Rapport de l'agent royaliste Dupeyron, 22 nivôse : PEUCHET, *Mémoires tirés des Archives de la police*, t. IV, p. 66-67.
(2) Rapport du préfet de police, 4 messidor an IX : F7, 3820.
(3) Rapport du même, 12 frimaire an IX : *Ibidem*.
(4) Mémoire du conseiller d'État Lacuée au Premier Consul, an IX : ROCQUAIN, *État de la France au 18 Brumaire*, p. 252.

aristocratique, on avait dit hautement « que tout ce qui s'était fait depuis un an tenait du prodige, et qu'il faudrait bien à la fin passer l'éponge sur toutes les horreurs de la Révolution (1) ».

II

Depuis dix ans, chaque fois que la rigueur du gouvernement révolutionnaire avait paru se relâcher, par exemple après la chute de Robespierre et après les élections modérées du printemps de 1797, un certain nombre d'émigrés, avides de retrouver la terre natale, avaient passé la frontière; c'était à Paris qu'ils venaient de préférence, plus assurés d'y demeurer inaperçus et d'y être avertis des sautes de vent politiques qui pourraient leur faire reprendre le chemin de l'exil. En effet, après l'insurrection manquée de Vendémiaire et le coup d'État trop bien réussi de Fructidor, un retour offensif du jacobinisme avait contraint les proscrits à s'expatrier de nouveau. Quelques-uns avaient eu l'imprudence de rester; ceux qu'on avait pu saisir avaient été passés par les armes sur la simple constatation de leur identité (2).

L'attirance était si forte, qu'à la nouvelle de la révolution de Brumaire les émigrés recommencèrent à affluer en France, à Paris en particulier. A l'étranger, l'existence de la plupart d'entre eux devenait de plus en plus douloureuse et difficile; d'ailleurs, le gouvernement qui se fondait, sans rien désavouer de l'héritage révolution-

(1) Rapport du préfet de police, 7 ventôse an IX : F7, 3829.

(2) Cf. notamment le recueil de documents publié par M. Victor Pierre sous le titre de *Dix-huit Fructidor*.

naire, n'affichait-il pas un programme de tolérance et de pacification! — Soit que ces retours trop brusques et trop nombreux eussent effarouché les révolutionnaires nantis qui rédigeaient l'acte constitutionnel, soit que Bonaparte, lui aussi, voulût rassurer les acquéreurs de biens nationaux, un article de la Constitution stipula que le territoire français demeurait fermé aux émigrés, et alla jusqu'à interdire par avance tout adoucissement à la législation qui les concernait.

En présence de ce texte, précis jusqu'à la brutalité, la désillusion fut amère chez ceux qui hésitaient à rentrer; l'un d'entre eux, dans une lettre datée du 30 décembre 1799, parlait mélancoliquement « des étrennes que la nouvelle constitution nous donne par une proscription perpétuelle (1) ». Mais les émigrés qui s'étaient déjà glissés en France, mieux à même de discerner les intentions du gouvernement, n'eurent garde de quitter la place : ils comprirent bien vite que le fameux article était une satisfaction de forme donnée à l'opinion révolutionnaire, et qu'au fond Bonaparte désirait accorder comme une grâce à l'immense majorité des proscrits ce que la Constitution leur refusait comme un droit.

Pour ménager les susceptibilités de l'opinion démocratique, une première mesure fut prise, au lendemain même de l'installation du gouvernement consulaire (6 nivôse an VIII), en faveur d'une catégorie de proscrits politiques qui, pour n'être ni des royalistes ni des émigrés proprement dits, se rapprochaient pourtant des uns et des autres; nous voulons parler des modérés que le Directoire avait sans jugement condamnés à la déportation, après le 18 Fructidor. Quelques-uns languis-

(1) Cf. mon article sur *La Révolution en Périgord et l'émigration périgourdine*, dans la *Revue des Questions historiques* du 1er juillet 1895.

saient encore sous ce climat meurtrier de la Guyane, auquel avaient succombé plusieurs de leurs compagnons; d'autres résidaient à l'étranger, soit qu'ils se fussent évadés de Sinnamari, soit qu'en Fructidor même ils eussent réussi à gagner la frontière; d'autres enfin, bénéficiant d'une demi-clémence du gouvernement directorial, étaient détenus en France. Pour tous, l'exil et la captivité prirent fin, mais ils furent provisoirement obligés à résider, sous la surveillance de la police, dans des localités déterminées. En assignant Paris pour résidence à quelques-uns d'entre les plus connus, le gouvernement témoignait assez de son intention de les faire participer à la vie publique (1) : pour ne citer que deux noms, la surveillance à laquelle Portalis devait être soumis fut levée le jour même de son arrivée à Paris (2), et il ne tarda pas à être nommé conseiller d'État, pendant que Barthélemy entrait au Sénat sur la présentation du Premier Consul.

Cette mesure de justice donna indirectement lieu à un incident qu'il convient de rapporter ici, car il présageait les difficultés inhérentes au retour des proscrits pour qui l'exil s'était doublé d'une spoliation, et c'était le cas pour presque tous les émigrés (3). Parmi les fructidorisés rendus à la vie parisienne, il y en avait quatre : Fontanes, l'abbé Sicard, Pastoret et Barthélemy, qui avaient fait partie de l'Institut lors de la création de ce corps savant en 1795. Après Fructidor, leurs collègues avaient eu la faiblesse de considérer que la proscription dont ils étaient l'objet équivalait à une déchéance; ils

(1) THIERS, *Histoire du Consulat et de l'Empire*, t. I, p. 122.
(2) *Journal des Débats*, 30 pluviôse an VIII.
(3) Pour les détails de cette affaire, cf. AULARD, *Paris sous le Consulat*, t. I, p. 201 et 363-366; *Journal des Débats*, 7 et 8 prairial an VIII; VANDAL, *Revue des Deux Mondes* du 1er juin 1901.

avaient été remplacés par les poètes dramatiques Arnault et Cailhava, Champagne, principal au Prytanée, et Lescalier, dont le Consulat avait fait un conseiller d'État. Quand ils revinrent à Paris au début de 1800, un esprit bizarre, qui avait des élans de générosité et qui aimait à contredire la majorité, Delisle de Salles, fit à l'Institut la motion que leur radiation fût considérée comme non avenue. Ceux à qui il en coûtait de se dédire objectèrent la loi organique de l'Institut, qui fixait limitativement le nombre des membres : les successeurs des fructidorisés, invités à mots couverts à démissionner pour trancher la question, firent la sourde oreille; bref, on décida que les proscrits seraient obligatoirement nommés aux quatre premières vacances, et qu'en attendant on les inviterait aux séances publiques. Par une lettre collective habilement rédigée, ils repoussèrent ce moyen terme, comme incompatible avec leur dignité, et la discussion reprit plus âpre dans la séance du 5 prairial (25 mai), dégénérant parfois en tumulte. Malgré les instances de Legouvé, de Collin d'Harleville, de Lacépède, la majorité de l'Institut refusa de désavouer les proscriptions du Directoire. Dans la société parisienne, au contraire, cette attitude fut sévèrement jugée, et le journal *l'Ami des Lois* attaqua si violemment l'Institut que Lucien Bonaparte, en ministre ami des « lumières », crut que cette irrévérence ne méritait rien moins que la suppression. Ce fut le Premier Consul, qui, déjà engagé sur la route de Marengo, intervint en faveur du journaliste par une lettre où perçait une ironique désapprobation à l'égard de ses collègues de l'Institut.

Par l'émotion qu'avait soulevée ce débat, où il ne s'agissait que de quatre fauteuils académiques, on pouvait préjuger ce qu'il adviendrait quand des milliers de bannis se retrouveraient en présence des nouveaux possesseurs de leurs biens confisqués. Cette considération est faite pour excuser la lenteur avec laquelle s'opéra le rapatriement des émigrés, pour expliquer les apparentes contradictions du gouvernement à leur égard. Il faut ajouter qu'ici comme sur bien d'autres points importants de la politique intérieure, le haut personnel était en majorité hostile à la conciliation, et que pour triompher des répugnances de son entourage, Bonaparte dut lui faire des concessions.

Dès le 5 nivôse an XIII, le Premier Consul chargeait la section de justice du Conseil d'État d'examiner avec diligence et en secret « la question importante des émigrés (1) ». Cet examen, qui dura un mois, aboutit à reconnaître que « les lois rendues contre les émigrés n'ont pas cessé d'exister, et que la nouvelle constitution n'a apporté aucune modification ni à la peine, ni aux formes qui dirigent la peine contre l'émigré rentré (2) ». La section ajoutait que pour l'avenir, il pourrait être « utile et politique » de faire une loi qui ne punît que de la déportation une première infraction, en réservant la peine de mort pour les récidivistes. Sans paraître s'arrêter à ce vœu timidement exprimé, le Premier Consul, le jour même où il approuvait la délibération (5 pluviôse-25 janvier), faisait fusiller à Grenelle comme émigré rentré, après comparution devant une commission militaire, le jeune chevalier de Toustain, dont le principal tort était d'avoir été attaché à l'agence du comte d'Artois à Paris et d'avoir voulu organiser une action royaliste (3). Fouché se félicitait de l'impression d' « épouvante » que produisait cette exécu-

(1) A Boulay, président de la section : *Correspondance*, 4457.
(2) Décision du Premier Consul, approuvant l'avis du Conseil d'État, 5 pluviôse an VIII : *Ibidem*, 4550.
(3) Chassin, *Pacifications de l'Ouest*, t. III, p. 580.

tion (1). Un peu plus tard, le même ministre avait licence de publier une circulaire conçue en termes cassants et destinées à rassurer les acquéreurs : « Rien ne sera fait contre les intérêts de la République; rien ne sera donc fait pour les émigrés (2). » Mais en dépit de ces démonstrations sanglantes et de ces déclarations catégoriques, le chef de l'État écrivait confidentiellement au ministre de la justice Abrial : « Cet objet de l'émigration mérite toute votre sollicitude; c'est une des grandes plaies de la République; il faut nous en guérir le plus tôt possible (3). »

Une loi du 12 ventôse an VIII décida que dorénavant le fait de s'absenter du territoire français ne constituerait plus le crime d'émigration. Quant à ceux qui par milliers figuraient sur les listes antérieures, un arrêté antérieur de quelques jours (7 ventôse) leur avait offert un moyen détourné de mettre fin à leur exil. Comme de l'aveu général la liste fourmillait d'erreurs, les citoyens indûment inscrits furent admis à solliciter leur radiation, par l'entremise des préfets; une commission administrative examinait les pièces, et proposait la décision au gouvernement, sans aucune intervention du pouvoir judiciaire; en attendant cette décision, les intéressés pouvaient obtenir de résider en France sous la surveillance de la police, ce que le langage courant appelait « obtenir sa surveillance ».

Avec un peu d'audace et quelques recommandations, cette procédure permettait à tous les émigrés, à ceux du moins qui n'étaient pas connus pour des chefs avérés, de se faire rayer au moyen d'attestations de complaisance.

(1) Tableau de la situation de Paris, 10 pluviôse : AULARD, *Paris sous le Consulat*, t. I, p. 128.
(2) *Journal des Débats*, 8 germinal.
(3) 3 thermidor : *Correspondance*, 6009.

Ils ne s'en privèrent point, et les demandes ne tardèrent pas à affluer, encouragées par l'humeur facile de la commission et par les généreuses dispositions de plusieurs hauts personnages. L'ancien terroriste Réal fut de ceux qui témoignèrent le plus d'obligeance et de zèle (1); Joséphine s'institua ouvertement la patronne de cette catégorie de solliciteurs (2); à un fonctionnaire du cabinet de Frochot, se plaignant des résistances qu'il rencontrait dans le personnel de la préfecture, elle répliquait gaiement : « Rayez toujours, cela fait des amis à Bonaparte (3). »

Les radiations furent si facilement octroyées dans ces premières semaines, que le bruit s'accrédita que la fête du 14 juillet 1800, ou de la Concorde, serait l'occasion d'une mesure plus radicale encore : la liste des émigrés serait solennellement livrée aux flammes, et à l'exception des seuls princes de la maison de Bourbon, tous les proscrits pourraient rentrer sur le territoire de la République (4). Pour plus d'un motif, une solution si expéditive n'entrait point dans les desseins de Bonaparte; mais trois mois plus tard (28 vendémiaire an IX-30 octobre), un arrêté consulaire raya d'office de nombreuses catégories d'émigrés, comme les prêtres, les chevaliers de Malte, les femmes, enfants et domestiques. L'allégresse fut très vive : « Il n'est », rapportaient les bureaux du ministère de la police, « aucun de ceux qui se trouvent à Paris qui ne se croie placé dans l'un des cas de l'élimination (5). » Le manège des rentrées clan-

(1) Mme de Chastenay, *Mémoires*, t. I, p. 414-415.

(2) « Cela devient comme une fonction de bienfaisance et d'humanité, une sorte de ministère supplémentaire » (Frédéric Masson, *Napoléon et sa famille*, t. I, p. 332-333).

(3) Norvins, *Mémorial*, t. II, p. 237.

(4) Rapport du préfet de police, 27 messidor an VIII-16 juillet 1800 : Aulard, *Paris sous le Consulat*, t. I, p. 517.

(5) 29 vendémiaire an IX : *Ibidem*, t. I, p. 740.

destinés et les demandes en radiation reprirent avec un redoublement d'intensité.

Un rapport de Dubois donne la très exacte description des subterfuges auxquels avaient recours les émigrés, qui faisaient généralement halte à Versailles avant de se risquer dans Paris : « Ils arrivent à Versailles sans papiers ou avec de faux papiers. Ils descendent dans une maison où ils sont recommandés; on les y garde quelque temps; petit à petit, ils se montrent dans le quartier, vont aux promenades; les voisins s'accoutument à leurs figures, et quand une fois ils ont causé avec le marchand épicier ou le tailleur de leur rue, ils les prennent pour témoins et vont se munir d'un passeport, avec lequel ils se croient ensuite à l'abri de toutes recherches (1). »

Il y avait parfois des paniques, par suite de cette politique de bascule que le Consulat appliquait à peu près dans tous les ordres d'idées. Quand les acquéreurs se montraient anxieux, ou que les jacobins des grands corps de l'État murmuraient, le gouvernement procédait à quelque bruyante manifestation. Tantôt une note de Fouché menaçait les titulaires de surveillances irrégulières de les faire reconduire à la frontière par la gendarmerie (2) : tantôt une lettre publique des Consuls reprochait au ministre de la justice d'avoir laissé présenter pour la radiation des individus naguère encore en armes contre la France (3), et Fouché, par une circulaire déclamatoire, prescrivait aux préfets des départements frontières de repousser les anciens combattants de l'armée de Condé : « Leurs mains sont encore teintes du sang des Français (4) », osait bien écrire

(1) 8 messidor an IX : F7, 3829.
(2) 28 messidor an VIII : Journaux.
(3) 29 messidor an VIII : *Ibidem*.
(4) 29 floréal an IX : *Ibidem*.

le mitrailleur de Lyon. Une autre fois, c'était Dubois qui dénonçait une agence de faux passeports et de faux certificats de résidence (1); il faisait faire des perquisitions dans les galeries du Louvre, où des émigrés, « feignant de se livrer aux arts », dissimulaient leur identité sous un nom d'emprunt et un attirail de copiste (2). A chacune de ces alertes, les intéressés rentraient sous terre pendant quelques jours : bientôt les radiations recommençaient, et les imprudences aussi.

On se figure les impressions de ceux qui revoyaient Paris après une absence de huit ou dix années (et quelles années!), ou pour mieux dire, on les connaît, car nous avons sur ce point le témoignage d'un écrivain de génie. Dans une page inoubliable, Chateaubriand a retracé le sentiment de « descente aux enfers » qui s'emparait des arrivants dès la barrière de l'Étoile, puis la poignante traversée de ce qu'ils appelaient encore la place *Louis XV* : « Elle avait le délabrement, l'air mélancolique et abandonné d'un vieil amphithéâtre; on y passait vite... je craignais de mettre le pied dans un sang dont il ne restait aucune trace (3). » Quand les émigrés s'arrachaient à ces dramatiques souvenirs pour promener autour d'eux un regard curieux (4), les moindres détails venaient leur rappeler la spoliation dont presque tous ceux de leur caste avaient été victimes : « Je voyais passer des fiacres que je reconnaissais pour les voitures confisquées de mes amis; je m'arrêtais sur les quais, devant de petites boutiques dont les livres reliés portaient

(1) Rapport du 1er messidor an IX : F7, 3829.
(2) Rapport du 17 prairial an IX : *Ibidem*.
(3) *Mémoires d'outre-tombe*, t. II, p. 236-237.
(4) Cf. une lettre très expressive du prince de Léon, publiée par Charles Baille, *Le Cardinal de Rohan-Chabot*, p. 73-74 : « ... De tous les côtés, on n'entend autre chose que : *Vous souvenez-vous? C'était là! C'était ici!* »

les armes d'une quantité de personnes de ma connaissance, et dans d'autres boutiques, j'apercevais leurs portraits étalés en vente publique (1). » Leur propre patrimoine était anéanti ou démembré : dans tous les textes de lois ou d'arrêtés relatifs à la radiation, il avait été spécifié que les biens non vendus seraient seuls restitués, et que toutes les ventes demeuraient irrévocables.

Dans les milieux sympathiques aux émigrés, on plaignait leur détresse, en donnant des chiffres qui avaient la prétention d'être précis; on racontait par exemple que les Noailles, des six cent mille livres de rente qu'ils possédaient sous l'ancien régime, n'avaient presque rien retrouvé (2). Dans les salons de Paris, où tout est affaire de mode, ce fut un genre de s'apitoyer sur les émigrés, et un genre aussi de se prétendre ruiné par l'émigration; des gens qui n'avaient jamais passé la frontière ni même la barrière tentaient d'exciter la commisération en racontant leurs aventures d'exil (3). Mais il y avait des infortunes trop réelles, qui aboutissaient parfois à de lamentables chutes : ce n'est pas un cas absolument isolé que celui de cet émigré rentré dont parle Hyde de Neuville, et qui, porteur d'un nom évoquant « plus de douze siècles de gloire », vendait pour ne pas mourir de faim des « renseignements » au ministère de la police (4).

Dès les premières radiations, un certain nombre d'acquéreurs rétrocédèrent à bon compte aux anciens

(1) Mme DE GENLIS, *Mémoires*, t. V, p. 86. Ceci se prolongea durant des années; une charmante lettre de Mme de Souza, du 10 avril 1811, décrit l'émotion du cardinal Albani en retrouvant chez un brocanteur parisien un Sassoferrato qui lui a été volé pendant la révolution romaine (*Portefeuille de la comtesse d'Albany*, p. 95).

(2) Rapport du préfet de police, 19 floréal an X : F7, 3830.

(3) PICARD, *Théâtre*, préface des *Provinciaux à Paris*, joués en 1802.

(4) HYDE DE NEUVILLE, *Mémoires*, t. I, p. 357-359.

propriétaires les biens confisqués, soit qu'ils les eussent naguère achetés avec cette généreuse arrière-pensée, soit qu'ils obéissent à un scrupule très naturel. Dans la plupart des provinces, les émigrés rentrés furent accusés d'avoir usé de contrainte morale ou même religieuse pour multiplier ces rétrocessions. A Paris, Dubois ne se fit pas faute de prétendre qu'ils en avaient agi de même (1) : mais l'imputation paraît sans fondement, car Frochot, très peu favorable aux émigrés lui aussi, attestait qu'il ne connaissait pas un seul cas de revente par l'acquéreur à l'ancien propriétaire rayé de la liste (2). Le préfet de la Seine constatait néanmoins la constante et considérable dépréciation des anciens biens nationaux, à qui cette origine faisait perdre dans les transactions près de moitié de leur valeur (3).

C'est également au témoignage de Frochot qu'il convient de s'en rapporter pour connaître l'attitude politique des émigrés rayés : d'après lui, heureux avant tout d'avoir échangé leur existence nomade contre le séjour de la patrie, pénétrés, principalement depuis Marengo, de la force du gouvernement consulaire, ils observaient une conduite soumise et correcte, sinon exempte de regrets (4). Quant à Dubois, ce qui se dégage de ses imputations aussi vives que contradictoires, c'est son animosité personnelle contre les rayés : tantôt il les représente comme des ennemis déclarés du régime, tenant les propos les plus subversifs (5), affectant une

(1) Rapports des 13 brumaire et 12 fructidor an IX : 3829.

(2) Mémoire à Lacuée (passage non publié par M. Rocquain) : AF. IV, 1012.

(3) Exactement 47 pour 100 en moyenne. « Si un bien patrimonial se vend 15.000 francs, un bien national (toutes choses égales hormis l'origine) ne se vendra que 8.000 francs. »

(4) ROCQUAIN, *Etat de la France au 18 Brumaire*, p. 268-269.

(5) AULARD, *Paris sous le Consulat*, t. I, p. 664 et *passim*.

tenue uniforme pour se reconnaître plus facilement (1), et tantôt il les accuse d'accaparer les billets pour les parades du quintidi et les audiences des Tuileries (2). Ses rapports trahissent la défiance du révolutionnaire nanti contre des adversaires politiques qui, admis aujourd'hui à jouir de leurs droits civils, entreront demain en compétition pour le partage des honneurs et des emplois. Sous une inspiration analogue, le conseiller d'État Lacuée résumait ainsi les conclusions de la tournée d'inspection qu'il avait faite en l'an IX dans la région parisienne : « Se méfier de tout ce qui a émigré; n'en jamais rien espérer de bon (3) ».

Si Bonaparte était assez politique pour ménager les intérêts qui se manifestaient avec cette âpreté, il était trop homme d'État pour s'y asservir. Poursuivant son œuvre de réconciliation, il prit prétexte de la paix générale, au printemps de 1802, pour proclamer la radiation en masse de tous les émigrés, à l'exception de quelques centaines de personnes particulièrement compromises, membres de la maison des princes, officiers supérieurs des armées étrangères, évêques non démissionnaires. Pour se mettre en règle avec l'article si formel de la Constitution, on usa d'un sénatus-consulte, expédient déjà employé pour déroger à l'acte constitutionnel sous couleur de l'interpréter (6 floréal an X). Quant au mot d'*amnistie*, il fut imposé à Bonaparte par ceux d'entre ses conseillers qui tenaient à la Révolution : au moment où les émigrés étaient replacés dans le droit commun, on voulait solennellement marquer que l'émigration avait été une faute. Comme les acquéreurs, toujours prompts à

(1) Rapport du 18 floréal an IX : F7, 3829.
(2) Rapport du 17 pluviôse an X : F7, 3830.
(3) AF. IV, 1010.

s'alarmer, avaient manifesté quelque inquiétude à l'annonce de ce retour collectif (1), un considérant spécial du sénatus-consulte proclama que l'irrévocabilité des ventes serait toujours, pour le Sénat comme pour les Consuls, « un objet particulier de sollicitude ».

Dès qu'on sut la mesure en préparation, elle défraya les conversations, au point de faire négliger le récent rétablissement officiel de la religion (2). Les intéressés furent quelque peu déçus par la non-restitution des biens vendus, et surtout par la clause qui déclarait que les bois et forêts demeureraient incorporés au domaine de l'État (3). Par un reste de cette humeur frondeuse qui depuis bien des générations était un des travers de l'aristocratie, on affecta, dans certains salons du faubourg Saint-Germain, de ridiculiser l'amnistie (4), ou de chuchoter que le gouvernement anglais l'avait imposée par un article secret de la paix d'Amiens (5). La police de Dubois recueillait avec soin ces billevesées, comme aussi les propos de quelques écervelés, prétendant que le Premier Consul allait faire reviser le procès de Louis XVI et écarter des fonctions publiques tous ceux qui avaient voté la mort (6). Au fond, l'opinion était satisfaite, et les exilés heureux d'avoir retrouvé une patrie.

Pourtant, il y eut un émigré en particulier dont le retour émut le monde des affaires. L'ancien contrôleur général Calonne, malgré le rôle très important qu'il avait joué dans les conseils des princes en armes contre

(1) Rapport du préfet de police, 26 germinal an X : F7, 3830.
(2) Rapport du même, 2 floréal : *Ibidem*.
(3) Ils firent l'objet de beaucoup de restitutions individuelles et gracieuses.
(4) Rapport du préfet de police, 9 prairial : F7, 3830.
(5) Rapport du même, 22 messidor : *Ibidem*.
(6) Rapport du même, 6 thermidor : *Ibidem*.

la France, demanda et obtint sa radiation : à peine arrivé à Paris, il eut une audience de Bonaparte et vit à plusieurs reprises le troisième Consul Lebrun. Il n'en fallut pas davantage pour accréditer le bruit étrange que le dilapidateur des finances de la monarchie allait être appelé à gérer celles de la France consulaire, et pour lui attirer une nuée de solliciteurs, comme au temps où il occupait le contrôle général (1). On désignait positivement le sénateur qui colportait cette nouvelle (2); les choses en vinrent au point que le conseil de régence de la Banque s'en préoccupa, et fit des difficultés pour consentir définitivement au gouvernement une avance de 30 millions antérieurement concédée en principe (3). Toute cette agitation était sans fondement; Calonne d'ailleurs mourut inopinément quelques mois plus tard.

(1) Cf. un rapport d'agent royaliste, partiellement cité par THIERS, *Histoire du Consulat et de l'Empire*, t. III, p. 316-318, note.

(2) L'ancien ministre Lenoir-Laroche; rapport du préfet de police, 7 floréal an X : F7, 3830.

(3) Rapport du même, 23 floréal : *Ibidem*.

CHAPITRE VI

L'OPPOSITION LIBÉRALE ET JACOBINE

I. *Exclusifs* et mécontents; les amis de Sieyès et de La Fayette; la faction d'Orléans. — II. L'opposition parlementaire; l'épuration du Corps Législatif et du Tribunat. — III. L'opposition militaire.

Sans entreprendre l'histoire détaillée de l'opposition libérale dans les premières années du Consulat, nous nous contenterons de noter, parmi les manifestations de cette opposition, quelques-unes de celles qui frappèrent plus particulièrement l'opinion parisienne; nous aurons soin de tenir compte de l'exagération et de la partialité des rapports de police, qui seront ici notre source principale de renseignements. Il faut remarquer aussi que l'opposition libérale se plaça volontiers sur le terrain antireligieux; l'examen de ses actes et de ses tendances à ce point de vue spécial trouvera place dans le chapitre que nous consacrerons aux questions religieuses.

I

Le parti des ultra-révolutionnaires ou démagogues, décimé par les déportations auxquelles l'attentat de la machine infernale servit de prétexte, intimidé par l'exécution de Metge et de Chevalier, perdit toute importance pendant la période qui suivit. Réunis par petits groupes dans des cafés dont la clientèle était tout entière de leur bord, ou dans des loges maçonniques dont les initiés étaient leurs coreligionnaires politiques, les « frères et amis », conscients de l'impopularité où ils étaient tombés, dépensaient toute leur activité en paroles, soit pour célébrer le passé terroriste, soit pour critiquer aigrement le présent, et surtout pour dénoncer les menus faits extérieurs qui trahissaient l'abandon des souvenirs ou des symboles révolutionnaires. Dans l'été de 1800, c'était l'inscription du Palais-Bourbon, où le mot d'*Égalité* disparaissait pour faire place à celui de *Concorde* (1); en 1801, les deux arbres de la Liberté plantés dans la cour des Tuileries après le Dix Août, qu'on enlevait à l'occasion de la visite du roi d'Étrurie (2); en 1802, un banquet que la ville de Paris offrait au Premier Consul, comme pour restaurer les usages monarchiques et insulter à la misère du peuple, éprouvé par la disette (3). Ces murmures et ces clabauderies n'avaient d'importance qu'aux yeux des agents de Dubois : tout en faisant étroitement surveiller les cercles d'où ils venaient, le gouvernement les dédaignait ; quant à la foule, elle n'en avait cure.

Sous la dénomination vague d'*exclusifs*, la police confondait, avec les terroristes qui regrettaient la constitution de 1793, une autre catégorie d'opposants pourtant bien distincte : nous voulons parler des jacobins mécontents. Pourvus de fonctions pour la plupart, ils se plaignaient d'avoir perdu le monopole de l'influence et des

(1) Aulard, *Paris sous le Consulat*, t. I, p. 510.
(2) Beausset, *Mémoires*, t. IV, p. 97.
(3) Rapport du préfet de police, 28 floréal an X : F 7, 3830.

emplois; ils prenaient ombrage des mesures qui rappelaient à la vie politique ceux qu'ils avaient naguère excommuniés ou proscrits; comme leur idéal était demeuré la confiscation de la puissance publique au profit d'une secte, ils se trouvaient froissés dans leur étroit dogmatisme aussi bien que lésés dans leurs intérêts. Lacuée usait d'une formule plus exacte encore que spirituelle quand il associait, dans une énumération des personnes peu satisfaites, « les anciens privilégiés et les privilégiés de la Révolution (1) »; Bonaparte, dans le laisser-aller d'une improvisation au Conseil d'État, développait la même idée en termes plus piquants encore : « Ce sont les grands seigneurs, les cordons bleus de la révolution de 1793 : ils ne peuvent pardonner à un ordre de choses qui leur a ravi un pouvoir et des honneurs qu'ils regrettent toujours (2). »

Le plus en vue des hommes de ce parti ou plutôt de ce syndicat était Sieyès, chez qui les sentiments que nous venons d'indiquer se doublaient du dépit d'avoir été personnellement berné. Après avoir prêté au coup d'État l'indispensable appui de sa collaboration et de son ascendant sur ses amis, il se voyait relégué dans une retraite dorée, privé de toute influence effective; s'il avait réussi à peupler de ses créatures les assemblées législatives, il avait subi cet affront, le plus cruel pour un théoricien, de voir ses conceptions constitutionnelles dénaturées, le savant équilibre des pouvoirs transformé en un ingénieux instrument de despotisme. Il acquit bien vite la certitude que son rôle politique serait nul sous le régime auquel il avait servi de parrain. Dès lors, comme il l'avait fait presque constam-

(1) ROCQUAIN, *État de la France au 18 brumaire*, p. 248.
(2) MIOT, *Mémoires*, t. I, p. 324-325.

ment depuis la Révolution, il reprit son attitude de bouderie hautaine et silencieuse, son secret travail d'alchimie constitutionnelle (1). « Il est difficile », écrivait un policier, « de pénétrer ce qui se passe chez ce sénateur, toujours environné des ombres du plus profond mystère. » On sut pourtant qu'il recevait le soir un certain nombre d'anciens conventionnels ou même de partisans attardés de ce Directoire qu'il avait tant contribué à renverser : Merlin de Thionville était parmi les plus assidus, et aussi l'humaniste Lemaire, le futur doyen de la Sorbonne, beaucoup moins occupé alors de classiques latins que de la politique française actuelle, naguère commissaire du Directoire auprès du Bureau central, et furieux d'être sans emploi. Les uns prétendaient que Sieyès étudiait le moyen pratique de remettre en vigueur la Constitution de l'an III ; d'autres racontaient, avec plus de vraisemblance, que « le premier homme d'État » comme il se laissait appeler, élaborait un plan constitutionnel entièrement nouveau. Selon une tradition qui commençait à devenir classique, et malgré ses tout récents déboires, il cherchait à se ménager l'assistance d'un général pour assurer le triomphe matériel de ses idées. Les antécédents révolutionnaires de Jourdan semblaient le désigner ; aussi la déception fut-elle vive dans l'entourage de Sieyès quand, à la fin de juillet 1800, Jourdan accepta de partir pour le Piémont avec une mission militaire et administrative.

Soit que cet exemple eût séduit Sieyès, soit que l'ambition et l'intérêt fussent chez lui plus forts que la rancune, il donna à entendre, à l'automne de 1800, qu'il était prêt à faire le sacrifice de son repos si le gouver-

(1) Cf., à partir du printemps de 1800, les rapports du ministère et surtout de la préfecture de police, publiés par M. AULARD, *Paris sous le Consulat*, t. I, *passim*.

nement voulait lui confier quelque grand emploi. Depuis son ambassade de Berlin, il se croyait un diplomate de premier ordre : il fit insinuer que lui seul pourrait dignement représenter la France au congrès qui allait s'ouvrir à Lunéville. La nomination de Joseph Bonaparte lui causa un violent dépit; ses frères, ses familiers affectèrent de répéter que le gouvernement s'apercevrait trop tard de la faute commise en se privant des lumières « si nécessaires » du vétéran de la Révolution (1).

Un autre groupe, tout en entretenant des relations suivies avec les amis de Sieyès, s'en distinguait assez nettement : c'étaient les libéraux du début de la Révolution, détachés de l'idée monarchique et purs de toute compromission dans les excès de la Terreur. Ce parti, très réduit en nombre et en influence, aurait volontiers mis en avant le nom de La Fayette, qui, rayé de la liste des émigrés en mars 1800, avait refusé d'entrer au Sénat comme d'être ambassadeur aux États-Unis, et s'efforçait vainement, dans une suite d'entretiens familiers, de convertir le Premier Consul aux doctrines libérales (2). Son retour avait ravivé son indignation contre les atrocités commises en son absence; dans une lettre confidentielle, il maudissait « cette bande d'animaux féroces, non moins vils qu'exécrables, auxquels la nation, héroïque au dehors, a été dans l'intérieur si lâchement soumise (3). » Mais repris en même temps par ce goût de la popularité qui avait toujours été sa passion dominante, s'il recherchait de préférence les

(1) Rapport du préfet de police, 24 brumaire an IX : AULARD, *Paris sous le Consulat*, t. I, p. 809.

(2) Cf., dans ses *Mémoires*, l'important fragment intitulé *Mes rapports avec le Premier Consul*.

(3) Lettre du 25 thermidor an VIII-13 août 1800, p. p. E. CHARAVAY, *le Général La Fayette*, p. 580.

éloges des anciens constituants, qui l'appelaient « le vieux soldat de la Révolution, le défenseur de la liberté en Amérique, le républicain par excellence, le héros de 1789 (1) », il ne repoussait pas les compliments ni la société des conventionnels. Il demeurait pourtant, comme autrefois, plus vaniteux que vraiment ambitieux, et quand les instances de ses amis devinrent plus vives pour en faire un chef agissant d'opposition, il se déroba par l'inertie d'abord (2), puis par la retraite à la campagne.

Ceux qui prenaient ainsi La Fayette pour drapeau, sinon pour guide, se disaient encore républicains. Ils n'en fournissaient pas moins des recrues à un parti très précis quant à ses visées, mais très indéterminé quant à ses frontières, et très hésitant quant aux voies et moyens, parti qui rencontrait des sympathies dans toutes les nuances de l'opposition libérale et même dans le personnel gouvernemental. Ce parti, qui datait de 1789 et qui devait subsister jusqu'en 1830, était communément appelé la « faction d'Orléans (3) ». Ceux qui le composaient, fermement attachés aux résultats civils de la Révolution, fort amis de la liberté politique, mais convaincus que l'Europe monarchique ne ferait de paix définitive qu'avec un roi, prétendaient tout concilier en couronnant un Bourbon de branche cadette, qui, tenant ses droits de la France révolutionnaire, serait intéressé à la défendre contre les tentatives de réaction. Une des caractéristiques de la faction d'Orléans était la persévérance, l'obstination même dans l'espoir : un historien

(1) Rapport du préfet de police, 3 thermidor an VIII : AULARD, *Paris sous le Consulat*, t. I, p. 533.

(2) Rapport du même, 7 frimaire an IX : AF. IV, 1329.

(3) M. Albert SOREL en a magistralement analysé le programme en divers passages des tomes V et VI de *l'Europe et la Révolution française*.

a pu dire que les derniers survivants de cette coterie saluèrent en 1830 la Monarchie de juillet comme les Hébreux la Terre promise. Pas plus qu'ils n'avaient été rebutés naguère par l'indignité de Philippe-Égalité, les orléanistes ne se décourageaient en 1800 de l'attitude de son fils aîné Louis-Philippe, qui laissait négocier alors sa rentrée en grâce auprès de Louis XVIII. La légende ne s'en accréditait pas moins, dans des cercles comme celui de Mme de Condorcet, que « de tous les princes il était le seul qui fût adopté par la nation (1) ». C'était encore une singularité de ce parti, que le candidat poussé par lui au trône ne se posait jamais ostensiblement en prétendant. Par cela même qu'il s'agissait d'un état d'esprit, d'une arrière-pensée même, beaucoup plus que d'une enrégimentation effective, il y avait des orléanistes à peu près dans tous les camps, à l'exception des terroristes et des royalistes purs : dans les rapports de police, cette épithète s'accole aux anciens collègues de Dumouriez comme Servan, aux chefs de l'opposition du Tribunat comme Chénier et Benjamin Constant, aux constitutionnels de la veille comme Rœderer, Portalis et Barbé-Marbois. En relations constantes avec Sieyès (2), les hommes de la « faction » cherchaient à gagner les directoriaux passés au service du Consulat, notamment Boulay de la Meurthe. Impossibles à vérifier matériellement, ces imputations n'ont rien d'inadmissible.

Il ne faut point oublier en effet que le caractère de force et de stabilité, que, sur la foi de la légende. nous

(1) Rapport du préfet de police, 11 frimaire an IX : AF. IV, 1320.

(2) Bonaparte le donna publiquement à entendre dans une audience fameuse, celle du 12 nivôse an X (THIERS, *Histoire du Consulat et de l'Empire*, t. III, p. 380.)

serions disposés à attribuer à l'établissement napoléonien, ne frappait point au même degré les contemporains, surtout dans cette période du début. Si la masse avait instinctivement confiance dans le génie du Premier Consul, les esprits avisés discernaient, comme l'histoire la plus récente en fait la démonstration, que sa fortune était subordonnée à une série ininterrompue de succès militaires; de là les mille intrigues qui avaient précédé le coup de foudre de Marengo. Mais Marengo même n'avait pas suffi à calmer les inquiétudes, ni à mettre un terme aux agitations; habitués depuis dix ans à la fréquence quasi-régulière des crises gouvernementales, les cercles politiques s'obstinaient à prévoir quelque coup de force ou quelque insurrection qui viendrait encore une fois renverser l'édifice à peine construit. « Tout le monde parle de prochains changements, de la possibilité d'un mouvement (1) », et cela non point dans l'attente enfiévrée des nouvelles d'Italie, mais au lendemain du triomphal retour de Bonaparte, à la veille de cette fête du 14 juillet 1800, où l'on allait célébrer sa victoire.

Des troubles étaient annoncés ou redoutés pour le moment où le Premier Consul quitterait de nouveau Paris. Le bruit courut en effet, quand un congrès fut annoncé à Lunéville, qu'il irait en personne reprendre avec Louis Cobenzl les fameux entretiens d'Udine et de Passeriano; les fortes têtes du Tribunat parlaient même de lui en faire adresser la formelle invitation par cette assemblée et par le Corps législatif (2). Un peu plus tard, lors de la rupture de l'armistice, les opposants escomptèrent le départ de Bonaparte pour l'armée,

(1) Rapport du préfet de police, 23 messidor an VIII : AULARD, *Paris sous le Consulat*, t. I, p. 506.

(2) Rapport du même, 23 vendémiaire an IX : *Ibidem*, t. I, p. 720.

départ dont les hommes d'ordre envisageaient l'éventualité comme le prélude d'une série de calamités. Ce fut autant pour tenir compte de cet état d'esprit que pour ménager l'amour-propre de Moreau que le Consul s'abstint d'aller prendre la direction des opérations en Bavière. Mais on ne pensait généralement pas que la première bataille dût être décisive, et convaincus que le chef de l'État finirait par être obligé de rejoindre l'armée, tous les partis recommençaient, comme à la veille de Marengo, à préparer leurs batteries. Quelques jours avant Hohenlinden, Dubois prétendait qu'une réunion assez bigarrée comme opinion s'était tenue chez Talleyrand, pour étudier les moyens de le faire destituer, lui Dubois, ainsi que son ministre Fouché, soit en pesant sur l'esprit de Cambacérès, quand il serait chargé de l'intérim du gouvernement, soit en envoyant à Bonaparte des lettres accusatrices contre le ministre et le préfet de police (1). Plus suspecte qu'invraisemblable, cette information n'était peut-être destinée qu'à détourner l'attention du maître des intrigues auxquelles Fouché et Dubois se livraient de leur côté.

L'écrasement de la dernière armée autrichienne à Hohenlinden vint éclaircir la situation et jeter le désarroi parmi les opposants. Les plus déterminés d'entre eux tentèrent pourtant de ranimer la confiance de leurs coreligionnaires, en leur expliquant « que, Moreau ne tardant pas à devenir l'idole de la nation et des soldats, il serait facile de le mettre en avant, même sans qu'il s'en doutât (2). » Cette tactique devait aboutir au procès de l'an XII et à la proclamation de l'Empire.

(1) Rapport du même, 6 frimaire an IX-27 novembre 1880 (la bataille de Hohenlinden est du 3 décembre) : AF. IV, 1329.
(2) Rapport du même, 19 frimaire an IX : F. 7, 3829.

II

Si l'opposition libérale envisageait sans scrupule l'éventualité d'une intervention militaire qui corrigerait à son profit le résultat des journées de Brumaire, elle ne laissait pas que d'attendre beaucoup des nouvelles assemblées politiques, du Tribunat surtout, mais aussi du Corps législatif et même du Sénat.

Les membres des deux premières de ces assemblées, aux termes de la Constitution, avaient été désignés par un vote du Sénat. Quant au Sénat lui-même, les vingt-neuf premiers membres, choisis par Sieyès, Roger-Ducos, Cambacérès et Lebrun, en avaient élu vingt-neuf autres. En fait, c'était Sieyès, par suite d'une sorte d'accord tacite, qui avait littéralement dicté les premiers choix et inspiré presque tous les autres, de même que les nominations de législateurs et de tribuns (1). Bonaparte avait bien pu s'inspirer d'un large éclectisme pour composer le personnel du conseil d'État et de l'administration préfectorale : son influence fut à peu près nulle sur la formation des trois grands corps politiques.

Dans la distribution des individus entre les diverses assemblées, Sieyès n'avait pas procédé sans discernement ni sans connaissance des personnages; il avait généralement placé, selon la malicieuse remarque d'un historien, « les hommes propres à la parole, enclins au bruit, dans le Tribunat, les fatigués obscurs dans le Corps législatif, les fatigués d'un ordre élevé dans le Sénat (2). » Mais tribuns, législateurs et sénateurs, ou

(1) VANDAL, *Avènement de Bonaparte*, t. I, p. 547-551.
(2) THIERS, *Histoire du Consulat et de l'Empire*, t. III, p. 320.

du moins l'immense majorité d'entre eux, avaient ce trait commun d'appartenir au clan des jacobins pourvus, de ceux qui avaient fait de la Révolution leur patrimoine et qui depuis 1789, depuis 1792 au moins, s'étaient jalousement maintenus au pouvoir contre le vœu public. C'était assurément une force pour les idées qu'ils incarnaient, car ils étaient habitués de longue date à la discipline et à l'homogénéité. C'était d'autre part une faiblesse, car les derniers temps du Directoire n'avaient fait qu'accroître l'impopularité qui s'attachait à cette coterie; impopularité dont l'insurrection de vendémiaire an IV et les élections de germinal an V avaient été les éclatantes manifestations : contre les survivants des conventionnels, Bonaparte allait pouvoir s'appuyer sur le sentiment de Paris et de la France entière (1).

Conscients de cette hostilité de toutes les classes de la population, ils tenaient entre eux de fréquents conciliabules, se visitaient les uns les autres, se retrouvaient dans quelques maisons amies, par exemple, chez la veuve de Condorcet, qui était belle-sœur du sénateur Cabanis, et dont le Premier Consul se laissait aller à dénoncer le salon en plein conseil d'État (2).

Le cercle de Mme de Staël avait un caractère un peu différent (3). Liée sans doute avec les jacobins depuis Fructidor, elle avait pourtant l'esprit trop élevé et le cœur trop généreux pour se solidariser avec eux; elle

(1) Cf. VANDAL, *Revue des Deux Mondes*, 15 mai 1901, p. 314-315. Aux extraits de journaux cités par cet historien, on peut joindre la sortie expressive du *Bulletin de l'Europe* du 23 nivôse an VIII : « C'est rétablir la noblesse que de concentrer ainsi tous les grands emplois dans une caste privilégiée, et les titres de ces nouveaux nobles sont bien moins respectables que ceux des ducs et marquis de l'ancien régime. »

(2) *Mémoires sur le Consulat* (par Thibaudeau), p. 33-34.

(3) Il convient de renvoyer le lecteur une fois pour toutes au livre définitif de M. Paul GAUTIER sur *Napoléon et Mme de Staël*.

était acquise à cette conciliation de tous les partis que le Premier Consul rêvait d'opérer ; sa porte s'ouvrait également aux revenants de l'émigration, aux tenants de l'idéologie, aux ministres ou conseillers d'État de Bonaparte. Mais elle aimait pour elle-même cette liberté politique qui n'avait été pour la plupart des révolutionnaires qu'un instrument de règne ; elle partageait les passions anticatholiques de la majorité des parlementaires ; elle avait gardé, du temps de sa première jeunesse sous Louis XVI, le goût des discours frondeurs et la persuasion qu'on pouvait cabaler contre le pouvoir sans cesser d'être bien en cour. Enfin et surtout, elle désirait pour Benjamin Constant cette auréole de popularité qu'elle avait vue jadis au front des opposants du Parlement et de la Constituante, des d'Eprémesnil et des Barnave.

Il était naturel que les premiers indices d'opposition vinssent du Tribunat, puisque la constitution, en attribuant à cette assemblée le monopole des discours, la provoquait pour ainsi dire aux déclamations tapageuses ; mais nul ne soupçonnait que d'emblée le ton y serait agressif et impertinent à l'égard du gouvernement. C'était le 11 nivôse an VIII (1er janvier 1800) que le Tribunat s'était réuni au Palais-Royal, appelé officiellement dès lors *palais du Tribunat ;* pour aménager convenablement les locaux, il avait fallu annuler les baux d'un certain nombre d'établissements de jeu et de débauche, comme il en pullulait dans le reste de l'édifice. Dès le 13, plusieurs tribuns prirent texte de ce voisinage pour se plaindre qu'on eût de propos délibéré tâché de jeter le discrédit sur l'assemblée; entamé avec aigreur, le débat devint virulent avec Duveyrier, qui, feignant de vouloir défendre le choix du Palais-Royal, évoqua le souvenir de Camille Desmoulins ameutant la foule au début de la Révolution, et finit par oser s'écrier : « Dans ces lieux, si l'on osait parler d'une idole de quinze jours, nous rappellerions qu'on vit abattre une idole de quinze siècles. »

La stupeur de la grande majorité des tribuns égala l'indignation publique, dont les journaux se firent l'écho. L'inconvenante sortie de Duveyrier, en créant un préjugé défavorable au Tribunat, eut pour conséquence de faire plus sévèrement apprécier l'attitude de Benjamin Constant, qui le surlendemain (15 nivôse) combattit un projet de loi sur la procédure parlementaire. Ce projet ménageait trop peu les susceptibilités du Tribunat, mis en demeure désormais de délibérer dans un délai fort court sur les mesures qui lui étaient soumises. Les critiques de Benjamin étaient donc justifiées au fond ; mais il ne résista point à la tentation de leur donner un tour acerbe et épigrammatique. Ses collègues l'applaudirent, sans oser émettre le vote négatif qu'il sollicitait d'eux. Le monde officiel déserta le salon de Mme de Staël avec un empressement dont elle fut surprise et affligée (1). Dans l'opinion parisienne en général, ce fut à la fois une panique, qui fit retomber la rente au-dessous du cours de 20 francs, et un déchainement contre les incorrigibles rhéteurs, réfractaires aux leçons des événements, incapables d'autre chose que d'intriguer et de cabaler (2). Quelques années plus tard, un écrivain très hostile à la

(1) « Le jour où le signal de l'opposition fut donné dans le Tribunat par l'un de mes amis, je devais réunir chez moi plusieurs personnes dont la société me plaisait beaucoup, mais qui tenaient toutes au gouvernement nouveau. Je reçus dix billets d'excuses à cinq heures ; je supportai assez bien le premier, le second ; mais quand le troisième et le quatrième arrivèrent, un éclair me révéla tout ce dont j'étais menacée. » (*Dix années d'exil* [texte autographe rétabli par M. Paul Gautier], p. 9.)

(2) VANDAL, *Revue des Deux Mondes*, 15 mai 1901, p. 322-326.

dictature napoléonienne, retraçant les circonstances où la liberté politique avait achevé de disparaître, confessait que l'opposition du Tribunat « avait manqué peut-être d'un certain degré de discrétion et de prudence (1) ».

Dans cette première session, d'ailleurs, si plusieurs tribuns se permirent des discours systématiquement hostiles au gouvernement, la majorité fut presque constamment favorable aux projets de loi que ce gouvernement proposait. Quant au Corps législatif, à qui la Constitution déniait le droit de discussion et la faculté de motiver ses votes, il ne repoussa qu'une seule loi, qui avait son importance, mais dont le caractère n'était point politique, celle qui réorganisait le Tribunal de cassation. Cette assemblée de muets saisit aussi une occasion de manifester ses sentiments antireligieux : appelée concurremment avec le Tribunat et le Premier Consul à présenter un candidat pour une place vacante au Sénat, elle désigna un de ses membres, Dupuis, qui devait sa notoriété à un écrit soi-disant « philosophique » sur *l'Origine de tous les cultes*. Le Sénat préféra le candidat du gouvernement, qui était l'ancien directeur fructidorisé Barthélemy.

Après le vote de quelques lois urgentes, et notamment de l'organisation départementale et communale, la session, qui avait duré trois mois à peine, fut close le 10 germinal, pour se rouvrir, aux termes de la Constitution, le 1er frimaire an IX. Si les débats parlementaires avaient à certains jours provoqué l'impatience ou l'inquiétude, il semble bien que leur interruption laissa le public parisien profondément indifférent. L'attention était absorbée par les actes administratifs du gouvernement, et surtout par l'imminente reprise des opérations militaires.

(1) FAURIEL, *Derniers jours du Consulat*, p. 20.

Les opposants s'étaient cependant rendu compte, en essayant leurs forces dans des escarmouches souvent imprudentes, que le Tribunat demeurait, selon l'expression de Thibaudeau, « le dernier espoir des partisans du système représentatif (1) ». Le tumulte d'acclamations soulevé par le message de Marengo et par le retour triomphal du Premier Consul ne les découragea point; bien au contraire, ils jugèrent indispensable de combattre les nouveaux progrès du pouvoir personnel. Dès le début de l'automne, les meneurs du Tribunat tinrent de fréquents conciliabules, où, pour se donner du cœur et pour réconforter leurs adhérents, ils se livraient à de stériles bravades; Duveyrier, réunissant ses amis à dîner, déclarait après boire que le gouvernement consulaire « ne tiendrait pas plus que le Directoire (2) ». Chénier pérorait de préférence chez Mme Vestris, belle-sœur du fameux danseur et actrice du Théâtre-Français; un jour, il y racontait que les mesures étaient prises, d'accord avec plusieurs généraux « pour changer un ordre de choses qui sapait les fondements de l'édifice républicain (3) »; une autre fois, il s'écriait d'un ton menaçant : » Est-ce qu'on a oublié que nous avons fait un Dix août (4)? » Contrairement à l'avis de quelques exaltés, partisans d'un coup de main immédiat, les chefs de l'opposition décidèrent « d'attendre patiemment la rentrée du Corps législatif et de préparer à l'avance les motions les plus vigoureuses contre le gouvernement (5). »

Dans les premiers jours de la session, on ne parlait en

(1) *Mémoires sur le Consulat*, p. 181.

(2) Rapport du préfet de police, 3 vendémiaire an IX : AF. IV, 1329.

(3) Rapport du même, 9 vendémiaire : AULARD, *Paris sous le Consulat*, t. I, p. 692.

(4) Rapport du même, 7 brumaire : *Ibidem*, t. I, p. 762.

(5) Rapport du même, 4 brumaire : *Ibidem*, t. I, p. 753.

effet de rien moins que de « briser les chaînes dont un simulacre de constitution a chargé le Corps législatif (1) » : on annonçait dans les cercles amis qu'un certain nombre de membres de cette assemblée, fatigués d'un silence humiliant, prendraient la parole de leur propre autorité, par une sorte de coup d'État parlementaire (2). Dans l'attente de quelque événement, les tribunes du Corps législatif se garnissaient de spectateurs curieux, ardents, appartenant pour la plupart aux opinions extrêmes et prodiguant à mi-voix des réflexions que les observateurs de Dubois qualifiaient d' « indécentes (3) ».

Ce beau zèle fut glacé sans doute par la nouvelle de Hohenlinden, puis par le mouvement d'opinion que provoqua l'attentat de la machine infernale. Le Corps législatif ne sortit de son mutisme constitutionnel que pour aller porter aux Tuileries des congratulations ou des condoléances. Le Tribunat, qui avait projeté d'avance tant de « motions vigoureuses », eut la lâcheté de ne point même intervenir, comme il en aurait eu le droit et le devoir, en faveur des terroristes arbitrairement déportés. Pris d'un scrupule inattendu, les chefs de l'opposition estimèrent que cet acte du gouvernement échappait à leur appréciation. Ils se dédommagèrent en soumettant tous les projets législatifs à une critique incisive, mais trop systématique pour créer la conviction dans les esprits. Le Corps législatif ne se laissa aller à repousser qu'une seule loi, d'importance très secondaire, sur les archives de l'État. La loi sur les tribunaux spéciaux, qui dérogeait à des principes essentiels du droit criminel moderne, obtint même au Tribunat une petite majorité, à la grande indignation de Ginguené, qui dans les con-

(1) Rapport du même, 9 frimaire : AF. IV, 1329.
(2) Rapport du même, 7 frimaire : *Ibidem.*
(3) Rapport du même, 13 frimaire : F 7, 3829.

versations intimes parlait de faire appel aux armées, et d'éclairer l'opinion des soldats par une suite d'articles de la *Décade philosophique* (1). Les opposants furent d'abord plus heureux dans la discussion du plan de finances destiné à liquider les dettes arriérées : le Tribunat en vota le rejet, pendant que les spectateurs éclataient en cris de *Vive la République!* Mais cette résurrection des souvenirs de la Convention produisit une impression d'effroi, et malgré un fort habile discours de Benjamin Constant, délégué pour combattre le projet devant le Corps législatif, celui-ci se prononça pour l'adoption à une écrasante majorité.

Lorsqu'une troisième session s'ouvrit en frimaire an X, la paix générale était conclue, et le gouvernement affermi par une série d'éclatants succès : il semblait donc que l'opposition parlementaire dût disparaître, ou se borner à quelques détails du travail législatif. Ce fut alors, au contraire, qu'elle montra le plus d'acharnement, et qu'elle fut le plus près du triomphe. La politique de conciliation de Bonaparte, les très nombreuses radiations d'émigrés, la signature du Concordat surtout, avaient alarmé la jalouse susceptibilité et froissé les préjugés de ces révolutionnaires nantis qui formaient la majorité de toutes les assemblées politiques, à commencer par le Sénat. Les emplois distribués en dehors de leur coterie leur semblaient autant d'intolérables passe-droits. Ceux d'entre eux qui n'étaient pas fanatiquement antireligieux étaient des partisans attardés de la constitution civile du clergé, antiromains par conséquent. Le Corps législatif renfermait à lui seul plus de soixante prêtres, défroqués ou constitutionnels,

(1) Rapport du même, 15 pluviôse : *Ibide* .

également ardents à protester contre le Concordat (1).

Entre les deux nuances de l'opposition, il se noua une coalition plus ou moins avouée, selon l'usage des assemblées parlementaires. Le Corps législatif élut pour président l'astronome et orientaliste athée Dupuis, dont nous avons déjà parlé; puis il désigna comme candidat au Sénat le vrai chef du clergé constitutionnel, l'évêque Grégoire. Les sénateurs, circonvenus par Sieyès et tentés, eux aussi, de marquer leur mécontentement de la politique religieuse du gouvernement, appelèrent Grégoire à siéger parmi eux. Enhardis par ce succès, les meneurs déterminèrent le Corps législatif et le Tribunat à présenter pour un autre siège au Sénat un homme qui avait renoncé à la prêtrise et à la vie religieuse, le tribun Daunou. Celui-ci n'était pour le gouvernement un adversaire ni très invétéré ni très irréductible, puisqu'il avait tenu la plume lors de la rédaction de la Constitution de l'an VIII et qu'il devait être garde général des Archives de l'Empire : mais le Premier Consul lui en voulait alors d'avoir obstinément refusé d'entrer au Conseil d'État (2), et surtout d'avoir au Tribunat, l'année précédente, fait une opposition très vive à l'établissement des tribunaux spéciaux, en prononçant le mot de « tyrannie ». Pour empêcher sa nomination au Sénat, Bonaparte alla jusqu'à lui donner une sorte de publique et solennelle *exclusion,* en déclarant, dans l'audience décadaire accordée aux sénateurs (12 nivôse an X-2 janvier 1802) qu'il prendrait l'élection de Daunou pour une injure personnelle. Sa puissance était déjà telle, qu'il n'en fallut pas davantage pour faire reculer l'immense majorité du Sénat.

(1) Stanislas GIRARDIN, *Journal et Souvenirs*, t. I, p. 246.

(2) TAILLANDIER, *Documents biographiques sur Daunou*, p. 119. Cf. SAINTE-BEUVE, *Portraits contemporains*, t. IV, p. 323, note.

Cette guerre de personnes, dont l'importance était accrue par l'irritabilité du chef de l'État, se doublait d'une opposition législative bien autrement grave. Au lieu de réserver leurs critiques pour les mesures dont le principe choquait leurs idées, comme le Concordat, les meneurs entreprirent de combattre indistinctement tous les projets du gouvernement, pour lui rendre en quelque sorte la tâche impossible. Ils s'attaquèrent en particulier au Code civil, dont les premiers titres, longuement élaborés au Conseil d'État, étaient pour lors soumis à la ratification législative. En multipliant les arguties et les objections misérables, ils parvinrent à faire rejeter par le Corps législatif, à trois voix de majorité, le titre préliminaire; le titre premier, sur la jouissance et la privation des droits civils, fut repoussé par le Tribunat avec un empressement qui présageait pareillement le vote négatif du Corps Législatif.

L'émotion fut très vive, non seulement dans le public ordinaire des tribunes (1), mais parmi toute la population parisienne. « La foule », écrivait confidentiellement Rœderer à Joseph Bonaparte, « ne voit qu'une chose, mais capitale : c'est que les premières autorités heurtent le Premier Consul, balancent son pouvoir, et rejettent des lois qui sont immédiatement son ouvrage (2). » L'impression dominante était pourtant que le chef de l'État devait triompher de cette opposition; ceux-là mêmes qui, comme Cambacérès, lui reprochaient dans l'intimité des fautes de stratégie parlementaire et des manques d'égards envers les assemblées, ceux-là concluaient en déplorant que des mesures de violence fussent devenues inévitables : « On sera obligé de chasser

(1) Cf. les rapports du préfet de police, du milieu de frimaire au milieu de nivôse an X : F 7, 3830.

(2) 14 nivôse an X : RŒDERER, *Œuvres*, t. III, p. 492.

quatre à cinq cents personnes de la capitale, et de prendre des mesures pour neutraliser l'opposition des grands corps (1). »

Dès le 13 nivôse, par un message hautain, où se trahissait la manière déjà caractéristique du Premier Consul, le gouvernement retira les différents titres du Code civil. Les assemblées demeuraient en session sans qu'aucun projet fût à leur ordre du jour, ce qui les mettait dans une posture ridicule. Puis, avec une apparence de parfaite indifférence, Bonaparte partit le 18 nivôse pour Lyon, où il allait présider la *Consulte* des députés italiens et recevoir le titre de président de la République italienne. Ce voyage, exécuté en grand apparat, ne laissa point que de défrayer les conversations. Quelques intransigeants de l'opposition parlementaire, comme le tribun Chazal, commentant dans les cafés l'article de la Constitution qui interdisait à tout citoyen français d'accepter un emploi d'un gouvernement étranger, rappelaient que le texte ne faisait pas d'exception en faveur des Consuls (2). Les royalistes annonçaient d'un air mystérieux que Bonaparte s'assurait la présidence de la République italienne comme une retraite pour le jour où il aurait rétabli la monarchie en France, ainsi qu'il s'y était engagé par un article secret du traité de paix (3). Les simples badauds enfin se communiquaient avec quelque anxiété un bruit qui devait courir de nouveau sous l'Empire et d'après lequel le Consul, mécontent de l'attitude frondeuse des Parisiens, serait allé étudier le transfert à Lyon de la capitale de la France (4).

(1) Paroles de Cambacérès à quelques conseillers d'État, rapportées dans les *Mémoires sur le Consulat* (par Thibaudeau), p. 223.
(2) Rapport du préfet de police, 13 pluviôse : F 7, 3830.
(3) Rapport du même, 11 pluviôse : *Ibidem*.
(4) Rapport du même, 14 pluviôse : *Ibidem*.

Cependant, la veille du départ de Bonaparte (17 nivôse-7 janvier), un message du gouvernement avait invité le Sénat à appliquer et à interpréter l'article de la Constitution qui prescrivait pour l'an X le renouvellement du cinquième des membres du Corps législatif et du Tribunat. Déjà repentant de ses velléités d'indépendance, stylé d'ailleurs par Cambacérès, qui excellait à ce soin, le Sénat décida qu'au lieu de tirer au sort le cinquième sortant, il réélirait nominativement les quatre cinquièmes restants, ce qui était une élimination par prétérition. De Lyon, le Premier Consul approuvait cette très arbitraire procédure, en insistant pour que les chefs de l'opposition fussent exclus : « Je vous prie de tenir la main à ce qu'on nous débarrasse exactement des vingt et des soixante mauvais membres que nous avons dans les autorités constituées. La volonté de la nation est que l'on n'empêche point le gouvernement de faire le bien, et que la tête de Méduse ne se montre plus dans nos tribunes ni dans nos assemblées. (1) »

Rien n'est plus populaire en France que l'audace et le succès. Les opposants des deux assemblées, réduits à l'inaction par le retrait de tous les projets législatifs, attendant anxieusement le résultat du scrutin éliminatoire, devinrent la risée des Parisiens. Si au retour de Lyon, un membre du Corps législatif s'avisait de faire du zèle en proposant qu'une députation allât féliciter le Premier Consul, on murmurait ironiquement dans les tribunes « que le motionnaire avait envie d'être réélu (2) ». Un peu plus tard, au théâtre du Vaudeville, un spectateur disait à un camelot importun : « Mon ami, vous êtes trop bavard ; si jamais vous êtes tribun, vous vous ferez éliminer (3). »

(1) A Cambacérès, 28 nivôse : *Correspondance*, 5922.
(2) Rapport du préfet de police, 11 pluviôse : F 7, 3830.
(3) Rapport du même, 13 ventôse : *Ibidem*. Croirait-on que cette

On sait que les votes du Sénat furent conformes aux recommandations de Bonaparte : le Tribunat perdit les membres qui s'étaient signalés eux-mêmes par l'insistance ou l'âpreté de leurs critiques, et le Corps législatif ceux qui étaient soupçonnés d'avoir le plus fréquemment donné des boules noires. L'opposition parlementaire avait vécu, et ne devait ressusciter que dans des conditions et sous une inspiration toutes différentes, à la fin de 1813.

III

Après un vote qui n'avait point répondu à ses espérances, le tribun Ginguené (l'un des futurs *éliminés* de l'an X), s'était écrié : « Nous avons des amis aux armées, et si l'on veut ramper à Paris, nous irons rejoindre les soldats, qui verront en nous les vrais représentants du peuple (1). » C'était alors une arrière-pensée communément répandue dans les rangs de l'opposition libérale que celle de susciter au moment critique une de ces interventions militaires qui plusieurs fois déjà avaient modifié le cours de la Révolution : l'idée n'avait en soi rien d'absolument irréalisable, et Napoléon, qui nous apparait dans la légende comme le dieu même de la guerre et l'idole du soldat, eut à se prémunir, surtout pendant les premières années de son principat, contre les dispositions hostiles d'une partie de l'armée. — Sans doute, ici comme ailleurs, il faut se garder de prendre au pied de la lettre les vanteries ou

boutade parut séditieuse, et que la police en rechercha l'auteur!

(1) Rapport du même, 15 pluviôse an IX : F 7, 3829.

les illusions des « exaltés », qui, pour avoir grisé des troupiers au cabaret, croyaient les avoir à jamais conquis à leurs idées; beaucoup de soldats devaient raisonner comme ceux de la 14e demi-brigade, qui disaient entre eux en quittant Paris, au printemps de 1800 : « Nous avons toujours bien bu aux dépens des dupes (1). » Néanmoins, dans la garnison de Paris comme parmi les militaires de passage dans la capitale, on peut discerner des signes irrécusables de mécontentement à tous les degrés de la hiérarchie.

Les soldats d'abord, imbus des principes de l'égalité révolutionnaire, habitués à voir le courage entrer seul en ligne compte pour la distribution des grades et récompenses, murmuraient de l'institution de corps privilégiés. Dès avant la campagne de Marengo, quand furent enrôlés les volontaires sortis de la noblesse ou de la bourgeoisie aisée, évidemment destinés à un avancement rapide, la jalousie des anciens corps se manifesta par des brocards, des provocations et même des voies de fait (2). Après la victoire, à laquelle l'héroïque résistance de la garde des Consuls avait tant contribué, après les ovations triomphales dont la fête du 14 juillet fut pour elle l'occasion, c'est quotidiennement que des rixes éclataient entre les hommes de cette garde et ceux du reste de la garnison (3). Une fois la paix décidée ou signée, on colportait dans les groupes des jardins publics des lettres de sous-officiers, se plaignant qu'à leur préjudice l'épaulette fût donnée à de nouveaux venus, qui n'avaient point fait la guerre, ou à des

(1) Rapport du même, 3 prairial an VIII : Aulard, *Paris sous le Consulat*, t. I, p. 353.

(2) Rapport du ministre de la police, 24 floréal an VIII : *Ibidem*, t. I, p. 331.

(3) Rapport du même, 15 thermidor an VIII : *Ibidem*, t. I, p. 575.

agents d'intendance, dont les hauts faits avaient consisté en fructueuses spéculations (1). Le bruit se répandait aussi d'une grande expédition destinée aux Antilles, et, des prophètes de malheur, qui dans l'espèce n'étaient que trop clairvoyants, alarmaient les soldats en leur prédisant l'abandon et l'agonie sous un ciel meurtrier (2).

Le corps même de la garde, qui se recrutait avec un soin particulier et qui était un objet d'envie pour le reste de l'armée, trahissait parfois des dispositions douteuses. Au printemps de 1802, grenadiers et chasseurs se plaignaient qu'on exigeât d'eux une tenue trop soignée, et que leur paye ne suffît point à faire face aux dépenses rendues ainsi nécessaires (3). Ils prétendaient aussi qu'ils étaient soumis à un commandement exceptionnellement rigoureux, et que, poussés au comble du désespoir, plusieurs de leurs camarades en étaient venus au suicide (4).

Les griefs des officiers étaient d'ordre analogue. Quelques-uns sans doute, n'obéissant qu'à leurs convictions politiques et partageant les regrets des libéraux, déploraient en principe le rétablissement du pouvoir personnel : ainsi ce jeune exalté en épaulettes qui, au musée du Louvre, un décadi, ne craignait pas d'embrasser avec transport le buste de Brutus, le meurtrier de César (5); ainsi cet officier de la garde qui parlait au café de la Régence du « despotisme affreux » pesant sur la France et de l' « inconcevable » insouciance du peuple (6). D'autres, et en plus grand nombre, violem-

(1) Rapport du préfet de police, 17 thermidor an IX : F 7, 3829.
(2) Rapport du même, 15 germinal an IX : *Ibidem*.
(3) Rapport du même, 13 floréal an X : F. 7, 3830.
(4) Rapport du même, 22 floréal an X : *Ibidem*.
(5) Rapport du même, 14 prairial an IX : F. 7, 3829.
(6) Rapport du même, 19 nivôse an X : F. 7, 3830.

ment et grossièrement hostiles à l'idée religieuse, étaient outrés du rapprochement annoncé avec le Saint-Siège. La plupart enfin, comme les jacobins dans l'ordre civil, voyaient d'un œil indigné les rangs de l'armée républicaine s'ouvrir à des fils de suspects et d'émigrés, qui, par leur éducation, leur bonne mine, leurs talents, auraient vite fait d'accaparer ou au moins de partager les grades supérieurs.

Comme plus tard les premières années de la Restauration, les premiers mois du Consulat virent affluer à Paris une multitude d'officiers réformés, en instance pour être replacés (1). Pourvus d'un grade à l'improviste, dans la grande tourmente des guerres de la Révolution, ils s'étaient révélés décidément insuffisants comme instruction ou comme tenue, quoiqu'on fût alors peu exigeant à ce double point de vue. On avait pris le prétexte d'une blessure pour les mettre en réforme, et malgré l'imminente reprise des hostilités, on restait sourd en haut lieu à leurs sollicitations pour rentrer dans les cadres. Ils demeurèrent à Paris pendant et après la campagne, s'aigrissant dans cette oisiveté forcée, en proie d'ailleurs au dénuement, prêtant tout naturellement l'oreille aux beaux parleurs jacobins qui les plaignaient, confiant leurs doléances à leurs camarades de l'armée active. Le bruit plus ou moins fondé courait que plusieurs de ces officiers réformés, à bout de ressources et de patience, s'étaient enrôlés comme simples fusiliers dans des compagnies de vétérans (2). L'un d'entre eux, assistant en simple badaud, sur la place du Carrousel, à la parade du quintidi, éclatait en imprécations caractéristiques : « Vous voyez bien tous

(1) Cf. les rapports du ministre et du préfet de police au printemps de l'an VIII : Aulard, *Paris sous le Consulat*, t. I, *passim*.

(2) Rapport du préfet de police, 5 floréal an IX : F 7, 3829.

ces petits freluquets d'officiers : eh bien! ce sont des comtes et des marquis; l'autre jour, étant à l'état-major pour mettre mes papiers en règle, ils se donnaient entre eux tous ces titres-là (1). »

D'après les bruits qui se colportaient, beaucoup de généraux partageaient ces préventions; dénonçant à tout propos la prétendue ingratitude du gouvernement, ils allaient jusqu'à menacer, au cas probable où la guerre recommencerait, de se mettre pour ainsi dire en grève et de refuser leurs services : « Alors », disaient-ils, « le Premier Consul verra si c'est avec des émigrés rentrés et des conscrits qu'il a mis à la tête des corps qu'il pourra résister longtemps à l'ennemi (2). » On sait ce qu'il devait advenir de ces bruyantes résolutions.

Indifférents presque tous à la suppression de la liberté politique, choqués de la restauration du culte, les généraux regrettaient surtout la disparition du régime anarchique qui avait fait d'eux les arbitres éventuels des partis et les candidats possibles à la dictature. Ils en voulaient à Bonaparte d'avoir magistralement et définitivement pris possession du rôle que chacun d'eux ambitionnait pour soi-même. De plus, ce rival heureux, loin de ménager leur susceptibilité, faisait durement sentir son autorité; il prétendait leur donner des ordres, non seulement comme un supérieur hiérarchique, comme un général en chef permanent, mais comme un président civil de République, déjà presque comme un souverain. De là tant de murmures, de plaisanteries irrespectueuses ou indécentes, de propos vaguement séditieux. Le public ne laissait point que de s'en inquiéter. Dès la fin de floréal an X, avant que la police

(1) Rapport du même. 16 prairial an IX : *Ibidem*.
(2) Rapport du même. 23 floréal an IX : *Ibidem*.

n'eût eu vent du *complot des libelles*, qui se tramait alors dans la garnison de Rennes (1), les Parisiens ne cessaient de se confier les uns aux autres, avec autant de mystère que d'insistance, la nouvelle de la découverte d'une grande conspiration militaire et de l'imminente arrestation de plusieurs généraux (2).

Le plus en vue des chefs mécontents était Moreau, demeuré sans emploi depuis Hohenlinden. Les opposants de nuance jacobine ne lui avaient point tenu rigueur de sa participation au 18 Brumaire. Moins d'un an après le coup d'État, quand le général avait profité de l'armistice pour venir conférer avec le Premier Consul, les « exclusifs » s'étaient donné le mot pour le cajoler, le prôner et le compromettre : « Leur but », écrivait alors un policier perspicace, « est de chercher à le rendre suspect, dans l'idée de l'exaspérer ensuite plus facilement et de se l'attacher (3). » Moreau s'était alors dérobé à leurs avances; mais, après son retour définitif, la jalousie prit le dessus dans son esprit, grâce en partie aux constantes incitations de sa femme et de sa belle-mère : à Paris comme à Grosbois, tout en affectant de se désintéresser de la politique et même de la vie active, il ne perdait point une occasion de prodiguer contre tout ce qui tenait au gouvernement les sarcasmes de mauvais goût. Il se posait volontiers en champion de la liberté bâillonnée. Son attitude en un mot apparaissait comme nettement et violemment hostile, à l'égard d'un pouvoir qui commençait à ne plus tolérer d'opposition déclarée.

(1) Cf. le livre de M. Gilbert-Augustin THIERRY.
(2) Cf. les rapports du préfet de police pour floréal an X : F 7, 3830.
(3) Rapport du même, 2 brumaire an IX : AULARD, *Paris sous le Consulat*, t. I, p. 740.

CHAPITRE VII

POPULARITÉ DU GOUVERNEMENT. — PREMIERS ACTES D'ARBITRAIRE

I. La masse de la population, indifférente aux questions politiques proprement dites, met toute sa confiance dans le Premier Consul. — II. Atteintes à la liberté individuelle. — III. Atteintes à la liberté de la presse. — IV. Mesures contre les théâtres.

I

Les détails dans lesquels il a été nécessaire d'entrer, sur les deux oppositions royaliste et jacobino-libérale, ne doivent pas nous faire illusion sur le peu de crédit qu'elles rencontraient dans la masse de la population. Si elles réussissaient parfois à alarmer les esprits et à produire une impression de vague inquiétude, les idées dont elles se réclamaient trouvaient l'opinion hostile ou indifférente.

Plus d'un indice permettait de constater la persistante impopularité du parti terroriste ou démagogique. Nous avons dit de quel œil calme, et même satisfait, les Parisiens avaient assisté, après la machine infernale, à la déportation de ceux qu'on lui présentait comme des septembriseurs. Quelques semaines auparavant, un ancien président de comité révolutionnaire, condamné comme faux monnayeur, avait subi l'exposition en place de Grève, tout à côté de cette section du Pont-Neuf qui avait été le théâtre de ses exploits; les gens du quartier se portèrent en foule au pied de l'estrade, reprochant au misérable, avec plus d'emportement que de générosité, ses actes de tyrannie du temps de la Terreur (1). Précédemment encore, à la fin de janvier 1800, un procès scandaleux avait mis aux prises le banquier Fulchiron et l'ancien conventionnel Courtois, actuellement membre du Tribunat. Non seulement Courtois n'avait pas été terroriste, mais c'est lui qui après Thermidor avait été chargé de trier les papiers de Robespierre pour en extraire les éléments d'un rapport accusateur. Cependant, l'opinion publique en 1800 ne voyait en lui que l'ancien suppôt du Directoire, le membre de cette oligarchie parlementaire qui se perpétuait dans les assemblées; on accueillit avec une malignité triomphante les griefs de ses adversaires, prétendant que Courtois s'était fait payer ses recommandations et avait trafiqué de son influence politique; comme il arrive toujours en pareil cas, on s'empressa de généraliser, et de proclamer que tout l'ancien personnel gouvernemental et parlementaire se révélait décidément corrompu (2). — Il n'était pas jusqu'aux emblèmes révolutionnaires, objet naguère d'un culte si rigoureux, qui ne fussent traités avec indifférence ou dérision; certaine nuit du printemps de 1800, un citoyen de garde auprès du pont au Change se permettait, *pendant qu'il était en faction*, de casser l'arbre de la liberté et d'en apporter les débris au poste, en disant à ses camarades : « Voilà un fagot. » On le punit d'une

(1) Rapport du préfet de police, 8 brumaire an IX : AULARD, *Paris sous le Consulat*, t. I, p. 767.
(2) *Ibidem*, t. I, p. 126 et 214. Cf. VANDAL, *Revue des Deux Mondes*, 15 mai 1901.

détention disciplinaire; sous la Terreur, il y aurait eu là de quoi faire guillotiner toute une fournée (1).

En dépit de quelques manifestations isolées, la propagande royaliste ne parvenait pas davantage à émouvoir les esprits. Il convient de ne mentionner que pour mémoire un bruit absurde, d'après lequel Bonaparte, descendant en ligne directe du fameux Masque de Fer, frère aîné de Louis XIV, aurait été le vrai représentant de la légitimité (2) : cette ineptie n'a d'intérêt que comme preuve de la tendance populaire à tout faire tourner au profit du Premier Consul, même l'esprit de loyalisme dynastique. — D'autres incidents furent plus significatifs. A l'automne de 1800, les théâtres se risquèrent à rétablir dans le texte du répertoire classique les termes que la police révolutionnaire avait proscrits comme appartenant au vocabulaire monarchique; l'Opéra donna le signal, sans doute parce que là les paroles avaient moins d'importance et, le 8 octobre, les interprètes de l'*Alceste* de Gluck firent entendre les mots longtemps suspects de *roi, reine, trône*. Un mouvement de surprise se marqua d'abord dans l'auditoire; mais quand, au passage suivant, quelques royalistes zélés voulurent provoquer une petite manifestation, la visible froideur de la salle témoigna que le sentiment dominant était bien l'indifférence (3). Le mois suivant, le Théâtre-Français s'enhardit à donner une reprise du *Charles IX* de Marie-Joseph Chénier : écrite pour soulever les passions politiques, cette tragédie déclamatoire avait suscité de vraies batailles au début de la Révolution. Les specta-

(1) Rapport du préfet de police, 14 germinal an VIII : AF. IV, 1535.

(2) Rapport du ministre de la police, 3 pluviôse an VIII : AULARD, *Paris sous le Consulat*, t. I, p. 115.

(3) Rapport du préfet de police, 17 vendémiaire an IX : *Ibidem*, t. I, p. 708.

teurs demeurèrent de glace; c'est à peine si le traditionnel « mouvement d'horreur » s'ébaucha à la scène de la bénédiction des poignards. La tradition voulait également que les royalistes prissent leur revanche en acclamant le vers par lequel Charles IX intercédait en faveur de Henri de Navarre :

De saint Louis du moins respectez la famille!

Cette fois, une seule personne battit des mains dans le silence général (1).

Au contraire, les plus misérables rapsodies déchaînaient l'enthousiasme, dès qu'il y apparaissait quelque allusion à Bonaparte et à son rôle politique. Peu après la mise en vigueur de la Constitution, deux poétereaux donnèrent au petit théâtre des Victoires-Nationales une tragédie intitulée *Aratus ou le Guerrier législateur :* le héros était un général achéen, qui quittait l'Égypte à l'improviste pour venir sauver la ville de Sicyone, sa patrie. Le public ravi trépigna d'aise aux plus insipides allusions, aux plus plates flatteries; la manifestation fut unanime, ininterrompue, et les observateurs à la solde de Fouché purent écrire : « Les auteurs, les acteurs et les spectateurs ont paru animés du meilleur esprit (2) ».

En vain les exclusifs faisaient-ils courir le bruit tantôt que la paix serait payée du démembrement du territoire français (3), tantôt que le système métrique allait être supprimé ou modifié (4), tantôt qu'à l'imitation des rois de France le Premier Consul songeait à se recruter une

(1) Rapport du préfet de police, 21 frimaire an IX : F7, 3829.
(2) Tableau de la situation de Paris, 10 nivôse an VIII : AULARD, *Paris sous le Consulat*, t. I, p. 85.
(3) *Idem*, 8 nivôse an VIII : *Ibidem*, t. I, p. 72.
(4) Rapport du préfet de police, 13 thermidor an VIII : *Ibidem*, t. I, p. 569.

garde suisse (1). A ces propos, le peuple haussait les épaules et demeurait sceptique. Il se passionnait par contre aux récits qui se colportaient sur l'infatigable activité de Bonaparte, sur son zèle à détruire les vestiges des anciens dissentiments, sur son acharnement à faire rendre gorge aux fournisseurs infidèles (2).

Des émotions si variées qui s'étaient succédé pendant la campagne de Marengo, les Parisiens avaient surtout tiré cette conclusion, que la présence du Consul, intimidant les factieux et décourageant les intrigants, était le meilleur gage de sécurité. Quand à l'automne de 1800 l'armistice fut définitivement rompu, on se préoccupa avant tout de savoir non point quelle tournure prendraient les hostilités, mais si le chef de l'État resterait dans la capitale ou prendrait le commandement d'une des armées (3). Le cours de la Rente baissait de deux francs sur le bruit, d'ailleurs controuvé, que les grenadiers de la garde consulaire avaient reçu un ordre de départ (4). A la nouvelle de la victoire de Hohenlinden, ce dont on se réjouissait d'abord et principalement, c'était de ce que Bonaparte ne s'éloignait pas de Paris (5).

Quelques semaines auparavant, l'officieuse publication du pamphlet de Fontanes, le *Parallèle entre César, Cromwell, Monk et Bonaparte,* était venue causer une vive émotion dans les cercles politiques (6) et provoquer la retraite du ministre de l'intérieur Lucien, coupable d'avoir inspiré et répandu la brochure. Mais si, au point

(1) Rapport du préfet de police, 8 ventôse an X : F7, 3830.
(2) Tableau de la situation de Paris, 11 pluviôse an VIII : Aulard, *Paris sous le Consulat,* t. I. p. 127.
(3) *Ibidem,* t. I, p. 827 et *passim.*
(4) Rapport du préfet de police, 5 frimaire an IX : AF. IV, 1329.
(5) Rapport du même, 18 frimaire an IX : *Ibidem.*
(6) Aulard, *Paris sous le Consulat,* t. I, p. 770 et s.

de vue de la tactique parlementaire, la manœuvre était peut-être prématurée, l'opinion publique, moins dominée que les grands corps de l'État par les scrupules constitutionnels ou les jalousies révolutionnaires, accueillit avec satisfaction un ouvrage qui « disait ce que tout le monde pensait (1) ». A cet égard, la démarche de Lucien et de Fontanes ne fut peut-être ni erronée, ni inutile, car elle donna occasion à la masse de la population instruite de prendre conscience de ses propres désirs.

Bientôt, à la croissante popularité dont Bonaparte était l'objet, un autre sentiment vint se mêler : la complaisance pour ce pouvoir personnel contre lequel la Révolution avait été faite en partie. Après l'attentat de la rue Saint-Nicaise, l'organe attitré des idéologues et des libéraux impénitents, *la Décade*, plaida les circonstances atténuantes pour la loi sur les tribunaux spéciaux, en déclarant que ces juridictions d'exception seraient limitées à quelques départements de l'Ouest et du Midi, et que jamais il n'en serait établi dans celui de la Seine (2) : comme si la liberté individuelle des Bretons ou des Languedociens n'avait point été aussi digne d'intérêt que celle des Parisiens. Un peu plus tard (et ce symptôme est grave), la même revue, pour complaire à ses lecteurs, se croyait tenue de bénir l'absence d'événements politiques et de railler le temps où l'on recevait chaque matin « l'annonce d'une loi très importante conçue, rédigée, adoptée dans un quart d'heure (3) ». Lors de la conclusion de la paix générale, dans un médiocre à-propos joué au théâtre Louvois, les spectateurs acclamaient avec enthousiasme le dernier vers de cette tirade :

(1) Thiers, *Histoire du Consulat et de l'Empire*, t. II, p. 213-214.
(2) An IX, t. II, p. 512.
(3) *Id.*, t. III, p. 440.

Insensé! crois-tu donc être encore à ce temps
Où les réformateurs, les sots, les intrigants
Changeaient, dirigeaient tout du fond d'une taverne?
C'est le gouvernement aujourd'hui qui gouverne (1).

Vers la même époque, dans les milieux les plus cultivés, « on ne pouvait plus parler de liberté sans être signalé comme un idéologue, un jacobin ou un terroriste (2) ». C'est le propre témoignage d'un contemporain, qui a recueilli aussi le sophisme du Premier Consul, déclarant au Conseil d'État que tant que le gouvernement aurait pour lui l'opinion publique, il était par là même assuré de n'être point despotique (3).

II

Un tel état des esprits était de nature à encourager toutes les entreprises contre la liberté des citoyens. Si l'omnipotence de la police et le mépris des droits individuels n'atteignirent point dès lors le développement qui devait par la suite caractériser le régime, les actes arbitraires se multiplièrent à Paris pendant la première période du Consulat. Ce n'est peut-être point une excuse, mais c'est assurément une explication, de rappeler que depuis dix ans que les Droits de l'homme avaient été proclamés, tous les gouvernements révolutionnaires, quelle qu'en fût l'étiquette, avaient agi avec la même désinvolture. Fouché et Dubois ne faisaient que continuer la tradition.

Il convient de mettre à part les émigrés rentrés, dont

(1) *Débats*, 29 vendémiaire an X, feuilleton.
(2) *Mémoires sur le Consulat* (par Thibaudeau), p. 237.
(3) *Ibidem*, p. 229.

les dossiers encombrent les cartons des Archives, et qui, selon le hasard des dénonciations ou des recommandations, tantôt jouissaient d'un tolérance à peu près absolue, tantôt, traités avec la dernière rigueur, se voyaient jetés au Temple, mis au secret pour des semaines, internés dans quelque bourgade éloignée, parfois même reconduits à la frontière. Si ces variations d'attitude étaient en soi chose fâcheuse, elles ne constituaient point à proprement parler une illégalité, puisque l'émigré non rayé était, de par les textes, soumis au bon plaisir de la police : c'était même un appréciable progrès sur le temps où la constatation de son identité suffisait à le livrer au peloton d'exécution.

L'habitude commença à s'introduire alors de substituer une détention arbitraire, pour les personnes prévenues de certains crimes ou délits, à des poursuites régulières devant les tribunaux. Parfois c'était à la demande même des intéressés ou de leurs proches que s'opérait cette substitution peu correcte. Il en fut ainsi notamment pour Bernard, le père de Mme Récamier, qui avait abusé de sa situation d'administrateur des postes pour faire circuler des pamphlets royalistes (1). Affolée à la pensée d'un procès de haute trahison, sa fille obtint, par l'entremise de Bernadotte, que la détention au Temple conservât un caractère administratif, puis qu'elle prît fin (2).

(1) « L'arrestation du c. Bernard fait beaucoup de bruit et on ne parle d'autre chose. » (Rapport du préfet de police, 5 ventôse an IX-23 février 1801 : F 7, 3829.)

(2) *Souvenirs et correspondance de Mme Récamier*, t. I, 66-67. Dans ce fragment autobiographique, Mme Récamier place l'arrestation de son père en août 1802 : les pièces du dossier de police de Bernard (F7, 6283) prouvent que cette date doit être avancée d'environ dix-huit mois, et que l'arrestation eut lieu au début de ventôse an IX (février 1801).

Cet arbitraire-là avait un caractère tout bienveillant. On ne saurait en dire autant des décisions consulaires, ministérielles ou même simplement préfectorales, qui, sans explication contradictoire, interdisaient à telle ou telle personne, en pleine possession de ses droits civils, le séjour de la capitale. Pareille mesure fut appliquée notamment, au printemps de 1801, à plusieurs chefs jacobins qu'on n'avait pas osé comprendre dans les déportations décrétées après l'explosion de la machine infernale : l'obligation de quitter Paris fut notifiée, entre autres, à Raisson et à Vatar, qui avaient eu leur heure de notoriété pendant la période révolutionnaire.

Cet éloignement imposé était particulièrement intolérable à Mme de Staël. « Hors de Paris, c'est le poisson hors de l'eau », devait écrire un peu plus tard à son sujet l'abbé Morellet (1); l'appréciation eût été aussi juste en 1800 ou 1801. A cette époque, l'exil n'était encore pour elle qu'une menace : c'était sous forme d'insinuation courtoise qu'après la première incartade de Benjamin Constant au Tribunat, Fouché avait engagé Mme de Staël à s'absenter pour quelques jours, et encore ne lui avait-il pas demandé d'aller plus loin que Saint-Ouen. Mais l'orage commençait à gronder : dans les termes les plus blessants, le Premier Consul prétendait rappeler à Mme de Staël ses obligations pécuniaires envers son mari (2); il mettait son salon à l'index et sa personne en quarantaine; la police, sachant par là plaire au maître, espionnait ses démarches, ses visites, ses réceptions, « ses petits conciliabules politico-littéraires (3) », selon l'expression d'un scribe de Dubois.

(1) A Rœderer, mars 1807 : *Lettres inédites*, p. 53.
(2) A Joseph Bonaparte, 28 ventôse an VIII-19 mars 1800 : *Lettres inédites*, p. p. M. Lecestre, n° 20.
(3) Rapport du préfet de police, 12 ventôse an X : F7, 3830.

« On assure, disait un autre rapport de la préfecture, qu'elle continue ses intrigues, qu'elle cherche à se mêler de tout, et qu'elle reçoit chez elle nombre d'individus qui ne sont pas les amis du gouvernement (1). » L'information ne péchait que par la forme : il était très exact que Mme de Staël, loin de dissimuler son hostilité, prodiguait les avances à quiconque faisait acte d'indépendance ou d'opposition (2). Entre deux adversaires, dont l'un était aussi incapable de patience que l'autre de silence, le conflit devait fatalement aller en s'envenimant.

A l'égard d'autres opposants, qui se réclamaient de l'ancien régime politique ou religieux, le gouvernement ne s'en tint pas aux menaces. On sait que le critique et poète Laharpe, après avoir multiplié les gages d'adhésion aux doctrines philosophiques et plus tard aux idées révolutionnaires, s'était converti pendant la Terreur en lisant dans sa prison l'*Imitation de Jésus-Christ*. Très sincère et très spontané, ce changement de croyances n'avait point modifié le caractère de l'écrivain qui s'était mis incontinent à attaquer ses coreligionnaires de la veille avec l'âpreté qu'il avait coutume d'apporter dans les polémiques. Les ripostes ne s'étaient naturellement pas fait attendre; Laharpe, qui n'avait jamais été aimé, même au temps où Voltaire le traitait en disciple favori, était bientôt devenu, pour tout le clan philosophique, la cible des épigrammes les plus acérées, souvent les plus grossières. Faisant tête à l'orage, et fréquentant surtout maintenant le monde du faubourg

(1) Rapport du préfet de police, 22 pluviôse an X : *Ibidem*.

(2) Cf., en dehors des renseignements réunis par M. Paul Gautier, une lettre très significative de Mme de Staël à Daunou, du 29 thermidor an VIII : TAILLANDIER, *Documents biographiques sur Daunou*, p. 96.

Saint-Germain, il y célébrait les grandeurs de la religion chrétienne, les mérites de l'ancien régime, en s'étendant de préférence, selon le penchant de sa nature, sur les malheurs et les indignités du temps présent.

Ce genre d'apologétique cadrait mal avec les goûts du Premier Consul : tout ennemi d'ailleurs qu'il fût de l'idéologie, il lui déplaisait qu'on malmenât trop ces philosophes du dix-huitième siècle, de qui se réclamait encore la presque unanimité des hommes « éclairés » ; par-dessus tout, il avait l'horreur des querelles bruyantes, même littéraires, même philosophiques, et se croyait chargé de pacifier le monde intellectuel comme de concilier les partis politiques et de rétablir la tranquillité dans la rue. Peu après son retour de Lyon, à la fin de l'hiver de 1802, Laharpe lui fut signalé comme présidant chez lui toutes les semaines à des réunions où le ton général était très exalté, et où le gouvernement n'était guère plus ménagé que la philosophie (1). C'était d'autre part le moment où le Sénat procédait à l'épuration des assemblées législatives, devant lesquelles le Concordat allait venir en discussion. Bonaparte voulut-il saisir cette occasion pour rassurer les vétérans de la Révolution et répudier toute solidarité avec les catholiques ardents? Toujours est-il qu'il écrivit à Fouché : « Vous voudrez bien, citoyen ministre, donner l'ordre au c. Laharpe de sortir de Paris sous vingt-quatre heures; vous lui désignerez une campagne ou une petite ville à vingt-cinq lieues de Paris, où il restera en surveillance jusqu'à nouvel ordre (2). » La sentence n'était

(1) Méneval, *Mémoires*, t. I, p. 169 ; Mme de Genlis, *Mémoires*, t. V, p. 121.

(2) 5 ventôse an X-25 février 1801 : *Correspondance*, 5972. La suite de la lettre prescrivait de faire conduire hors de France Mmes de Champcenetz et de Damas, « ayant des correspondances

pas motivée, mais à quelques jours de là le *Moniteur* se chargea de combler cette lacune en termes particulièrement insultants : « Cet homme, âgé de soixante-dix-huit ans et tombé dans l'enfance, est en proie à une espèce de délire réacteur que nourrit et entretient chez lui le caquetage de quelques coteries (1). »

En fait, et malgré la distance prescrite de vingt-cinq lieues, Laharpe n'alla qu'à Corbeil, et pour quatre mois seulement. La mesure s'en produisit pas moins un vif émoi, en raison de la grande notoriété de celui qui en était l'objet (2). Les amis de Laharpe le plaignirent; mais on songea peu à s'indigner du procédé qui sans jugement, sans débat contradictoire, privait un citoyen français de la liberté de séjourner où cela lui convenait. Cette résurrection des lettres de cachet, discutée peut-être dans l'application qui en était faite à Laharpe, ne souleva point de protestations de principe. L'ambassadeur autrichien traduisait le sentiment dominant, quand il écrivait à Vienne : « Quoi qu'on puisse dire, si Bonaparte veut que Paris soit tranquille, il doit nécessairement employer parfois des actes de rigueur. Si Louis XVI avait été moins indulgent, il serait encore sur le trône (3). »

suivies avec les ennemis de l'État »; Mme de Champcenetz seule sortit de France pour un an.

(1) 9 ventôse.

(2) Cf. les rapports du préfet de police du 10 ventôse et des jours suivants : F7, 3830.

(3) Ph. Cobenzl à Colloredo, 1er mars 1802 : BOULAY DE LA MEURTHE, *Documents sur le Concordat*, t. V, p. 221. Les mesures de rigueur à l'égard de certains membres du clergé trouveront naturellement leur place dans le chapitre consacré aux questions religieuses.

III

Supprimée à la suite du coup d'État de Fructidor, officiellement restaurée par la loi du 14 thermidor an VII, fréquemment violée en fait par le Directoire agonisant (1), la liberté de la presse périodique était redevenue à peu près complète depuis le 18 Brumaire, et confinait même à la licence. Bien qu'aucune feuille ne s'adressât à la clientèle du bas peuple, illettré en grande majorité, beaucoup de journaux usaient dans leurs polémiques, sinon de la grossièreté affectée d'un Hébert, du moins d'une extrême trivialité d'idées et de langage. Ils étaient prodigues de personnalités, et enregistraient avec empressement les nouvelles à effet, sans prendre le temps ni le soin de les vérifier. C'était un élément d'animation du Paris d'alors que les crieurs de journaux annonçant en guise de réclame les informations sensationnelles qu'on trouverait dans leurs feuilles, et provoquant les exclamations des badauds attroupés. Une loi du 5 nivôse an V défendait bien de crier d'un journal autre chose que le titre; mais quand les agents de police requéraient des témoins pour constater la contravention, c'était à qui s'esquiverait ou refuserait délibérément de signer le procès-verbal (2).

Un tel état de choses était assurément inconciliable avec la conception que Bonaparte se faisait du gouvernement, et même avec le besoin d'autorité que l'opinion

(1) Cf. Aulard, *Histoire politique de la Révolution française*, p. 620-621.

(2) Compte des opérations du Bureau central pour le mois de vendémiaire an VIII : AF. IV, 1329.

manifestait de plus en plus. Par une omission qui ne paraît avoir eu rien de machiavélique, et qui prouverait plutôt l'indifférence des rédacteurs, la Constitution était muette sur cet article de la liberté des journaux. Or, on sait que la tendance du gouvernement consulaire était de s'attribuer tous les droits qui ne lui étaient pas déniés par un texte formel (1).

Le 6 nivôse an VIII (27 décembre 1799), à la veille de l'ouverture de la première session législative, le Premier Consul fit prévenir Fouché que le *Moniteur* serait désormais le seul journal ayant un caractère officiel (2). La mesure était très sage, et semblait impliquer cette conséquence que les autres feuilles, organes d'opinions purement personnelles, continueraient à pouvoir exprimer ces opinions en toute indépendance. Elle était au contraire le prélude de la suppression de la liberté de la presse.

On a vu que les premières incartades du Tribunat furent vivement relevées dans les journaux, qui auparavant ne s'étaient point fait faute de critiquer la composition des assemblées législatives (3). Bien que cette campagne de presse servît les ambitions du Premier Consul, celui-ci fut médiocrement satisfait de la forme sarcastique et frondeuse qu'elle avait revêtue. Une fois déchaînés d'ailleurs, les gazetiers frappaient à tort et à travers; certaines de leurs épigrammes visaient non pas les opposants, mais les bases mêmes de la nouvelle organisation. L'un, raillant le silence imposé aux membres du Corps législatif, leur promettait une prochaine

(1) Trois ans plus tard un juriste comme Portalis disait expressément, dans un rapport confidentiel sur les journaux : « Sur cette matière on n'a pas besoin de lois, on n'a besoin que de surveillance (*La Révolution française*, t. XXXII, p. 67).

(2) *Correspondance*, 4469.

(3) Cf. Vandal, *Revue des Deux Mondes*, 15 mai 1901.

distribution du manuel de l'abbé Sicard à l'usage des sourds-muets; un autre annonçait gravement que le Conseil d'État travaillait à préciser la situation géographique d'un département qui serait mis *hors la Constitution* (1). D'autres hardiesses se faisaient jour; une feuille royaliste, à propos des costumes et des insignes officiels, émettait le vœu d'une prochaine réapparition de l'épée de connétable (2).

Convaincu qu'une intervention de l'autorité s'imposait pour réprimer cette licence anarchique, Bonaparte convoqua le 26 nivôse (16 janvier 1800) un *conseil secret* (3); ce fut comme un premier essai de l'institution si originale et si proprement napoléonienne des *conseils d'administration* où, sous la présidence du chef de l'État, une question déterminée était soumise à l'examen de quelques ministres ou conseillers d'État particulièrement compétents. Cette fois, Bonaparte négligea de mander les ministres de l'intérieur et de la police, quoique l'affaire à étudier rentrât dans leurs attributions; aux consuls ses collègues, il n'adjoignit que deux conseillers d'État, Rœderer, qui avait été journaliste et le redevenait à l'occasion, et Émery, fonctionnaire exact et obscur, qui n'ouvrit point la bouche dans la discussion.

Le Premier Consul posa la question en débitant avec assurance les paradoxes qui sont devenus classiques en la matière : « Un journal est une harangue à domicile, dont la police ne peut paralyser les effets..... La liberté de la presse n'a rien de commun avec celle des jour-

(1) Rapport analytique du Bureau Central, 22 nivôse an VIII : Aulard, *Paris sous le Consulat*, t. I, p. 88-89.

(2) Même rapport, 25 nivôse : AF. IV. 1329.

(3) Le procès-verbal en a été publié dans la revue *la Révolution française*, janvier 1903.

naux... » Il proposa de soumettre la publication de tout journal périodique à une autorisation préalable donnée par le Sénat, et conclut en fait : « Il faudrait peut-être que, jusqu'à la paix, il n'y eût qu'un journal dans chaque département, et six à Paris. » Rœderer abonda dans le même sens, avec force sophismes, tandis que Cambacérès signalait le danger d'étendre outre mesure les attributions du Sénat, et que Lebrun, toujours dominé par les préoccupations fiscales, suggérait l'idée de frapper d'une taxe les journaux conservés. Sans adopter de texte précis, on décida de soumettre dès le lendemain la question au Conseil d'État.

Dans cette assemblée, la discussion dut être courte, puisque le même jour (27 nivôse) était signé un arrêté consulaire, rédigé sur des bases assez différentes. On renonçait, selon le conseil de Cambacérès, à toute intervention du Sénat, et on laissait de côté les feuilles départementales. Mais, « considérant qu'une partie des journaux qui s'impriment dans le département de la Seine sont des instruments dans les mains des ennemis de la République », le gouvernement les supprimait tous, à l'exception de treize d'entre eux, nommément désignés. La mesure était présentée comme un acte de défense nationale, qui ne devait avoir d'effet que « pendant la durée de la guerre »; en fait, elle demeura en vigueur après les traités de Lunéville et d'Amiens.

Au témoignage d'un historien peu suspect, les journaux conservés constituaient « l'élite de la presse parisienne (1) », et la liste en fut établie avec une incontestable largeur d'esprit. C'est pour cela sans doute que les contemporains, désabusés des questions de principe et s'attachant presque uniquement aux faits, se montrè-

(1) AULARD, *Histoire politique de la Révolution française*, p. 715.

rent indifférents. Mais faut-il aller jusqu'à croire, sur la foi d'un autre historien, que la mesure était, « grâce au silence de la Constitution, tout à fait légale et, grâce à l'esprit du temps, à peu près insignifiante (1) ? » Bonaparte a donné lui-même un démenti à cette assertion quand, quatre ans après l'arrêté du 27 nivôse an VIII, il déclarait dans une conversation familière : « Je me rappelle encore tout ce que j'ai eu de raisonnements à combattre pour soumettre à l'action de la police les cent quatre (2) journaux qui paraissaient tous les matins (3). »

Illégal ou non, l'arrêté fut exécuté sans sérieuses difficultés. Quelques rédacteurs de journaux supprimés ayant continué à imprimer leurs feuilles, la saisie des exemplaires à la poste suffit à les décourager, à l'exception d'un obstiné, qui n'entendit raison que quand lui-même eut été incarcéré et sa presse mise sous scellés (4).

En exaltant la mesure prise, les bureaux de Fouché déclaraient que les journaux restants seraient « plus facilement surveillés et dirigés plus sûrement vers l'affermissement du régime constitutionnel (5) ». Bien que les apparences fussent sauvegardées, et que même en matière politique quelque latitude leur fût d'abord laissée, l'indépendance de ces journaux fut d'emblée suspecte aux plus avisés d'entre les lecteurs. C'est de cette époque que date la vogue clandestine des feuilles étrangères, de celles surtout qui s'imprimaient en français. La plus lue alors était le *Mercure britannique,* où

(1) Thiers, *Histoire du Consulat et de l'Empire,* t. I, p. 214.

(2) Ce chiffre est exagéré : c'est 73 journaux qu'on comptait à Paris lors de l'arrêté.

(3) Conversation du 24 nivôse an XII : Stanislas Girardin, *Journal et Souvenirs,* t. I, p. 315-316.

(4) Compte général du Bureau central sur le mois de pluviôse an VIII : Aulard, *Paris sous le Consulat,* t. I, p. 159-160.

(5) Rapport du 28 nivôse : *Ibidem,* t. I, p. 96.

Mallet du Pan, déjà mortellement malade, mêlait des considérations remarquablement profondes à d'étranges bévues sur le caractère et la destinée de Bonaparte. « Le gouvernement, soigneux d'en saisir autant que possible les exemplaires, eut la maladresse de faire ou de laisser annoncer cette saisie par le *Journal des hommes libres*, ce qui eut naturellement pour résultat de piquer la curiosité des Parisiens (1). » Une mesure plus efficace peut-être consista à publier qu'une vieille fille, surprise à colporter le journal de Mallet du Pan, demeurait détenue au Temple jusqu'à nouvel ordre (2).

Une autre conséquence de la mise en tutelle des journaux fut de donner un regain de succès aux Bulletins à la main, dont les copies manuscrites étaient mystérieusement servies aux abonnés contre un prix de souscription relativement élevé. Ces Bulletins, qui étaient une survivance de l'ancien régime, étaient consacrés surtout à la chronique mondaine et aux faits et gestes du Premier Consul, dont ils parlaient souvent avec irrévérence. Au début de 1802, Fouché jugea à propos de faire insérer dans les journaux le rapport par lequel il annonçait l'arrestation du rédacteur d'un de ces Bulletins (3). Cette industrie n'en persista pas moins, et vers la fin de la même année, dans un rapport confidentiel, Portalis signalait avec sa rhétorique ampoulée « les Bulletins manuscrits, dont la circulation coûteuse est une espèce d'impôt que la malignité lève sur la sottise (4) ».

(1) Rapport du Bureau central 23 pluviôse : *Ibidem*, t. I, p. 147 (il faut lire : « Il a paru *vrai*... » et non : « Il a paru *voir*... », comme l'imprime M. Aulard).

(2) *Journal des Débats*, 22 floréal an VIII.

(3) Le rapport était daté du 20 nivôse an X.

(4) Rapport du 23 brumaire an XI : *La Révolution française*, t. XXXII, p. 70.

Il va sans dire que l'arrêté du 27 nivôse an VIII, loin de constituer une garantie permanente pour les journaux qu'il conservait expressément, leur donnait au contraire un avant-goût du sort qui les menaçait en cas d'imprudence. Dès le mois de germinal, l'un d'entre eux, *le Bien-Informé*, cessa de paraître, et le bruit courut que la police n'était point étrangère à cette détermination. Le 9 prairial (29 mai), pendant que le Premier Consul était à l'armée, le ministre de l'intérieur Lucien fit officiellement prononcer par Cambacérès et Lebrun la suppression de l'*Ami des Lois*, coupable d'avoir pris trop violemment l'Institut à partie au sujet de la non-réintégration des fructidorisés. Bonaparte eut le tact d'écrire d'Italie pour feindre le mécontentement et pour signaler le danger de « rendre l'Institut odieux... Je vous assure que comme président de l'Institut, il s'en faut de peu que je ne proteste (1). » En fait, le journal n'en demeura pas moins bel et bien supprimé.

En même temps, la police prenait l'habitude de prescrire aux journaux le silence sur tel ou tel sujet, telle ou telle personne. Un rapport donne comme absolument normale et courante l'indication suivante : « Par une lettre du 27 (2) vendémiaire dernier, le préfet de police avait intimé aux journalistes l'ordre de ne parler du roi de Sardaigne ni directement, ni indirectement (3). » Il est vrai que la consigne n'était point toujours exactement suivie. De son côté, le conseiller d'État Lacuée, au terme d'une tournée dans la division militaire dont Paris était le centre, reprochait aux journaux d'« aigrir

(1) Aux consuls, 18 prairial an VIII-7 juin 1800 : *Correspondance*, 4890.

(2) Je crois bien qu'il faut lire *27* au lieu de *21*, date donnée par M. Aulard.

(3) Rapport du préfet de police, 14 brumaire an IX : Aulard, *Paris sous le Consulat*, t. I, p. 782, note.

les esprits et les cœurs » en insistant sur les souvenirs pénibles de la Révolution, et concluait gravement : « Renvoyer ces peintures à l'histoire me paraît un des devoirs du gouvernement (1). » On s'acheminait ainsi vers le régime impérial de la presse, régime sous lequel il devait être également interdit de traiter du présent et du passé.

Le 1er pluviôse an VIII (21 janvier 1800), les frères Bertin acquirent de l'imprimeur Beaudoin l'obscur et insignifiant *Journal des Débats*, qui, agrandi, matériellement et moralement transformé, pourvu d'un feuilleton dramatique et littéraire (c'était alors une innovation), conquit d'emblée la faveur du public et distança de loin ses concurrents (2). Deux ans et demi plus tard, Portalis expliquait la persistance de ce succès par « une couleur plus prononcée sur certaines opinions favorites » et par « un peu plus de malignité » dans « les questions de littérature et les petits événements du théâtre (3) ». Sans parler de ce dernier élément, la vogue immédiate du *Journal des Débats* tint incontestablement à la vivacité de ses attaques contre la philosophie du dix-huitième siècle et contre les excès de la Révolution.

Bonaparte se félicitait de tout ce qui pouvait discréditer l'« idéologie » et l'« anarchie ». Mais il lui importait d'autre part, surtout à cette époque où le Concordat n'était pas conclu et où l'étiquette du gouvernement demeurait républicaine ; il lui importait qu'un tel mouvement d'opinion ne dérivât point en réaction monarchique et religieuse, et que certains principes philoso-

(1) Rocquain, *État de la France au 18 Brumaire*, p. 248.
(2) Cf. le *Livre du Centenaire du Journal des Débats*, p. 27 et s. (article de Léon Say, allié à la famille Bertin).
(3) Rapport confidentiel au Premier Consul, 23 brumaire an XI : *La Révolution française*, t. XXXII, p. 71.

phiques, certains résultats sociaux ou politiques de la Révolution fussent considérés comme à jamais acquis. La campagne des *Débats* lui parut plus d'une fois exagérée quant au fond, trop acerbe dans la forme. Les contemporains furent à peu près unanimes (1) à attribuer à son mécontentement la sorte de persécution à laquelle Bertin aîné fut en butte à partir de 1801 (2).

Vers la fin de février (ventôse an IX), Bertin fut brusquement jeté au Temple, sous la double inculpation d'avoir été à Londres prendre les instructions des princes de la maison de Bourbon, et d'avoir servi d'intermédiaire à un agent des relations extérieures pour vendre au gouvernement anglais des secrets d'État : son soi-disant complice était un des secrétaires particuliers de Talleyrand, membre en même temps de la société propriétaire des *Débats*, Roux-Laborie, personnage alors très répandu dans les salons parisiens, où ses airs affairés, ses perpétuels chuchotements et ses billets hiéroglyphiques lui avaient fait une réputation d'originalité (3). La dénonciation venait d'un agent royaliste, qui avait été arrêté et qui espérait gagner l'indulgence du gouvernement en multipliant les révélations.

Au second grief, qui était le plus sérieux, Bertin opposa des dénégations catégoriques. Dans la supplique même où il implorait de Fouché sa mise en liberté, il s'en expliquait en termes fort nets, presque cassants : « Il est faux que j'aie jamais reçu ni du c. Laborie, ni de tout autre, des pièces diplomatiques quelconques (4)... » Sa détention se prolongea pourtant plus de six mois, et

(1) Cf. Barante, *Souvenirs*, t. I, p. 337.
(2) *Livre du centenaire du Journal des Débats*, p. 29-32.
(3) Sur Roux-Laborie, cf. Norvins, *Mémorial*, t. II, p. 267, et Sainte-Beuve, *Nouveaux Lundis*, t. IV, p. 251.
(4) 1er germinal an IX : F7, 6283.

ne prit fin que sur un certificat de Corvisart, attestant le retour d'une ancienne et grave maladie. On lui imposa alors l'obligation d'un séjour à l'île d'Elbe, puis celle d'un voyage à travers l'Italie ; ce fut l'origine de sa liaison avec Chateaubriand.

Le titre même du dossier de police de Roux-Laborie le charge d'imputations fort précises : « ..... Secrétaire particulier du ministre des relations extérieures ; livrait, à prix d'argent, au gouvernement anglais des notes secrètes prises sur les registres particuliers du ministère où il était employé (1). » Les pièces proprement dites donnent une impression infiniment moins accablante. Après s'être cru traqué par la police (2), il reçut indirectement avis d'avoir à voyager à l'étranger (3), et passa la frontière sans être inquiété. Au bout de deux ans, il écrivit au Premier Consul sur un ton qui, malgré l'effronterie du personnage, exclut toute idée de faute grave : « J'ose vous supplier de ne pas repousser les profonds respects d'un homme qui a passé bien près de vous le 17 et 18 brumaire et qui n'a pas cessé depuis de vous être dévoué (4). » Cette allusion mystérieuse et passablement impertinente étant demeurée sans réponse, Laborie revint à la charge à l'occasion du sacre, et cette fois, Napoléon écrivit de sa main en tête de la supplique : *Accordé la permission de retourner, l'oubli du passé. N.* (5).

(1) 1er germinal an IX : F7, 6283.

(2) « Un soir, nous vîmes dans notre retraite (à Savigny-sur-Orge) quelqu'un entrer à la dérobée par une fenêtre et sortir par une autre : c'était M. Laborie ; il se sauvait des serres de Bonaparte. » (CHATEAUBRIAND, *Mémoires d'Outre-Tombe*, t. II, p. 268.)

(3) C'est lui qui l'affirme dans une lettre à l'Empereur, en date du 18 frimaire an XIII : F7, 6283.

(4) 27 thermidor an XI (sans indication de lieu) : *Ibidem*.

(5) La supplique, sans indication de lieu, est du 18 frimaire an XIII ; à l'apostille impériale, un secrétaire a joint la date du 7 nivôse an XIII (28 décembre 1804) : *Ibidem*.

En voyant l'exilé reparaître après trois ans et demi d'éclipse, les contemporains eurent l'intuition qu'il n'y avait eu qu'une peccadille, et que l'Empereur n'aurait pas ainsi passé l'éponge sur un acte de haute trahison (1). Sans reprendre ses fonctions officielles au ministère, Roux-Laborie demeura en relations suivies avec Talleyrand, joua une apparence de rôle en 1814 et fut l'un des meneurs de la Chambre introuvable.

En dehors des journaux périodiques, chacune des grandes crises révolutionnaires avait fait éclore une multitude de brochures ou pamphlets isolés, dont quelques-uns étaient des chefs-d'œuvre, dont la plupart ne s'imposaient à l'attention publique que par la grossièreté et la virulence des personnalités. Brumaire avait provoqué une recrudescence de cette littérature, et, occupé de pourvoir au plus pressé, le Consulat provisoire n'y avait point mis obstacle. A la suite de la suppression de tant de journaux, la police s'avisa que la libre diffusion des pamphlets était un abus. Elle sollicita une loi ou un arrêté gouvernemental contre les crieurs de libelles (2) et, sans attendre que son vœu fût exaucé, prit sur elle d'arrêter, au moins dans le faubourg Saint-Antoine, « les distributeurs des imprimés injurieux au gouvernement et tendant à la subversion de l'ordre social (3) ». Bonaparte d'ailleurs ne tarda pas à faire enjoindre à Dubois de soumettre à une autorisation non seulement l'annonce à haute voix des titres de journaux et de pamphlets, mais même tout affichage quelconque; par la même occasion, déférant aux réclamations de tous

(1) NORVINS, *Mémorial*, t. II, p. 270.
(2) Rapport du Bureau central, 8 pluviôse an VIII : AULARD, *Paris sous le Consulat*, t. I, p. 123.
(3) Rapport du même, 12 pluviôse an VIII : AF. IV, 1535.

les honnêtes gens contre l'étalage de gravures obscènes, il faisait défendre aux marchands d'estampes d'exposer « rien de contraire aux bonnes mœurs et aux principes du gouvernement (1) ».

Vers la fin de l'Empire, en se reportant à cette première période du Consultat, Mme de Staël déclarait qu'alors « Bonaparte était encore loin de pouvoir enchaîner la liberté de la presse », car la censure, limitée aux journaux, ne s'exerçait pas sur les livres (2). Cette assertion n'est point absolument fondée. Sans doute, la censure n'existait point officiellement, telle qu'on devait l'organiser en 1810. Mais la liberté de la presse non périodique n'était pas assurée puisque, sans poursuites judiciaires, des incarcérations arbitraires venaient atteindre les auteurs ou imprimeurs de certains livres hostiles soit au gouvernement en général, soit individuellement à de hauts fonctionnaires (3). En sens inverse, la police prônait fort, et subventionnait peut-être, les ouvrages de tendances conformes à la politique gouvernementale, ceux par exemple où la puissance anglaise était représentée comme en décadence (4).

IV

Au lendemain des journées de Brumaire, les petits théâtres s'étaient acharnés sur les vaincus avec une licence presque aristophanesque : on a vu comment,

(1) A Fouché, 15 germinal an VIII-5 avril 1800 : *Correspondance*, 4707.

(2) *Dix Années d'exil* (texte rectifié), p. 24.

(3) Cf. *Journal des Débats*, 22 floréal an VIII (article *Paris*); Aulard, *Paris sous le Consulat*, t. I, p. 742 (30 vendémiaire an IX).

(4) Rapport du préfet de police, 7 frimaire an IX : AF. IV, 1329.

effrayée par l'intensité de cette réaction, l'autorité avait cru devoir prohiber les pièces à allusions politiques. La police des spectacles ne tarda point à se rapprocher de ce qu'elle avait été sous l'ancien régime. De même que jadis les comédiens insolents étaient incarcérés au For-l'Évêque par mesure disciplinaire (1), Brunet, le célèbre acteur comique du théâtre Montansier, expia de quatre ou cinq jours de prison un jeu de mots aussi plat qu'anodin sur l'institution nouvelle du Tribunat (2). Le Bureau central prit sur lui d'exiger des modifications de texte avant d'autoriser à Feydeau la reprise de la *Petite Manette*, jugée susceptible de « réveiller des sentiments de haine et de discorde (3) ». Enfin, dès le 15 germinal an VIII (5 avril 1800), Bonaparte intimait à son frère Lucien, ministre de l'intérieur, défense de laisser jouer ou même reprendre aucune pièce sans autorisation expresse; le chef de la division de l'instruction publique était déclaré « personnellement responsable de tout ce qui, dans les pièces représentées, serait contraire aux bonnes mœurs et aux principes du pacte social (4) ». Un journal caractérisait ainsi très exactement cette mesure : « Voilà donc encore une fois la censure rétablie pour les ouvrages dramatiques (5). »

Il n'y eut plus dès lors, en fait de pièces ayant un caractère politique, que les *à-propos* ou *spectacles de circonstance*, serviles allégories ou fades vaudevilles estam-

(1) Cf. Fr. Funck-Brentano, *La Bastille des Comédiens.*

(2) Il avait ajouté dans *Jocrisse changé de condition* une phrase disant « qu'il se ferait *Tribun*, que sa femme serait *Tribune* et qu'ils feraient ensemble des petits *Tribunaux* ». (*Chronique scandaleuse de l'an 1800*, p. 50).

(3) Rapport du 5 nivôse an VIII : AF. IV, 1535.

(4) *Correspondance*, 4706.

(5) *Gazette de France*, 22 germinal : Aulard, *Paris sous le Consulat*, t. I, p. 261.

pillés et parfois rétribués par le gouvernement pour célébrer les grands événements. Cette littérature, qu'il conviendra d'étudier avec quelque détail au moment de son apogée, avait le don d'écœurer jusqu'aux policiers : « Sans doute, écrivait l'un d'entre eux au moment de la paix de Lunéville, il est utile pour les progrès de l'esprit public que les pièces de théâtre servent à exciter l'enthousiasme en faveur du gouvernement; mais la louange immodérée n'est-elle pas un véritable abus, et ne doit-elle pas produire un effet contraire à celui que se promet le louangeur (1) ? »

Ainsi que cela s'est vu depuis lors sous d'autres régimes, le visa donné au manuscrit par le ministère de l'intérieur (dont dépendait alors l'instruction publique) n'était nullement une garantie contre l'interruption des représentations par mesure de police, quand l'attitude de l'auditoire révélait après coup des allusions subversives. Trois pièces au moins éprouvèrent cette mauvaise fortune pendant le Consulat électif; à propos de deux d'entre elles surtout, le mécontentement personnel du chef de l'État se manifesta avec éclat.

Durant l'été de 1801, l'ex-vicomte de Ségur, qui se faisait officiellement appeler « Ségur jeune », donna au Vaudeville, en collaboration avec Philipon de la Madeleine, une pièce à couplets intitulée l'*Ancien Caveau*. Des vers en l'honneur de Henri IV, auxquels le censeur n'avait pas pris garde, furent applaudis avec une insistance assez marquée pour que la police crût devoir faire cesser les représentations (2). D'après les rapports, il n'y eut de sérieuse émotion que chez les auteurs : Ségur

(1) Rapport du préfet de police, 1er ventôse an IX : F 7, 3829.
(2) *Décade*, an IX, t. III, p. 558.

se répandit dans les salons en plaintes amères, déclarant sur un ton de bravade qu'il était bien réellement royaliste, et qu'aucune tracasserie n'aurait raison de ses convictions (1).

Vers la fin de cette même année 1801, la censure refusa le visa à un drame en prose qu'Alexandre Duval destinait au Théâtre-Français (2) : le titre en était *Édouard en Écosse*, et le sujet les aventures du prétendant Stuart cherchant à reconquérir son trône. A cette époque déjà le rapprochement entre Stuarts et Bourbons était devenu une sorte de lieu commun historique ; il y avait donc lieu de prévoir qu'en laissant porter à la scène un sujet aussi brûlant on donnerait prétexte à des manifestations royalistes. L'auteur fit intervenir le secrétaire d'État Maret ; celui-ci obtint du ministre de l'intérieur Chaptal qu'il entendrait personnellement la lecture de la pièce, en présence de quelques hauts fonctionnaires, hommes de prudence et de goût. Mais Mlle Contat fut adjointe à cet aréopage, et Chaptal ne savait guère résister aux instances d'une gracieuse comédienne ; moyennant quelques modifications, l'autorisation fut accordée.

La première représentation eut lieu le 17 février 1802 (28 pluviôse an X), avec un brillant succès, qui parut d'abord dû tout entier à la force dramatique des situations, peut-être aussi à la relative nouveauté du genre. Non seulement la préfecture de police mentionnait ce succès sans aucun commentaire désobligeant (3), mais la très républicaine et révolutionnaire *Décade* rendait hommage au tact avec lequel l'auteur avait évité tout ce

(1) Rapport du préfet de police, 1er messidor an IX : F7, 3829.
(2) Sur cette affaire, cf. Alexandre Duval, *Œuvres*, t. IV, p. 403-431, et *Mémoires sur le Consulat* (par Thibaudeau), p. 146-148.
(3) Rapport du 30 pluviôse an X : F7, 3830.

qui était susceptible d'enflammer les passions de parti (1).

Cependant le bruit s'était répandu que ce mélodrame était un vrai manifeste bourbonien; dès le lendemain, ce qu'il y avait à Paris de grands noms d'autrefois courut s'inscrire chez Duval, à la fois flatté et gêné de tels compliments. L'attention de Fouché en fut éveillée : il se borna pourtant, quelques heures avant la seconde représentation, à prescrire la suppression d'une réplique qui avait enthousiasmé l'auditoire, mais qui pouvait paraître une critique de la Terreur et du régicide (2).

On s'attendait vaguement à des manifestations pour cette seconde représentation. Bonaparte s'y rendit, et écouta le premier acte avec un intérêt mêlé d'émotion. Mais à partir du second acte, son attention fut détournée vers une loge voisine de la sienne, où l'on affectait de couvrir d'applaudissements tous les passages qui pouvaient se prêter à des allusions politiques. La loge était celle du duc de Choiseul, l'un de ces « naufragés de Calais » à qui le Consulat avait valu la vie et la liberté; parmi les plus ardents manifestants, on remarquait le duc de Richelieu, le futur ministre de Louis XVIII, qui, malgré qu'il fût demeuré au service de Russie, venait d'obtenir la permission de venir à Paris (3). Le visage du Consul témoigna dès lors d'un mécontentement croissant; rentré aux Tuileries, il manda Cambacérès au milieu de la nuit, et donna libre cours à sa colère : « Voilà ce que c'est que les ministres qui font représenter des pièces politiques sans prendre l'avis du gou-

(1) An X, t. II, p. 436.
(2) Édouard déguisé, convié par un colonel partisan de la dynastie de Hanovre à boire à la mort de tous les jacobites, s'écriait en brisant son verre : « Je ne bois à la mort de personne! »
(3) MÉNEVAL, *Mémoires*, t. I, p. 175.

vernement! » Sur l'heure également, Cambacérès dut tancer Chaptal, et lui notifier de faire suspendre les représentations. Quant au duc de Richelieu, il reçut l'ordre de regagner aussitôt la Russie.

Alexandre Duval ne tarda point à l'y rejoindre. Chaptal, qui décidément lui voulait du bien, lui avait donné le conseil de voyager, et l'auteur trop applaudi était allé passer quelques jours à Rennes. A son retour, la mésaventure de Dupaty, dont il va être question, lui donna à réfléchir; il repartit, mais cette fois pour Saint-Pétersbourg, où il séjourna plus d'un an. Quand il revint, le maître lui fit dire que tout était oublié : en effet, l'Empereur le nomma dans la suite directeur de l'Odéon et le laissa élire à l'Institut. Duval eut la rancune plus tenace : les très curieuses préfaces de ses pièces témoignent d'un ressentiment invétéré contre le régime napoléonien.

Par la façon dont il était conçu et écrit, par le théâtre où il avait été joué, le drame d'*Édouard en Écosse* s'adressait au public cultivé, que l'interdiction déçut dans sa curiosité ou froissa dans ses goûts de liberté littéraire. Quand Dubois se félicitait de l'indifférence témoignée par les ouvriers, il soulignait sottement ce mécontentement de la classe éclairée (1).

Dix jours après la première représentation d'*Édouard* (8 ventôse-27 février), l'Opéra-Comique donna un acte intitulé *l'Antichambre ou les valets entre eux* (2) : la musique était de Dalayrac, et les paroles d'Emmanuel Dupaty, le futur académicien, si peu hostile au régime

(1) Rapport du 14 ventôse an X : F7, 3830.
(2) Sur cette affaire, cf. *Mémoires sur le Consulat* (par Thibaudeau), p. 148-150, et Th. Muret, *l'Histoire par le théâtre*, t. I, p. 193-195.

consulaire qu'il avait collaboré à un à-propos en l'honneur du 18 Brumaire.

Le lendemain matin, des courtisans zélés vinrent faire aux Tuileries grand étalage de leur indignation. « On rapporta à Bonaparte que les personnages étaient trois laquais portant des habits de la même couleur que ceux des Consuls; qu'un militaire interrogé par un de ces laquais sur ce qu'il était, répondant : « Je suis « au service, » le laquais lui répliquait : « Et moi aussi; « nous sommes collègues. » On dit que Chénard, acteur qui jouait dans cette pièce, avait singé les manières du Premier Consul. »

Bonaparte eut l'intuition de ce que son intervention dans ces misères avait de déplacé : « En m'obligeant à me mêler de ces choses-là, dit-il à Regnaud, ils m'obligeront à être tyran, pour n'être pas ridicule (1). » Mais l'impétuosité de sa colère n'en fut qu'avivée. Chaptal, mis derechef en cause, déclara cette fois que la pièce lui était inconnue. On interrogea le poète Arnault, chef de la division de l'instruction publique, qui avait la censure dans ses attributions directes : son ignorance était égale; en raison du peu d'importance de l'œuvre, on en avait abandonné l'examen à un subalterne. « Voilà ce que c'est, s'écria Bonaparte, que de n'avoir pas de ministre! » Cambacérès, prudent et peu généreux à son ordinaire, conseillait à Chaptal de se tirer d'affaire en sacrifiant Arnault : celui-ci fut sauvé par le crédit de son beau-frère, Regnaud de Saint-Jean-d'Angély.

Il fallait pourtant un exemple. Bonaparte parla de traîner les acteurs en place de Grève, et de faire déchirer sur eux les costumes irrévérencieux par la main du bourreau. Mais s'avisant sans doute de ce que

(1) Rœderer, *Œuvres*, t. III, p. 429.

cette résurrection des procédures de lèse-majesté comportait d'énormité dans l'anachronisme, il se réduisit à sévir contre Dupaty. Comme le malheureux n'avait pas dépassé l'âge de la conscription, il fut conduit par la gendarmerie à Brest, et destiné à l'armée de Saint-Domingue, où le général en chef devrait mettre à l'ordre du jour le dialogue sacrilège entre le militaire et le laquais. — Il va sans dire que les représentations furent immédiatement suspendues.

Par l'intercession de Mme Bonaparte, la mère de Dupaty obtint qu'il demeurât à Brest, sans faire le voyage des Antilles. Pendant ce temps, une enquête faite de sang-froid, et par où sans doute l'on eût dû commencer, révéla « que la pièce avait été faite avant le Consulat, que les personnages n'étaient réellement que des valets, et que les habits pris dans les magasins n'avaient aucun rapport avec les costumes de l'époque ». Quatorze mois plus tard, le 3 mai 1803, l'Opéra-Comique reprenait le *même* acte, sans autre précaution que de transporter l'action en Espagne et de changer le titre en *Picaros et Diégo* : dans ces conditions, la pièce fit une carrière aussi honorable que pacifique.

Moins Romain qu'Alexandre Duval, Emmanuel Dupaty ne tint pas rigueur à Napoléon de ses brutalités si peu justifiées. Sous l'Empire, il fut au nombre des littérateurs qui travaillaient sur commande : c'est lui qui composa le scénario du ballet des *Heures*, pour le mariage de Marie-Louise; lui encore qui en 1814 mit en vers les adieux de l'Empereur à la garde nationale parisienne (1). Sous la Restauration, il prit une part ardente à la campagne de presse qui se prétendait libérale et qui était au fond bonapartiste.

(1) MÉNEVAL, *Mémoires*, t. I, p. 176.

CHAPITRE VIII

PÉNURIE FINANCIÈRE. — ATTEINTES A LA SÉCURITÉ PUBLIQUE

I. Gêne des particuliers, — II. Pénurie du Trésor public. — III. Paiement irrégulier du traitement des fonctionnaires. — IV. Vols à main armée. — V. Insuffisance de la garde nationale.

I

La Révolution, qui avait enrichi les paysans, avait d'une façon générale porté préjudice aux intérêts matériels des citadins, surtout dans une ville de luxe comme Paris. Sous le Directoire en particulier, pendant qu'un petit nombre de fournisseurs et de spéculateurs faisaient étalage de leur récente fortune, c'était la gêne qui prévalait dans la bourgeoisie comme parmi les petits commerçants ou dans la population ouvrière.

Cette situation ne pouvait se transformer brusquement. Sans doute, en revenant sur les mesures anti-économiques prises contre les « riches », le Consulat rendit confiance aux capitalistes, et encouragea la circulation de l'argent. Sans doute encore, sans faire fi des concours financiers, il marqua par quelques exécutions retentissantes (1) que l'âge d'or des malversations et

(1) Cf. surtout l'arrêté consulaire du 7 pluviôse an VIII, décrétant d'accusation Ouvrard, en raison des fournitures de la marine.

des gains scandaleux était passé, ce qui était une autre manière de stimuler le travail honnête. Mais si la politique du nouveau gouvernement était de nature à préparer le retour de l'aisance et le réveil des industries de luxe, ce réveil ne pouvait être que l'œuvre du temps.

En attendant, les débuts du Consulat furent une période de malaise financier à peu près général : pendant que la paix se conquérait à coups de victoires, pendant que s'élaborait cette organisation administrative et législative sur laquelle nous vivons encore aujourd'hui, la grande majorité des Parisiens était en proie à des embarras d'argent, ou du moins se voyait forcée de régler ses dépenses avec une sévère économie. A la fin de l'hiver de 1800, un document de police énumérait comme objets de l'attention ou de la préoccupation publique « la disette du numéraire, la stagnation du commerce, les banqueroutes qui achèvent de ruiner le crédit, le défaut de travail, le renchérissement des denrées (1) ». On pourrait objecter que le coup d'État ne datait alors que de trois mois, et que les conséquences du changement de gouvernement n'avaient pu encore se faire sentir. Mais deux ans plus tard, un autre rapport du même genre, constatant que les déménagements clandestins étaient « plus fréquents que jamais », attribuait cette insolvabilité croissante des locataires à « l'extrême cherté du pain (2) ». Quelle qu'en fût la cause, la fréquence de cette pratique attestait le manque de prospérité.

(1) Tableau de la situation de Paris, 24 pluviôse an VIII : AULARD, *Paris sous le Consulat*, t. I, p. 149.
(2) Rapport du préfet de police, 11 germinal an X : F7, 3830.

II

Le Trésor public ne se trouvait point dans une situation moins embarrassée. Sans entrer ici dans les détails d'histoire financière qui ont été élucidés dans des ouvrages spéciaux (1), rappelons que malgré la banqueroute des deux tiers, le déficit des années antérieures pesait lourdement sur les budgets. On aurait pu l'atténuer en recouvrant l'arriéré considérable afférent à ces exercices antérieurs, surtout pour les contributions directes : mais la comptabilité de la plupart des percepteurs parisiens était dans un tel désordre pour la période révolutionnaire, que la tâche défiait toutes les bonnes volontés. Si quelques-uns de ces percepteurs étaient en fonctions depuis 1786, d'autres avaient été installés sous le gouvernement consulaire (2); morts, démissionnaires, parfois faillis, leurs prédécesseurs plus ou moins éphémères avaient quitté leurs fonctions sans rendre de comptes, souvent sans transmettre les registres qu'ils n'avaient peut-être pas tenus (3). Cette liquidation faisait le gros de la besogne dont nous avons vu le conseil de préfecture écrasé. Après de consciencieux efforts, il fallut de guerre lasse renoncer à faire rentrer la majeure partie des contributions arriérées.

Il n'en était que plus urgent de recouvrer l'impôt afférent aux exercices en cours. Pour y parvenir, on fit

(1) Cf. en particulier le livre de M. René Stourm sur les *Finances du Consulat*.

(2) Rapport du conseiller d'État Lacuée (an IX) : Rocquain, *État de la France au 18 brumaire*, p. 230.

(3) Le directeur départemental des contributions directes à Lacuée, 25 prairial an IX : AF. IV, 1010.

d'abord appel aux arguments de sentiment et d'amour-propre, qui, avec des succès divers, n'avaient point cessé d'être en honneur depuis le début de la Révolution. Un arrêté consulaire du 17 ventôse an VIII décréta que le département qui, au 20 germinal, aurait acquitté la plus forte proportion de ses contributions, serait solennellement proclamé comme ayant bien mérité de la patrie, et que son nom serait attribué à la principale place de Paris. Le département des Vosges s'étant classé premier dans cette sorte de concours, le ministre de l'intérieur décida que « la principale place de Paris » était la place « ci-devant Royale ». Celle-ci était encore le centre d'un quartier animé, et n'avait point pris cette apparence de torpeur provinciale que nous lui trouvons à présent : il semble bien pourtant qu'elle était primée dès lors par la place de la Concorde. Quoi qu'il en soit, c'est la place Royale qui fut officiellement baptisée *place des Vosges* (1) : cette dénomination, dont l'origine est généralement oubliée, lui a été rendue sous la troisième République.

Efficace en Lorraine, le procédé opéra moins de merveilles sur d'autres points du territoire : les Parisiens en particulier paraissent avoir été médiocrement stimulés par l'exemple des habitants des Vosges. Dès l'an IX, il fallut revenir avec eux au moyen beaucoup plus réaliste et plus odieux des garnisaires, dont le Directoire avait tant abusé. Dans l'été de 1801, on eut la délicatesse d'attendre la célébration de la fête commémorative du 14 juillet; mais le lendemain même, une véritable nuée de garnisaires vint s'abattre chez les contribuables récalcitrants (2). L'année suivante, cette

(1) Arrêté du préfet de la Seine, 27 fructidor an VIII : AULARD, *Paris sous le Consulat,* t. I, p. 651.

(2) Rapport du préfet de police, 2 thermidor an IX : F7, 3829.

plaie semble s'être localisée dans quelques quartiers ou quelques voies particulièrement peuplées, comme la rue Transnonain (1). Avec cela, les redevables se plaignaient de l'accroissement constant des contributions, prétendant que pour l'an X elles dépassaient le cinquième du loyer; beaucoup d'entre eux se déclaraient hors d'état d'acquitter ce qui leur était réclamé (2).

III

L'état des finances s'améliorait malgré tout, et le signe le plus éclatant en fut le paiement des rentes en espèces, qui se fit à la fin de l'an VIII pour la première fois depuis le début de la Révolution, et produisit une profonde, une durable sensation (3). Mais désireux sans doute de manifester la solidité de son crédit, de raffermir le cours des fonds publics et de plaire aux hommes de finance, le gouvernement traitait les rentiers en privilégiés. D'autres créanciers de l'État multipliaient leurs réclamations sans résultat. Au milieu de l'an VIII, les fournisseurs des prisons de Paris, à qui il était encore dû plus de cent mille francs sur l'an VII, sans compter les six mois écoulés de l'exercice en cours, déclaraient tout net qu'il n'était plus en leur pouvoir de faire crédit au gouvernement, et qu'ils allaient se voir obligés de suspendre leur service de fournitures (4). Il n'était pas jusqu'à la modeste indemnité des membres de l'Institut

(1) Rapport du préfet de police, 9 thermidor an X : F7, 3830.
(2) Rapport du même, 28 pluviôse an X : *Ibidem*.
(3) Thiers, *Histoire du Consulat et de l'Empire*, t. II, p. 153.
(4) Rapport du préfet de police, 14 ventôse an VIII : AF. IV, 1535.

qui ne demeurât en souffrance, malgré le prestige de ce corps savant, malgré les liens qui le rattachaient à la Révolution et au gouvernement consulaire. Au printemps de 1800, le président mensuel de l'Institut, Creuzé-Latouche, était réduit à implorer la pitié de son illustre confrère le Premier Consul, en faveur de plusieurs membres qui n'avaient guère d'autre moyen de subsistance que l'indemnité officielle, et qu'un retard de *onze mois* dans le paiement de cette indemnité réduisait « à la plus grande détresse et à des expédients désespérés (1) ».

Les fonctionnaires n'étaient pas mieux traités, ceux surtout de rang modeste, ceux par conséquent qui pouvaient le moins facilement se passer de leurs émoluments. En l'an IX encore, le conseiller d'État Lacuée les déclarait « actuellement assez régulièrement payés », formule dont les restrictions ou les réticences sont significatives. Il constatait d'ailleurs que beaucoup d'anciens fonctionnaires du Directoire attendaient encore l'arriéré de leur traitement (2).

A Paris, ce fâcheux état de choses s'aggrava de la permanente hostilité qui régnait entre les deux préfets. Le receveur général du département, chargé de payer les appointements de tous les fonctionnaires d'ordre administratif, était dans une certaine mesure subordonné au préfet de la Seine. Celui-ci, soit par une tendance assez naturelle à assurer d'abord ses propres services, soit pour jouer un tour à son collègue, fit en sorte que les salaires et traitements impayés fussent surtout ceux des agents dépendant de la préfecture de police.

(1) 1er germinal an VIII-22 mars 1800 : Jules Simon, *Une académie sous le Directoire*, p. 129.
(2) Rocquain, *État de la France au 18 brumaire*, p. 235.

Les allumeurs de réverbères se plaignaient depuis longtemps. En janvier 1800, avant même l'organisation des deux préfectures, ils avaient posé une sorte d'ultimatum, menaçant de cesser leur service s'ils n'étaient pas payés; pour avoir raison de leur mécontentement, il avait fallu rendre menace pour menace, et invoquer assez arbitrairement la loi contre les rassemblements (1). Le fait se reproduisit six mois plus tard, au lendemain même du retour triomphal de Bonaparte après Marengo; le préfet de police, en annonçant qu'il avait pris les mesures nécessaires, se voyait forcé d'ajouter : « Hors les fonds, dont il manque totalement (2) ».

Paris sans réverbères, c'était une désagréable perspective, nullement comparable pourtant à ce que serait aujourd'hui la brusque suppression du gaz et de l'électricité sur la voie publique. Mais Paris sans police, à une époque de conspirations, alors que le souvenir des *journées* de la Révolution était encore vivace, c'était un danger de tous les instants pour la sécurité du gouvernement et pour l'ordre public en général. Or, Dubois ne cessait de se plaindre de ce que ses agents, depuis les inspecteurs de la police secrète jusqu'aux commissaires et aux officiers de paix, non payés ou payés avec six mois de retard, se trouvaient sans défense contre le découragement ou même contre des tentations perfides : « Un pareil état de dénuement, s'il durait encore quelques jours, peut avoir les plus funestes conséquences (3). » Cinq semaines plus tard en effet, on découvrait qu'un inspecteur vendait à la contre-police

(1) Rapport du Bureau central, 3 pluviôse an VIII : AF. IV, 1329.

(2) Rapport du préfet de police, 14 messidor an VIII : AULARD, *Paris sous le Consulat*, t. I, p. 471-472.

(3) Rapport du même, 28 prairial an VIII : *Ibidem*, t. I, p. 426.

royale tous les renseignements qui étaient à sa disposition : pour se disculper, le malheureux alléguait que le non-paiement de ses appointements l'acculait à de telles extrémités (1).

Dans ses rapports quotidiens, Dubois revenait à la charge avec une insistance tantôt précise et tantôt pathétique : « Les employés intérieurs et extérieurs de la préfecture de police, les concierges et employés des prisons, les pompiers ne sont pas payés depuis six mois. La somme qui leur est due jusqu'au 1er thermidor s'élève à 601,620 fr. 02 cent. (2) — Le découragement s'empare de la plupart d'entre eux : il ne leur reste plus rien à mettre en gage; leurs créanciers les assaillent de toutes parts, et leurs femmes et leurs enfants meurent de faim. Cette malheureuse position... est une véritable conspiration contre la sûreté publique et individuelle (3). » D'autres fois, le préfet de police incriminait la mauvaise volonté du receveur général, et signalait des ressources disponibles qui pourraient être appliquées au traitement de ses subordonnés (4).

Le Premier Consul, à l'intervention personnelle de qui il était fait appel, finit sans doute par prescrire les mesures nécessaires, car à partir du mois d'août 1800, les doléances financières cessent de figurer dans les rapports de Dubois.

(1) Rapport du préfet de police, 2 thermidor : *Ibidem*, t. I, p. 531.
(2) Rapport du même, 4 thermidor : *Ibidem*, t. I, p. 537-538.
(3) Rapport du même, 13 thermidor : *Ibidem*, t. I, p. 569.
(4) Rapport du 8 thermidor : *Ibidem*, t. I, p. 550-551.

IV

La sécurité publique, comme le disait le préfet, devait tout naturellement pâtir de la détresse où l'on laissait les agents de police. Néanmoins, les rapports officiels donnent peu de détails sur les vols à main armée qui se multipliaient alors. C'est par les récits des journaux, surtout par les révélations ultérieures des contemporains, que nous savons que les rues n'étaient pas sûres et qu'après la tombée de la nuit il était imprudent de s'aventurer hors de chez soi, même dans les quartiers du centre, sans être sérieusement armé.

Les documents de police ne mentionnent guère que les exploits des fraudeurs des barrières, qui devaient se perpétuer pendant toute la durée du régime, et que nous retrouverons en étudiant l'organisation de l'octroi. Ils insistent pourtant aussi sur l'insécurité des routes de la banlieue.

Le banditisme, qui dans certaines provinces se colorait du prétexte de l'opposition politique, s'exerçait ouvertement et la plupart du temps impunément dans les environs de Paris, s'attaquant tantôt aux maraîchers et rouliers qui venaient approvisionner la capitale, tantôt aux diligences et aux voitures de poste. Le mal, qui datait de loin, s'était considérablement développé à la faveur de l'anarchie directoriale. Le sanglant attentat commis en 1796 dans la forêt de Senart, sur le courrier de Lyon, est demeuré légendaire, grâce à une prétendue erreur judiciaire dont le théâtre s'est emparé : il n'avait en soi rien d'exceptionnel.

Ici comme en bien d'autres matières, le gouvernement consulaire, distrait par des soins plus urgents, ne pouvait brusquement supprimer un fléau entretenu par la complaisance des populations terrorisées ou intéressées. Dans le mois qui suivit le coup d'État, les attaques contre les maraîchers se multiplièrent, surtout dans la banlieue sud-ouest, du côté de Cachan, de Longjumeau et aux environs de Versailles (1). Quelques semaines plus tard, dans une région différente, la force armée n'arrivait à arrêter qu'en partie la bande de brigands qui, de Pierrefitte, rayonnait sur les environs de Saint-Denis (2).

L'affermissement même du régime consulaire et les progrès de la stabilité politique n'entravèrent point l'audace des voleurs de grand chemin. Un an après les faits que nous venons de mentionner, Dubois, dans une circulaire destinée à stimuler l'énergie des maires de banlieue, établissait ainsi le récent bilan du banditisme : « Une diligence a été arrêtée et pillée aux environs de Bondy. Dans la nuit du 14 au 15 de ce mois, la diligence de Bâle a été volée entre Charenton et Créteil. Le lendemain, un roulier a été attaqué vers la commune de Saint-Ouen (3). » Le 17 nivôse an IX (7 janvier 1801), un arrêté gouvernemental constatait implicitement l'acuité du mal en décidant que désormais, comme cela se pratique encore aujourd'hui dans l'intérieur de la Sicile, les diligences traversant la banlieue voyageraient sous la protection de cinq militaires en armes juchés sur l'impériale (4). Sans doute, il y avait des brigands aux allures

(1) Rapport du Bureau central sur le mois de frimaire an VIII, daté du 28 nivôse : AF. IV, 1329.

(2) Rapport du préfet de police, 21 nivôse an VIII : AF. IV, 1535.

(3) Circulaire du 22 nivôse an IX, publiée dans les journaux.

(4) Le 25 nivôse, une ordonnance de Dubois, réglant les détails d'exécution, statuait que l'escorte ne serait imposée qu'aux *diligences* à long parcours, à l'exclusion des « voitures dites des environs de Paris, telles que cabriolets, gondoles, guinguettes ».

de grands seigneurs, qui renouvelaient les exploits de Cartouche et couraient la poste pour aller détrousser les voyageurs, car par une mesure complémentaire, dont les considérants visaient expressément les actes de banditisme, le préfet de police interdit de louer chevaux ou voitures à quiconque n'exhibait point un passeport ou une carte de sûreté (1).

V

En vertu d'un état de choses qui remontait aux débuts de la Révolution, le maintien de l'ordre sur la voie publique était confié à la garde nationale dite *sédentaire*, c'est-à-dire recrutée parmi les citoyens que leur âge ou leur mariage soustrayait à la conscription. Mais les événements de la Révolution, sans parler de la fatigante monotonie d'un service assez absorbant, avaient eu raison de l'enthousiasme des beaux jours de la Fédération. Pour l'immense majorité des Parisiens aisés, la garde nationale n'était plus qu'une ennuyeuse corvée, qu'ils esquivaient soit en invoquant le premier prétexte venu, soit en se faisant remplacer à prix d'argent par de pauvres hères. On devine ce qu'était le service dans ces conditions : tantôt les postes dégarnis étaient hors d'état de fournir les patrouilles nécessaires, tantôt les gardiens improvisés de l'ordre étaient ridiculement dépourvus d'autorité et de prestige.

Bonaparte était trop militaire pour avoir en haute estime la « milice citoyenne » : les gardes nationaux parisiens, c'étaient toujours pour lui ces manifestants

(1) Ordonnance du 13 pluviôse an IX (journaux).

inoffensifs que quelques volées de mitraille avaient mis en fuite au 13 Vendémiaire. A peine le Consulat institué il laissa voir ses doutes sur le principe même de l'institution; en marge d'un rapport du ministre de l'intérieur, qui proposait un plan de réorganisation de la garde nationale parisienne, il inscrivit cette décision : « Renvoyé à la section de l'intérieur du Conseil d'État, pour discuter la question de savoir s'il convient de réorganiser la garde nationale, et spécialement celle des grandes communes (1). »

Le Conseil d'État hésita probablement à porter la main sur une institution dont la naissance se rattachait aux plus célèbres souvenirs de la Révolution. Toujours est-il que la garde nationale parisienne reçut un nouveau règlement, et que, le 10 pluviôse an VIII (30 janvier 1800), Lefebvre, en qualité de commandant de la division, lui fit prêter serment à la Constitution. Dans sa harangue, il déclara que le Premier Consul, obligé de dégarnir la capitale de troupes régulières pour réprimer les soulèvements de l'ouest, comptait sur les gardes nationaux « pour contenir et réprimer les agitateurs de toutes couleurs et de toutes dénominations (2) ». Après la campagne de Marengo, le Tribunat, saisi d'une dénonciation contre le règlement de la garde nationale, passa à l'ordre du jour sur un rapport de Chabaud (du Gard), exposant que pendant les hostilités ce corps avait très convenablement pourvu au maintien de l'ordre dans Paris démuni des troupes (3).

A côté de ces congratulations officielles, les plaintes

(1) 12 nivôse an VIII : *Correspondance*, 4490.

(2) Le jour même (19 pluviôse), Lefebvre rendit compte de la cérémonie au Premier Consul par une lettre qui fut publiée dans les journaux.

(3) Séance du 16 thermidor an VIII.

s'accumulaient dans les rapports de police. C'étaient d'abord les gardes nationaux eux-mêmes qui protestaient contre les exigences du service : les ouvriers surtout faisaient valoir qu'en fixant à midi l'appel pour une période de vingt-quatre heures, on les forçait à perdre deux journées de travail chaque fois qu'ils prenaient la garde (1). En octobre 1800, les remplaçants, qui formaient la grosse majorité, se livrèrent à de véritables actes de mutinerie, refusant de se rendre à une revue où l'autorité militaire les convoquait (2).

Mais c'étaient surtout les négligences ou les défaillances dans le maintien de la sûreté publique qui provoquaient des réclamations. Un certain soir, deux jeunes écervelés causent un accident en lançant leur cabriolet à toute allure sur le boulevard : on court au corps-de-garde pour les faire arrêter, et on le trouve vide (3). Un autre soir, deux soldats de la garde consulaire font du scandale dans un cabaret de la rue de Sèvres; le commissaire de police, domicilié dans la maison même, les fait entrer dans son bureau et envoie chercher la garde du poste voisin..... Mais ici il faut citer textuellement, car c'est une vraie scène des tréteaux de la foire ou même du théâtre de Guignol : « La garde vint enfin; elle était composée de cinq remplaçants. Alors la fureur des deux militaires redoubla; ils tirèrent le sabre de nouveau, et voulant en frapper le commissaire de police, ils brisèrent la colonne du poêle qui est dans son cabinet. C'est en vain qu'il invoqua le secours des hommes de garde qui venaient d'arriver : ceux-ci, tremblants et saisis de frayeur, s'étaient réfugiés dans

(1) Tableau de la situation de Paris, 12 pluviôse an VIII : Aulard, *Paris sous le Consulat*, t. I, p. 130.
(2) *Idem*, 1er brumaire an IX : *Ibidem*, t. I, p. 743.
(3) Rapport du préfet de police, 12 thermidor an IX : F7, 3829.

l'appartement de la femme du commissaire et s'étaient cachés sous son lit (1). »

Dans ces conditions, le projet du gouvernement de confier le service des postes à une garde soldée obtenait l'adhésion générale. Pour protester, il n'y avait que quelques remplaçants de métier, ou quelques « exclusifs », qui fidèles à la théorie et à la phraséologie révolutionnaires, s'en allaient répétant que les Parisiens abdiquaient « le plus beau de leurs droits, celui de se garder eux-mêmes », et que de concession en concession ils finiraient par laisser ressusciter, après le « guet » tout le cortège des abus et des privilèges de l'ancien régime (2). Leurs clabauderies étaient étouffées par le vœu général, qui se manifestait plus vivement chaque jour en faveur de la création d'un corps soldé, composé d'hommes du métier (3).

Pour couvrir la dépense, Frochot, qui ne reculait point devant certaines hardiesses, proposait deux taxes nouvelles. L'une, levée sur les gardes nationaux désormais libérés de la corvée, eût été, selon les propres expressions du préfet de la Seine, « progressive, très faible pour l'ouvrier qui n'a pour subsister que le travail de sa journée, plus forte pour l'homme riche ou aisé ». L'autre, dite *taxe de sûreté,* aurait frappé les propriétés foncières et mobilières (4). Ingénieux et en principe équitable, ce système parut sans doute trop onéreux pour la bourgeoisie aisée, que le gouvernement tenait à ménager. La garde soldée, dont l'institution coïncida presque avec l'établissement du Consulat à vie, devait être payée sur les ressources générales du budget.

(1) Rapport du préfet de police. 30 pluviôse an X : F7, 3830.
(2) Rapport du même, 27 pluviôse an X : *Ibidem.*
(3) Rapport du même, 2 floréal an X : *Ibidem.*
(4) Mémoire au conseiller d'État Lacuée (an IX) : AF. IV, 1013.

CHAPITRE IX

LA PAIX GÉNÉRALE ET LE CONSULAT A VIE

I. Conclusion et proclamation des traités de paix. — II. Institution de la Légion d'honneur. — III. Établissement du Consulat à vie.

I

L'avènement au pouvoir de celui qui demeurera pour la postérité l'incarnation même du génie et du fléau de la guerre fut unanimement acclamé comme un présage de paix (1). Dix années d'hostilités à peu près ininterrompues avaient donné à la population française, à la population parisienne en particulier, une soif ardente de tranquillité extérieure; mais comme cette longue suite de guerres avait presque constamment été glorieuse, l'amour-propre national s'en trouvait en même temps exalté, et ce n'était point après une paix à tout prix que l'on soupirait, mais après une paix honorable, brillante même, qui consacrerait les succès de nos armes (2). Cette paix-là, un général familier avec la victoire pourrait seul l'imposer.

(1) Vandal, *Avènement de Bonaparte*, t. I, p. 408-409.
(2) Sorel, *l'Europe et la Révolution française*, t. VI, p. 17-18.

A peine à la tête du gouvernement, Bonaparte eut l'habileté de faire des ouvertures officielles aux princes coalisés, de façon à rejeter sur eux l'odieux de la continuation des hostilités. Mais dès le lendemain de Marengo, le vœu public se manifesta avec une netteté à laquelle il était impossible de se méprendre. Ce n'était pas seulement le cours de la Bourse, ce thermomètre des impressions du monde des affaires, dont les oscillations correspondaient aux négociations engagées par le général autrichien Saint-Julien, puis un peu plus tard par Louis Cobenzl (1), pour saluer enfin par un vif mouvement de hausse la signature du traité de Lunéville. Le sentiment populaire était ici d'accord avec les spéculations des financiers : dans la rue, les visages se rassérénaient à l'arrivée des plénipotentiaires autrichiens, s'allongeaient au bruit de leur départ. Quand il fut certain que l'accord de Lunéville allait être ratifié, la satisfaction de la foule se manifesta sous une forme naïve et sincère entre toutes : les ouvriers se répandirent chez les marchands de vin, pour porter la santé du gouvernement (2). En vain critiquait-on, dans les cercles d'opposition, la clause qui perpétuait l'esclavage de Venise, et accusait-on les dirigeants de la politique française d'avoir dupé les libéraux italiens (3) : tout idéaliste que fût alors le peuple de Paris, la satisfaction de la paix reconquise l'emportait sur la tristesse de savoir que les Vénitiens demeuraient « dans les fers ».

Ce qui s'était conclu à Lunéville, c'était un pacte avec une puissance continentale, tel qu'il s'en était signé sous la Convention avec la Prusse et l'Espagne, sous le

(1) Cf. les rapports de police publiés par M. Aulard, *Paris sous le Consulat*, t. I, p. 533, 668-669, 785-786 et *passim*.
(2) Rapport du préfet de police, 18 pluviôse an IX : F7, 3829.
(3) Rapport du même, 25 pluviôse : *Ibidem*.

Directoire avec cette même Autriche, représentée par le même Cobenzl : flatteuse pour l'amour-propre national, bienfaisante à la masse de la population, la sensation n'était pas absolument neuve. Il en fut tout autrement après les préliminaires de Londres et le traité d'Amiens, qui consacraient la paix maritime, la paix générale, et qui allaient permettre, comme on disait alors par une de ces réminiscences romaines si fort en faveur, de « fermer les portes du temple de Janus ». Les coalitions continentales ne s'étaient renouées et prolongées que grâce aux instigations et aux subsides de l'Angleterre : celle-ci désarmant, il était permis de compter sur une période durable de tranquillité, grâce à laquelle le commerce et l'industrie reprendraient l'activité interrompue depuis les débuts de la Révolution.

Soit pourtant qu'on eût le pressentiment de la fragilité de cette trêve, toute de sous-entendus et de malentendus, soit que l'opinion contemporaine fût blasée par tant de succès prodigieux (1), l'impression fut peut-être moins vive que nous ne serions portés à le supposer. Selon le mot d'un témoin, le « délire » de Paris n'égala point en cette occasion le « délire » de Londres (2), où la populace dételа les chevaux des plénipotentiaires français. Mais il faut se garder de prendre au pied de la lettre les assertions de quelques opposants, qui, déçus des triomphes ininterrompus de la politique consulaire, prêtaient à l'ensemble de la population parisienne leurs propres sentiments de dénigrante froideur. L'interprète le plus intempérant de ce petit groupe était Mme de Staël : inconsolable (elle l'a confessé plus tard) (3) de

(1) Sorel, *l'Europe et la Révolution française*, t. VI, p. 172-173 et 214.
(2) Norvins, *Mémorial*, t. II, p. 296.
(3) *Dix années d'exil*, p. 71.

l'étendue des concessions consenties par le gouvernement anglais, elle écrivait à un ami, d'un ton qu'elle croyait détaché : « Que dites-vous de toutes ces paix? » et prétendait que Bonaparte, furieux de « l'impassibilité » de Paris, se serait écrié devant un auditoire de fidèles : « Que leur faut-il donc? Que leur faut-il donc? (1) »

A ces allégations, il serait insuffisant d'opposer les rapports de police, qui montrent, aux premiers coups de canon tirés pour la signature des préliminaires, les ateliers et les boutiques se vidant dans la rue, les places et les jardins publics soudainement encombrés de gens qui sans se connaître se questionnent, se congratulent et finissent par s'embrasser (2). Si le tableau n'est pas sans doute inventé de toutes pièces, il a pu être embelli. Mais la Bourse, qui devait prouver à maintes reprises combien elle était indocile aux suggestions gouvernementales, la Bourse accusait en quinze jours une hausse de plus de six francs (3). D'autres preuves subsistent de l'émotion générale, profonde, que le bienfait de la paix suscita dans la population parisienne; comme l'a dit un des historiens qui ont le plus minutieusement collectionné les naïves et vulgaires reliques de la légende napoléonienne, « ce n'est point flatterie ni besogne policière, les images où les graveurs ne suffisent point, que le public s'arrache, qui, en quelques jours, doublent, triplent de prix, les imprimeurs ne pouvant suffire aux demandes (4). »

(1) Lettre du 23 octobre 1801 : *Lettres inédites de Mme de Staël à Henri Meister*, p. 173.

(2) Rapport du préfet de police, 12 vendémiaire an X-4 octobre 1801 : F7, 3830.

(3) Le tiers consolidé, qui était à 50 francs le 5 vendémiaire, monta à 53,25 le 12 et à 56,25 le 21.

(4) Frédéric Masson, *Napoléon et sa famille*, t. II, p. 75.

Les solennités officielles ne firent naturellement point défaut. Dès le 19 février 1801 (c'était le 9 qu'avaient été échangées à Lunéville les signatures entre Joseph Bonaparte et Cobenzl), Talleyrand, en courtisan avisé, convia l'élite de la société et des fonctionnaires à une fête somptueuse : entre un concert, où Garat se distingua, et un divertissement où toutes les nations, personnifiées par les premiers sujets de l'Opéra, vinrent successivement déposer un rameau d'olivier aux pieds du Premier Consul, il y eut un souper, au cours duquel fut déclamée une ode d'Esménard; la dernière strophe suffira à montrer à quel degré d'adulation on en était déjà arrivé, quinze mois après le 18 Brumaire :

Tu n'as point de rivaux : domptés par ton génie,
Les partis confondus bénissent tes succès;
Et tu n'as d'ennemis dans ta course infinie,
Que ceux du nom français.

La fête véritablement publique eut lieu le 30 ventôse (21 mars), jour fixé pour la publication solennelle du traité de paix. Sur le désir des consuls, tous les théâtres donnèrent des représentations gratuites. Revenant aux traditions autoritaires de la monarchie, et enchérissant sur les instructions du gouvernement, qui avait prescrit seulement l'illumination du palais et du jardin des Tuileries (1), Dubois prit une ordonnance pour obliger les particuliers à illuminer la façade de leurs maisons (2).

Les préliminaires de Londres avaient été signés le

(1) Le secrétaire d'Etat Maret au ministre de l'intérieur, 27 ventôse an IX : F1c III, Seine, 29.

(2) Ordonnance du 20 ventôse; contrariées par la pluie, les illuminations furent remises au 5 germinal. Dans son rapport du 1er germinal (F7, 3829), Dubois eut le front de se féliciter que « tous les citoyens, sans exception », eussent préparé des lampions, alors qu'il leur en avait fait une obligation.

1er octobre 1801 : on décida que la célébration de la paix générale coïnciderait avec le second anniversaire du 18 Brumaire (9 novembre). Le centre de la fête fut établi cette fois sur le cours même de la Seine, entre le Pont-Neuf et le pont de la Concorde; un *temple du Commerce* fut édifié sur des pilotis au milieu du fleuve, et un feu d'artifice fut tiré près de là. Sans attendre la conclusion du traité définitif, les Anglais étaient accourus en foule; au règlement de police qui interdisait dans la soirée la circulation des voitures, une seule exception fut faite en faveur de l'équipage du plénipotentiaire britannique, lord Cornwallis, devant lequel on s'écartait avec une sympathique curiosité (1). Sans se contenter des représentations gratuites, les principaux théâtres donnèrent des *pièces de circonstance,* dont la monotone et insipide servilité devait, non pas même se renouveler, mais se répéter lors de tous les événements marquants du règne; un critique remarquait dès 1801 que, bien mieux que par les allégories débitées ou mimées sur la scène, la paix était éloquemment célébrée par « les loges garnies des ambassadeurs étrangers, l'air de prospérité, de joie et de bonheur répandu de toutes parts (2) ».

Les autorités administratives de Paris ne voulurent pas demeurer à l'écart de ce concert d'adulations. Dans les derniers jours de l'année 1801, le conseil général, qui avait alors Bellart pour président et Quatremère de Quincy pour secrétaire, décida que sur l'emplacement du Grand-Châtelet, dont la démolition allait être effectuée, un portique triomphal serait érigé, en l'honneur de Bonaparte restaurateur de la paix. La réponse du Premier Consul fut digne et politique; après avoir

(1) Thiers, *Histoire du Consulat et de l'Empire,* t. III, p. 192.
(2) Geoffroy, feuilleton des *Débats* du 18 brumaire an X.

remercié « les magistrats de la ville de Paris », comme il les appelait, après avoir déclaré que c'était chose honorable de la part d'un peuple que de vouloir glorifier les citoyens utiles, il concluait : « J'accepte l'offre du monument que vous voulez m'élever; que la place reste désignée; mais laissons au siècle à venir le soin de le construire, s'il ratifie la bonne opinion que vous avez de moi (1). » Sage et fière réserve, qui devait être de trop courte durée.

Nous avons parlé plus haut de la *publication* solennelle de la paix, qui pour le traité de Lunéville eut lieu le 30 ventôse an IX. Cette cérémonie traditionnelle eut pour résultat d'exaspérer la rivalité entre les deux préfets.

Du jour, en effet, où il fut décidé que la paix serait proclamée en grand appareil, la question se posa de savoir qui serait chargé de cette mission. Dubois eut recours à l'érudition de ses subordonnés pour faire composer un mémoire historique, établissant que dans les solennités de ce genre le premier rôle avait de tout temps été dévolu au lieutenant de police : « Je pense », écrivait-il à Chaptal en lui transmettant ce document, « que je dois jouir du même droit, parce que mes fonctions me mettent à portée de faire toutes les dispositions convenables et d'imprimer à la publication de la paix le caractère d'ordre et d'ensemble qu'elle doit avoir (2). » Il n'est point douteux que Frochot mit une égale ardeur à défendre ses prétentions, bien que sur ce point les Archives n'aient point conservé trace de ses instances.

Le ministre Chaptal en référa tout naturellement au

(1) 3 nivôse an X (24 décembre 1801) : *Correspondance*, 5900.
(2) 14 ventôse : F1c III, Seine, 29.

Premier Consul, qui le 17 ventôse donna audience à Dubois en présence du conseiller d'État Rœderer. Celui-ci combattit la demande du préfet de police, faisant valoir que ce fonctionnaire était investi d'une mission toute spéciale, et que le vrai représentant du gouvernement à Paris était le préfet de la Seine. Après une longue et vive discussion, Dubois, semblant se rendre, sollicitait au moins d'être dispensé de faire cortège au triomphe de son rival : à ce moment, Bonaparte intervenant brusquement dit que décidément ce serait le préfet de police qui ferait la publication. Pendant que Dubois sortait radieux, le Premier Consul donna à Rœderer interloqué une explication dont la portée dépassait singulièrement le conflit actuel : « Le préfet de département m'importe peu. C'est le préfet de police qui me garde, je lui accorderai toujours tout ce qu'il me demandera (1). »

Une lettre officielle du chef de l'État à Chaptal confirma cette décision, en statuant qu'une première proclamation de la paix serait faite au ministère de l'intérieur par le ministre lui-même, en présence des deux préfets, du conseil de préfecture, du conseil général et des douze maires. « Après avoir fait la proclamation », continuait l'épître consulaire, « vous ordonnerez au préfet de police de la publier dans la commune de Paris; il sera accompagné des maires dans toute l'étendue de leur municipalité respective (2). » Frochot profita des termes de cette lettre pour se ménager une manière de dédommagement : dès le lendemain, il prit un arrêté décidant que les principales autorités se rendraient de l'Hôtel de ville au ministère de l'intérieur en un cortège dont il aurait la direction, qu'au ministère il

(1) RŒDERER, *Œuvres*, t. III, p. 427.
(2) 27 ventôse : *Correspondance*, 5165.

prononcerait une harangue, enfin et surtout que les maires, au lieu de faire escorte au préfet de police, iraient l'attendre chacun dans son arrondissement (1). Ce dernier trait fut sensible à Dubois, qui s'en plaignit avec insistance, et alla jusqu'à prétendre que la population en avait murmuré (2). Il se consola en rédigeant, de la solennité où il avait joué le premier rôle, un procès-verbal d'allure épique, comme un bulletin de victoire : « Le préfet de police, monté sur un cheval blanc magnifiquement harnaché, ayant à sa droite le général Granet, suivi de ses aides de camp, député par le général commandant la première division militaire, et à sa gauche le commandant de la gendarmerie, est sorti du ministère de l'intérieur avec le cortège... (3) » Ce cortège, qui fit le tour de la ville avec une halte sur la place la plus centrale de chaque arrondissement, se composait naturellement du personnel des services dépendant de la préfecture de police, mobilisés jusqu'au dernier homme; sans paraître se douter de ce que cette nomenclature avait de carnavalesque, Dubois en communiquait complaisamment l'énumération aux journaux : « ..... L'inspecteur général et les inspecteurs du nettoiement et de l'illumination... Le contrôleur et les inspecteurs et préposés au mesurage des bois et charbons... »

La sentence du Premier Consul sur ce conflit de prérogatives fut naturellement considérée comme une décision de principe, qui faisait précédent. Quand la nouvelle des préliminaires de Londres parvint à Paris, ce furent les commissaires de police qui le soir même, aux flambeaux, précédés d'une fanfare et escortés d'un

(1) 28 ventôse : F1c III, Seine, 29.
(2) Rapport du 1er germinal : F7, 3829.
(3) F1c III, Seine, 29.

piquet de soldats, en firent l'annonce « dans toutes les places et carrefours de Paris (1) ». Dubois se réserva pour la publication de la paix définitive; il considéra par contre que sa dignité lui faisait un devoir de ne pas assister à l'audience où, à la tête de toutes les autorités du département, Frochot haranguait le Premier Consul (2).

La population parisienne tira de la paix les profits matériels qu'elle en avait attendus. Il y eut sans doute au début quelques horlogers-bijoutiers pour se plaindre que les gens de la suite de lord Cornwallis fissent le commerce des montres anglaises (3), quelques ouvriers pour s'étonner que le pain ne baissât pas de prix dès le lendemain de la publication du traité d'Amiens (4). Mais ces murmures se perdirent bientôt dans le concert de cris de joie qui s'éleva immédiatement après la conclusion définitive de la paix : un cafetier du Palais-Royal évaluait à cent francs par jour l'augmentation de sa recette (5); dans le faubourg Saint-Antoine, les fabricants ne pouvaient suffire aux commandes d'ébénisterie (6).

Dans le flot d'étrangers que la cessation des hostilités amena à Paris, il se glissa au début un certain nombre d'émigrés non rayés, qui ne se cachaient point, qui se vantaient même d'avoir porté les armes contre la France

(1) Note officielle du 11 vendémiaire an X, communiquée aux journaux.

(2) 6 germinal an X-27 mars 1802; le discours de Frochot fut sûrement un des moins plats parmi tous ceux qui furent débités dans cette circonstance.

(3) Rapport du préfet de police, 1er nivôse an X : F7, 3830.

(4) Rapport du même, 7 germinal an X : *Ibidem.*

(5) Rapport du même, 14 germinal : *Ibidem.*

(6) Rapport du même, 12 germinal : *Ibidem.*

révolutionnaire, et d'être définitivement passés au service anglais ou autrichien. Quand la police faisait mine de les inquiéter, ils invoquaient l'intervention de l'ambassadeur de la puissance dont ils se considéraient comme les sujets. Cette tactique leur réussit tout d'abord : mais Bonaparte averti mit bon ordre à ce qu'il considérait comme une scandaleuse impertinence; par une lettre impérative, il prescrivit que les personnages de cette catégorie, signalés pour leur langage ou leur attitude politique, ne fussent jamais remis en liberté sans qu'on lui en eût directement référé (1). Portée à la connaissance des intéressés, cette décision fit incontinent baisser le ton des propos frondeurs.

II

Dans ce printemps de 1802, qui vit s'accomplir des événements si importants, la publication de la paix générale et le rétablissement officiel du culte n'occupèrent point l'attention publique plus que l'institution de la Légion d'honneur. « La question de la Légion d'honneur », écrivait déjà sous la Restauration la duchesse d'Abrantès, « fit un bruit dont il n'est pas possible aujourd'hui de donner une juste idée (2). » A plus forte raison avons-nous peine à comprendre l'émotion des hommes de 1802, nous qui depuis trente-cinq ans voyons un ordre de chevalerie coexister avec un gouvernement démocratique.

Pour la génération qui avait collaboré ou assisté à la

(1) A Fouché, 5 ventôse an X-24 février 1802 : *Correspondance*, 5973.

(2) *Mémoires*, t. IV, p. 206.

Révolution, la suppression des distinctions honorifiques allait de pair avec celle des privilèges financiers; rétablir des décorations, c'était porter au principe de l'égalité une atteinte moins matérielle assurément, mais presque aussi caractérisée que si l'on avait tenté de faire revivre les droits féodaux. C'est un sentiment de cette nature, et nullement un scrupule de libéralisme, qui au Conseil d'État fit opiner contre le projet les *égalitaires* de tous les partis, Lacuée comme Berlier, Cretet et Defermon comme Thibaudeau (1). De même, si dans le Corps législatif épuré il se trouva une minorité inusitée et inattendue de 110 votes hostiles contre 170 favorables, ce ne fut là nullement, quoi qu'on en ait dit, un dernier « effort de la représentation nationale contre les envahissements d'un pouvoir arbitraire et absolu (2) ». L'immense majorité de ceux qui répugnaient à ratifier la création de la Légion d'honneur avaient pris depuis plusieurs mois leur parti de subir et même de servir le despotisme : mais les distinctions honorifiques étaient liées dans leur esprit au souvenir de cet ancien régime social contre la résurrection duquel se concentrait ce qui leur restait d'énergie.

Cet état d'esprit, ce préjugé si l'on veut, était si répandu, que les rédacteurs de la loi du 29 floréal an X n'osèrent faire mention d'aucun insigne. Ce fut seulement plus de deux ans après, l'Empire une fois proclamé, qu'un décret du 22 messidor an XII créa la décoration de la Légion. Par une rencontre très intentionnelle, la première distribution de croix, ou plutôt d'étoiles, eut lieu le jour anniversaire de la prise de la Bastille (26 messidor an XII-14 juillet 1804), et le grand chance-

(1) *Mémoires sur le Consulat* (par Thibaudeau), p. 87.
(2) Fauriel, *Derniers jours du Consulat*, p. 51.

lier Lacépède insista dans sa harangue sur les bienfaits de l'égalité. Pourtant, quelques légionnaires s'abstinrent de porter leur décoration, et la plupart des autres trahirent un embarras qui ne devait point se renouveler lors de la création de la noblesse impériale. Réal, le moins guindé des hommes, fut pendant quelques jours tout gêné avec ses amis; Garat s'obstinait, à une réception chez Fouché, à tenir les bras croisés pour masquer son ruban rouge (1). Les seuls à l'aise dans ce premier moment furent les soldats qui avaient reçu la décoration en échange des anciennes *armes d'honneur*, et qui l'arboraient comme un brevet d'héroïsme.

Dans la société parisienne, l'impression dominante fut de narquois étonnement. On colportait avec admiration les mots cinglants de Mme de Staël, les traits de lourde dérision auxquels se complaisait Moreau (2). Lors de la distribution des insignes, ce fut une mode ironique, chez certains jeunes élégants du faubourg Saint-Germain ou de la riche bourgeoisie, de singer le ruban de la Légion en affectant d'orner leur boutonnière d'un gros œillet rouge. Il en résulta des échanges de propos blessants, des voies de fait, des duels même; mais, comme l'avait sagement prédit Napoléon quand on l'avait sollicité d'intervenir, l'automne, en défleurissant les œillets, se chargea de mettre fin à ces provocations d'assez mauvais goût.

(1) Mme DE CHASTENAY, *Mémoires*, t. II, p. 2.

(2) « L'on ferait des volumes de la quantité d'épigrammes, de quolibets, de bons mots dédaigneux, qui saluèrent la naissance de cet ordre. » (Mme Sophie GAY, *Salons célèbres*, p. 296.)

III

La promulgation de la loi sur la Légion d'honneur (30 floréal an X) coïncida avec le plébiscite qui rendit viagers les pouvoirs de Bonaparte et préluda à l'organisation définitive de la monarchie napoléonienne. Le titre du chef de l'État pourra changer : le régime constitutionnel et électoral de l'Empire demeurera tel qu'il a été fixé par le sénatus-consulte du 16 thermidor an X.

Depuis quelques mois, depuis surtout l'épuration des assemblées législatives et la conclusion de la paix générale, on parlait beaucoup de modifications capitales dans la machine gouvernementale. Rédigés sans doute avec l'arrière-pensée de flatter l'ambition de Bonaparte, les rapports de police devaient pourtant contenir une part de vérité, quand ils revenaient presque quotidiennement sur ce sujet favori des conversations et des préoccupations. Extension des pouvoirs du Premier Consul, restitution corrélative de quelques libertés électorales et parlementaires, voilà ce que les Parisiens s'annonçaient en confidence, et ce qu'allaient en effet consacrer les deux sénatus-consultes des 14 et 16 thermidor : sans s'arrêter aux demi-mesures, certains causeurs plus hardis allaient jusqu'à prédire, d'une part que le Premier Consul « changerait de titre » (on recourait encore à cet euphémisme pour éviter les noms longtemps maudits de *roi* ou d'*empereur*), de l'autre que le Tribunat et le Corps législatif feraient place à deux *chambres* véritables, respectivement présidées par le Second et le Troisième Consuls (1).

(1) Rapport du préfet de police, 10 floréal an X : F7, 3830.

La genèse du Consulat à vie ne saurait trouver place ici : la vague initiative du Tribunat; la résistance respectueuse, mais très nette au fond, des sénateurs, qui se bornèrent après discussion à voter une prorogation de pouvoirs de dix nouvelles années; le mécontentement de Bonaparte, et le « véritable coup d'État » par lequel un simple arrêté consulaire décida que la consultation nationale porterait sur l'établissement d'une magistrature viagère, tout cela relève de l'histoire générale (1). Notons seulement que dans la séance du Conseil d'État du 20 floréal, où l'on résolut d'amplifier la résolution du Sénat au point de la dénaturer, Dubois, récemment appelé à siéger au Conseil, se montra parmi les plus zélés, déclarant que l'opinion parisienne était « fortement prononcée » contre la mesquinerie du vote sénatorial, et que ses administrés réclamaient « hautement » la nomination à vie, avec faculté pour le Premier Consul de désigner son successeur. Par une singulière contradiction, le préfet de police ajoutait qu'il lui semblait superflu de faire participer tous les citoyens au plébiscite qui allait s'ouvrir, et qu'il suffirait d'y convoquer les *notables*, c'est-à-dire ceux qui figuraient sur les *listes de notabilité*, particulièrement mal composées et discréditées à Paris (2).

L'arrêté consulaire pris séance tenante (20 floréal-10 mai 1802) fut dès le lendemain affiché dans les rues de Paris : la foule affluait autour des placards, et les observateurs de la police, répandus dans les groupes, recueillirent partout les mêmes commentaires favo-

(1) Cf., pour le résumé très précis des événements, AULARD, *Histoire politique de la Révolution française*, p. 748-750.

(2) *Mémoires sur le Consulat*, p. 250 (On sait que ces Mémoires anonymes sont l'œuvre du conseiller d'État Thibaudeau, qui y a reproduit des notes prises au jour le jour; c'est un des témoignages les plus sûrs).

rables, enthousiastes même (1). De toutes parts aussi, comme sur un signal, les corps constitués s'empressèrent à rédiger des adresses pour adhérer à la modification proposée. Un mécontent, dénonçant dans ces documents « l'enflure dégoûtante de langage, de sentiments et d'idées », y voyait la preuve que l'inspiration n'en était point sincère (2) : la conclusion nous paraît bien sommaire; l'hyperbole était depuis la Révolution, depuis même les dernières années de l'ancien régime, le défaut commun de la littérature politique, et n'indiquait sûrement qu'une perversion du goût. Le *corps municipal* de Paris se distingua par un zèle qui parut non point excessif, mais prématuré : son adresse pressait le Premier Consul de ne pas s'en tenir à une magistrature viagère, et de fonder un trône héréditaire; sans savoir mauvais gré de leur hardiesse aux officiers municipaux, le gouvernement jugea préférable de ne pas donner de publicité à leur démarche (3).

Les premiers votes à Paris furent ceux des membres des assemblées législatives, au secrétariat desquelles

(1) Rapport du préfet de police. 22 floréal : F7, 8830.

(2) Fauriel, *Derniers jours du Consulat*, p. 41.

(3) Ceci nous est révélé par une adresse postérieure, publiée celle-là dans les journaux, que le corps municipal rédigea le 2 floréal an XII, lors de la campagne officielle pour la proclamation de l'hérédité : « Il y a deux ans, alors que le peuple français vous conjurait d'accepter pour le cours de votre vie la première magistrature de l'État, le corps municipal de la ville de Paris, mesurant l'intérêt de tous les Français à l'intérêt de tous les citoyens de la capitale, osa demander qu'il vous fût imposé davantage, et qu'en récompense du bien que vous nous aviez fait, vous fussiez obligé d'assurer à nos neveux un gouvernement fort de vos services et durable comme votre gloire. Le vœu du corps municipal vous fut présenté. Des motifs qu'il ne nous est pas permis de pénétrer vous déterminèrent à le refuser, et même à en empêcher la publicité. »

des registres spéciaux avaient été ouverts. Dès le 24 floréal (14 mai), des députations du Corps législatif et du Tribunat vinrent présenter au Premier Consul le dépouillement de votes à peu de chose près unanimes (1); mais les deux orateurs, Vaublanc et surtout Chabot (de l'Allier), prodiguèrent avec une insistance significative les déclarations libérales.

Les citoyens furent conviés à écrire et à signer leurs votes sur des registres, qui à Paris furent déposés dans les municipalités, à la préfecture de police, au greffe des tribunaux (2), etc. Cette forme de scrutin, en supprimant le secret, devait nécessairement réduire à un chiffre insignifiant le nombre des suffrages négatifs : c'était déjà faire acte de courage que de simplement s'abstenir, et l'abstention en masse fut le seul péril que redouta le gouvernement, à en juger par un ordre du jour de Junot, commandant la place de Paris, qui mettait le peuple en garde contre les manœuvres destinées à l'empêcher de voter (3).

Au témoignage d'un historien qui a dépouillé et comparé, pour le département de la Seine, les registres de l'an VIII et ceux de l'an X, il y eut dans cette seconde consultation des abstentions remarquables parmi les savants, les penseurs, les membres de l'Institut, les philosophes révolutionnaires, qui avaient été à peu près

(1) Fauriel (*Derniers jours du Consulat*, p. 38) affirme qu'il y eut au Tribunat un suffrage hostile et trois au Corps Législatif.

(2) Un conflit se produisit à ce sujet : le tribunal d'appel prit un arrêté ordonnant l'ouverture d'un registre à son greffe et portant « qu'il n'y avait pas lieu à délibérer sur l'envoi des registres fait par le préfet du département ». Frochot blessé au vif adressa au ministre de l'intérieur (27 floréal) une longue lettre de plaintes, où il évoquait le souvenir des usurpations des parlements. Le ministre, tout en lui donnant raison (11 prairial), se refusa à porter la querelle en haut lieu (F1c III, Seine, 20).

(3) REMACLE, *Relations secrètes des agents royalistes*, p. 32.

unanimes à adhérer au gouvernement issu du coup d'État de Brumaire (1) : leur réserve maussade procédait au moins autant du mécontentement que leur avaient causé le Concordat et le rappel des émigrés que de scrupules théoriques au sujet d'un pouvoir viager.

Cette abstention, qui se manifesta surtout à Paris, fut largement compensée, même à Paris, par des suffrages qui avaient fait défaut en l'an VIII. Les émigrés rentrés, poussés par la reconnaissance ou par la pensée qu'il leur fallait donner un gage, votèrent avec ensemble et ardeur (2). L'exemple fut suivi par beaucoup d'hommes d'ordre, timides ou prudents, qui s'étaient tenus sur la réserve en l'an VIII, effarouchés par l'étiquette révolutionnaire du nouveau gouvernement et par le passé de ceux qui le composaient : rassurés et conquis par les actes qui avaient marqué les deux premières années du Consulat, ils ne marchandaient plus leur adhésion.

Dubois attribuait sans doute une importance exagérée à ce fait, que dès le premier jour 612 citoyens étaient venus voter l'adoption au seul secrétariat de sa préfecture (3), comme il usait d'hyperbole en parlant de « commotion électrique de reconnaissance » à propos du plébiscite sur le Consulat à vie (4); mais les chiffres ont une décisive éloquence. Abstraction faite des registres ouverts dans les divers ministères et dans les tribunaux, il y eut à Paris 60,395 *oui* et 80 *non*, tandis que le plébiscite de l'an VIII n'avait réuni que 27,675 votants, et

(1) Aulard, *Histoire politique de la Révolution française*, p. 752.

(2) Remacle, *Relations secrètes des agents royalistes*, p. 57.

(3) Rapport du 22 floréal : F7, 3830. Il y eut, ce même premier jour, un citoyen qui eut l'audace de choisir le secrétariat de la préfecture de police pour y consigner un vote négatif.

(4) Lettre au ministre de l'intérieur, du 15 prairial, pour transmettre le registre de sa préfecture (cette lettre a été publiée dans les journaux du temps).

qu'en 1790, 14,010 citoyens seulement avaient pris part à l'élection du maire de Paris (1).

La proclamation solennelle du sénatus-consulte qui enregistrait les résultats du plébiscite coïncida avec la nouvelle fête du 27 thermidor (15 août), destinée à célébrer le double anniversaire de la ratification du Concordat et de la naissance de *Napoléon* Bonaparte (ce prénom étrange et sonore venait de faire son apparition dans les actes officiels). Le préfet de police tint à honneur de procéder lui-même à cette proclamation, comme pour les traités de paix; trois jours auparavant, il avait pris un arrêté contenant cette disposition laconiquement impérative : « Le soir dudit jour 27 thermidor, les habitants de Paris illumineront la façade de leurs maisons (2). »

La dictature napoléonienne était dès lors organisée, et le changement de titre de 1804 n'en devait modifier que l'appareil ou le protocole. « A cette époque », a écrit un contemporain en parlant du Consulat à vie, « l'esprit du gouvernement n'était certainement pas plus républicain qu'à Constantinople (3). » Constantinople représente ici la part de l'exagération, mais c'eût été l'exacte vérité que de nommer Vienne ou Berlin. L'été de 1802 marque la fin de la période de transition, le début du gouvernement vraiment absolu.

(1) *Journal des Débats*, 5 messidor an X.
(2) 24 thermidor an X : F1c III, Seine, 29.
(3) FAURIEL, *Derniers jours du Consulat*, p. 93.

CHAPITRE X

LA VIE RELIGIEUSE AVANT LA MISE EN VIGUEUR DU CONCORDAT

I. L'état des choses à la fin du Directoire; les fêtes décadaires. — II. Premières mesures de tolérance. — III. Déchéance du décadi. — IV. Les catholiques romains : la promesse de fidélité; organisation administrative des paroisses. — V. Les constitutionnels; rapports entre les deux Églises et rétractations. — VI. Vivacité et étendue du sentiment religieux. — VII. Campagne antireligieuse. — VIII. Mauvais vouloir des autorités. — IX. Protestants, francs-maçons et théophilanthropes. — X. Négociation du Concordat. — XI. Concile constitutionnel de 1801. — XII. Choix du futur archevêque de Paris. — XIII. Installation de l'archevêque et fête de Pâques 1802.

La promulgation du Concordat précéda de quelques mois la proclamation du Consulat à vie : les Églises chrétiennes devenaient désormais, au moins quant à leur vie extérieure, des rouages de la nouvelle organisation administrative. Il convient donc de rattacher à l'étude du Consulat provisoire et électif le tableau de la vie religieuse à Paris pendant cette période préliminaire.

De la manière dont les choses se passèrent alors, il nous semble malaisé de tirer argument, comme l'ont fait tant d'historiens, pour ou contre le régime de la séparation de l'Église et de l'État : car au lieu d'un *essai loyal*, ce que les documents nous montrent surtout, même pendant le Consulat, c'est un parti pris vexatoire, quelquefois de la part du chef du gouvernement, presque toujours de la part de ses collaborateurs et de ses agents, contre la plus vivante des communions chrétiennes. La vérité est qu'à Paris (et ici comme sur bien d'autres points les exemples parisiens étaient fidèlement imités dans la majeure partie de la France), la vérité est donc qu'à Paris le catholicisme orthodoxe ne cessa guère d'être molesté jusqu'au jour où il devint une institution d'État. Intéressant par soi-même, le résumé de ces vicissitudes ne saurait être d'un grand secours pour trancher la question de principe. Tout au plus tendrait-il à prouver qu'il y a cent ans, une séparation impartiale et libérale était incompatible avec la disposition des esprits et la situation générale, sans parler de la tendance personnelle du Premier Consul à tout dominer et centraliser.

I

Nous n'avons point à rappeler ici quel était le régime légal des cultes à la fin de la Révolution (1). Complètement proscrit sous la Terreur, toléré après Thermidor, l'exercice du culte avait été soumis à de nouvelles entraves par la législation fructidorienne et par la passion antireligieuse de ceux qui étaient chargés de l'appliquer. Quant au personnel ecclésiastique, décimé par

(1) Sans parler de l'*Histoire de la Constitution civile du Clergé*, de Ludovic SCIOUT, ouvrage touffu et partial, mais bien documenté, M. Aulard a résumé les textes principaux dans son *Histoire politique de la Révolution française*, partiale aussi dans le sens opposé. Le livre de M. l'abbé GRENTE sur le *Culte catholique à Paris de la Terreur au Concordat*, auquel nous aurons à emprunter d'intéressantes indications de détail, laisse malheureusement à désirer au point de vue de la critique.

l'émigration, la déportation, la guillotine et l'apostasie, divisé, non seulement par le grand schisme constitutionnel de 1790, mais par les controverses successives qu'avait suscitées chaque nouveau serment de haine ou de fidélité, il était réduit à exercer son ministère sinon tout à fait en cachette, du moins avec une prudence confinant à la timidité : car au premier acte de zèle tant soit peu compromettant, le prêtre, même constitutionnel, même en règle avec les serments, risquait d'être frappé de déportation par un arrêté directorial et interné aux îles de Ré ou d'Oléron, en attendant son transfert en Guyane (1).

Parmi les nombreuses églises ou chapelles ouvertes au culte avant la Révolution, la plupart avaient été aliénées, démolies par la bande noire ou accommodées tant bien que mal à des usages profanes : Michelet a raconté comment il naquit en 1795 dans l'ancienne église des Dames de Saint-Chaumont, rue Saint-Denis, où s'était installée l'imprimerie de son père (2). Les désaffectations et les destructions avaient porté principalement sur les chapelles de couvents; en 1801, un publiciste en tirait argument contre toute possibilité de ressusciter les ordres religieux : « Ces bonnes gens retrouveraient des rues et des places au lieu de leurs monastères et de leurs églises (3). » Mais un bon nombre d'édifices paroissiaux, et non des moins vénérables ni des moins importants, avaient également disparu, soit qu'ils n'eussent point été conservés en 1790 dans l'organisation paroissiale de l'Église constitutionnelle, soit qu'ils eussent été mis en vente pendant la période de la Terreur. Des uns comme

(1) Cf. le recueil d'arrêtés publié par M. Victor Pierre sous le titre de *la Déportation ecclésiastique sous le Directoire.*
(2) *Ma jeunesse*, p. 14-18.
(3) *Six lettres à S. L. Mercier* (par Fortia de Piles), p. 277.

des autres, il ne restait souvent plus une pierre debout, et le souvenir même commençait à s'effacer (1).

La Convention, par un décret du 11 prairial an III, avait décidé que les églises non aliénées seraient mises à la disposition des citoyens qui en réclameraient l'usage pour l'exercice du culte. Mais l'article 3 du même décret spécifiait qu'à Paris le nombre de ces églises ne pourrait excéder douze, une par arrondissement, à désigner par le directoire de département (2), « eu égard à la centralité, à l'étendue et au meilleur état de conservation ». Le directoire se conforma à ces recommandations, dont l'inspiration valait mieux que la rédaction; il porta même à quinze, par un arrêté du 30 prairial an III, le nombre des églises rendues au culte, qui furent, dans l'ordre numérique des arrondissements, Saint-Philippe-du-Roule, Saint-Roch, Saint-Eustache, Saint-Germain-l'Auxerrois, Saint-Laurent, Saint-Nicolas-des-Champs, Saint-Merri, Sainte-Marguerite, Notre-Dame, Saint-Gervais, Saint-Thomas-d'Aquin, Saint-Sulpice, Saint-Jacques-du-Haut-Pas, Saint-Médard et Saint-Étienne-du-Mont.

Dépouillées pendant la Terreur des objets d'art qui les ornaient et même du vulgaire mobilier, chaises, lustres, etc., les églises furent naturellement concédées telles quelles, à charge pour les usagers de les réparer et de les entretenir. Comme la législation révolutionnaire prohibait, au même titre que l'exercice extérieur du culte, les emblèmes religieux apparents sur la voie publique, il demeura interdit, non seulement de sonner les cloches, mais de rétablir la croix au faîte des églises

(1) Mercier, *Nouveau Paris* (an VII-1799), t. V, p. 228.

(2) Ce rouage administratif, comparable à certains égards à notre commission départementale, exerçait les pouvoirs aujourd'hui attribués au préfet : la Constitution de l'an III allait le remplacer par l'*administration centrale* de département.

et les images des saints dans les niches des façades. Les statues qui peuplaient jadis le portail de Notre-Dame, heureusement préservées de la mise à l'encan par le dédain des « hommes d'art », gisaient pêle-mêle, derrière l'église, entassées « sous les plus sales immondices », sans qu'on eût le droit de les remettre à leur ancienne place (1). En revanche, il fallait arborer à l'intérieur des églises, au-dessus de la chaire, et parfois dans la main d'une des statues figurant les vertus théologales, un drapeau tricolore avec cette inscription : *Liberté des cultes* (2).

D'autres contacts s'imposaient, plus embarrassants et plus choquants. Le décret de la Convention avait réservé le droit pour les autorités de tenir dans les églises les réunions officielles; il avait également prévu le cas où des citoyens appartenant à des cultes différents réclameraient l'usage de la même église; la municipalité devait alors assigner à chaque groupe des heures différentes, et veiller au maintien de l'ordre. A Paris, cette double éventualité se présenta d'abord assez rarement. Les grandes *fêtes* du temps de la Convention, célébrées à intervalles assez éloignés, avaient surtout pour théâtre la voie publique, et les églises ne furent requises par l'autorité qu'à titre tout à fait exceptionnel. D'autre part, si la lutte fut vive et les compétitions ardentes, entre constitutionnels et insermentés, pour la possession de certaines églises, il y eut comme un accord tacite pour ne jamais juxtaposer, dans la même enceinte, deux cultes dont l'appareil extérieur et la liturgie étaient d'ailleurs identiques.

(1) MERCIER, *Nouveau Paris*, t. VI, p. 85-86.
(2) *Ibidem*, t. VI, p. 231.

La théophilanthropie, au contraire, du jour surtout où la protection de Larévellière-Lépeaux en fit, sinon la religion d'État du Directoire, du moins un culte recommandé ostensiblement et secrètement subventionné par le gouvernement, la théophilanthropie invoqua le décret de l'an III pour être admise dans les églises. On sait que, malgré la contradiction fondamentale des deux termes, c'était une tentative de culte de la religion naturelle : le dogme des théophilanthropes se réduisait à un vague déisme, et leur morale à l'éloge des vertus, prises au sens large selon lequel les philosophes du dix-huitième siècle les avaient prônées et pratiquées. Quant à la liturgie, elle comprenait, avec des discours sur la morale et sur l'étude philosophique de la nature, entendue à la manière de Bernardin de Saint-Pierre, avec le panégyrique des grands bienfaiteurs de l'humanité, l'offrande matérielle de fleurs et de fruits de la saison, sur un autel orné de feuillages. Les orateurs avaient la faculté de revêtir soit un habit bleu, soit une sorte d'aube blanche, avec une ceinture rose. Cet étalage de rhétorique déiste, d'amour plus ou moins factice de la vie champêtre, de cérémonial soi-disant agreste, eût été passablement fade, si les discours n'eussent été constamment émaillés d'attaques contre l'intolérance et la superstition, c'est-à-dire contre le catholicisme. La prétention des théophilanthropes était en effet de substituer leur culte aux anciennes religions mystiques. Il n'en était que plus pénible aux catholiques de partager la jouissance de leurs églises avec ceux qui se donnaient pour appelés à les détrôner.

Après le coup d'État de Fructidor, non seulement les théophilanthropes, forts de l'appui du gouvernement, se montrèrent plus exigeants, mais il fallut subir une autre sujétion. C'est l'époque où les pouvoirs publics, acharnés à la lutte contre le christianisme, portèrent leurs efforts sur le terrain du calendrier, en rendant légalement obligatoire le chômage du décadi. Pour rehausser le lustre de ce jour de repos et pour remplacer les anciens offices religieux du dimanche, la loi du 13 fructidor an VI, résultat de longues discussions, institua les *fêtes décadaires* : dans chaque canton, « au lieu destiné à la réunion des citoyens », les autorités municipales, en costume officiel, devaient donner lecture des lois et autres actes de l'autorité publique, puis procéder à la célébration des mariages, qui ne pouvait plus avoir lieu que ce jour-là. Les instituteurs, même privés, étaient tenus de conduire régulièrement leurs élèves à ces cérémonies, vraies parodies des offices religieux, et qu'un historien moderne a pu traiter de *culte décadaire* (1).

L'administration centrale de la Seine, désireuse d'entrer dans les vues du gouvernement, s'empressa, par un arrêté du 2e jour complémentaire an VI, d'assigner pour local aux fêtes décadaires les églises mêmes qui avaient été rendues au culte. Le décadi, il était interdit d'y faire aucune cérémonie religieuse depuis huit heures et demie du matin jusqu'à la fin de la fête officielle, et les emblèmes des cultes devaient être enlevés ou voilés (2). C'était, sans parler de la souffrance morale résultant d'une telle promiscuité, la presque impossibilité de célébrer les offices quand le décadi se rencontrait avec un dimanche ou une fête chômée, ce qui arrivait six ou huit fois par an.

Par un raffinement de zèle antireligieux, et sans doute aussi pour complaire aux théophilanthropes, l'administration centrale de la Seine, dans un second arrêté daté

(1) MATHIEZ, *La Théophilanthropie et le culte décadaire.*

(2) AULARD, *Paris pendant la réaction thermidorienne et sous le Directoire*, t. V, p. 137.

du 22 vendémiaire an VII, décida de débaptiser les quinze églises en question, devenues des *temples décadaires,* et d'inscrire sur leur façade la nouvelle appellation officielle. De longs considérants individuels, parfois ingénieux, plus souvent alambiqués et saugrenus (1), justifiaient, par des raisons locales (2), chacune de ces dénominations, renouvelées en général de l'antiquité, et dont il suffira de donner ici l'énumération.

Saint-Philippe du Roule..	Temple de la Concorde.
Saint-Roch..............	Temple du Génie.
Saint-Eustache...........	Temple de l'Agriculture.
Saint-Germain-l'Auxerrois	Temple de la Reconnaissance.
Saint-Laurent............	Temple de la Vieillesse.
Saint-Nicolas-des-Champs.	Temple de l'Hymen:
Saint-Merri..............	Temple du Commerce.
Sainte-Marguerite........	Temple de la Liberté et de l'Égalité.
Saint-Gervais............	Temple de la Jeunesse.
Notre-Dame..............	Temple de l'Être suprême.
Saint-Thomas d'Aquin....	Temple de la Paix.
Saint-Sulpice............	Temple de la Victoire (3).
Saint-Jacques-du-Haut-Pas	Temple de la Bienfaisance.
Saint-Médard............	Temple du Travail.
Saint-Etienne-du-Mont....	Temple de la Piété filiale.

Au culte décadaire, ainsi pourvu d'officiants et de temples, il ne manquait que des fidèles. Même à Paris, quoi qu'aient pu prétendre des fonctionnaires désireux de faire leur cour en haut lieu, après le premier mouvement de curiosité, l'indifférence fut complète, et l'hiver acheva de faire le vide dans les temples. L'administra-

(1) On les trouvera notamment dans le livre de M. GRENTE, *Le Culte catholique à Paris*, p. 107-109.

(2) Ainsi Saint-Roch devenait le temple du Génie à cause du tombeau de Corneille *et de Mme Deshoulières* (!); Saint-Eustache le temple de l'Agriculture à cause du voisinage des Halles, etc.

(3) C'est sans doute en raison de cette appellation que la nef de Saint-Sulpice abrita le fameux banquet du 15 brumaire an VIII, offert par les membres des deux conseils à Bonaparte et à Moreau; pendant le repas, on joua de l'orgue.

tion centrale de la Seine proposa assez habilement de prendre ce prétexte pour transférer les fêtes décadaires dans les locaux municipaux, où l'impression de froid et de solitude serait atténuée; mais le ministre de l'intérieur, François de Neufchâteau, était un fougueux apôtre de la religion civile, bien éloigné alors de prévoir que sept ans plus tard il haranguerait le pape au nom du Sénat impérial; il répliqua de son ton le plus rogue : « Autrefois les ministres des cultes célébraient dans le plus grand froid, et les cérémonies qu'ils appelaient les offices étaient fort longues... Il serait inconvenant que les magistrats républicains se montrassent plus difficiles que les christicoles, et l'abandon des temples décadaires donnerait occasion à nos ennemis de décrier les institutions républicaines (1). » Les fêtes continuèrent donc à se célébrer dans des conditions que le Premier Consul résumait humoristiquement par la suite, dans un entretien familier : « On avait imaginé de réunir les citoyens dans les églises pour geler de froid à entendre la lecture des lois, les lire et les étudier; ce n'est déjà pas trop amusant pour ceux qui doivent les exécuter (2). »

Sans se décourager, l'administration centrale de la Seine chercha à rehausser l'éclat et l'intérêt des cérémonies : par un arrêté du 18 nivôse an VII, elle en enrichit l'appareil liturgique, en ordonnant que les temples seraient ornés d'une estrade, de gradins, de bustes de grands hommes et d'un « autel de la Patrie »; le programme se corsa d'interrogations sur la Constitution, adressées aux

(1) La lettre de l'administration centrale est du 28 frimaire an VII, et la réponse ministérielle du 11 nivôse : F1c III, Seine, 23.

(2) Paroles citées dans les *Mémoires sur le Consulat* (par Thibaudeau), p. 84.

élèves des écoles, et d'exécutions chorales ou symphoniques. Mais, tandis que certaines municipalités s'épuisaient en vaines démarches auprès des directeurs de théâtres pour obtenir des musiciens (1), ailleurs l'orchestre contribuait volontairement à donner à la fête un caractère de dérisoire jovialité.

Avec les beaux jours en effet, l'assistance grossit quelque peu dans les temples décadaires; mais elle se composa surtout de mauvais plaisants, attirés par la célébration des mariages. Le physique et l'attitude des époux donnaient lieu à des réflexions gaillardes, qui s'échangeaient à voix haute, sans respect pour la majesté de la loi. Le « culte décadaire » tournait insensiblement à la mascarade d'opérette. Le récit suivant, adressé par un fonctionnaire au ministre de l'intérieur, donne l'idée du degré de laisser-aller auquel on en était arrivé dans l'été de 1799 :

« Citoyen ministre, je vous dénonce le public : il se comporta hier avec la dernière indécence.

« Au temple de la Paix (2), Xe arrondissement, pendant la célébration des mariages, il y (*sic*) régnait un bruit confus qui rendait inutiles toute lecture ou discours adressés au peuple. L'orchestre surtout contribuait au désordre par un choix d'airs propres à faire rire. Un noir se maria avec une blanche; on exécuta l'air d'*Azémia* :

L'ivoire avec l'ébène
Fait de jolis bijoux.
. . . .

« Aussitôt le temple retentit des cris de *Bis* et de *Bravo*

(1) Compte du Bureau central sur le mois de fructidor an VII (la municipalité visée est celle du VIe arrondissement) : SCHMIDT, *Tableaux de la Révolution française*, t. III, p. 453.
(2) Saint-Thomas-d'Aquin.

comme une salle de comédie. Une vieille femme épousa un homme plus jeune qu'elle; la musique joua cet air du *Prisonnier* :

> Vieille femme, jeune mari
> Feront toujours mauvais ménage.
> . . . .

« Les bruyantes acclamations redoublèrent, ainsi que la confusion des nouveaux époux.

« Cet abus, citoyen ministre, s'il n'était arrêté, pourrait rendre les mariages plus rares. Au moins de jeunes personnes ont assuré en ma présence qu'elles aimeraient mieux rester filles toute la vie que de donner ainsi la comédie au public au risque d'en être sifflées (1). »

Quand reparut l'hiver, le coup d'État de Brumaire avait eu lieu, et les fêtes décadaires perdirent les assistants qu'y attirait le désir de faire leur cour au Directoire. Un fonctionnaire quelque peu naïf écrivait : « Cette belle et utile institution semble anéantie. Sans les mariages et les familles qu'ils attirent, les temples seraient presque totalement déserts (2). »

Fréquentées ou non, les fêtes décadaires continuaient, ainsi que les réunions des théophilanthropes, à se célébrer dans les églises. Un historien optimiste a pu se complaire au tableau pittoresque des contrastes qu'offrait alors à Notre-Dame la réunion ou la succession de trois cultes différents (3). Ce qu'il a incomplètement indiqué,

(1) Haumont (employé au ministère de l'intérieur), au ministre de l'intérieur, 11 thermidor an VIII : F1c III, Seine, 23.

(2) Compte moral du commissaire central Garnier sur le mois de nivôse an VIII : SCHMIDT, *Tableaux de la Révolution française*, t. III, p. 482.

(3) AULARD, *Études et leçons sur la Révolution française*, t. II, p. 163-164.

c'est le sentiment de souffrance auquel était en proie l'âme des chrétiens, chaque fois que se renouvelait un contact qui leur apparaissait comme outrageant et sacrilège.

Les plus scrupuleux ou les plus intransigeants d'entre les catholiques romains, en possession de plusieurs des quinze églises, en vinrent à se demander si cette promiscuité était licite, et si le conseil archiépiscopal n'avait pas été trop loin en tolérant l'exercice du culte dans des églises ainsi profanées. La question se posa aussi de savoir si les fêtes décadaires ne constituaient pas un faux culte, et si des chrétiens pouvaient en conscience y faire enregistrer leur mariage civil. Des mémoires, des dénonciations peut-être, parvinrent jusqu'à la cour pontificale, et pour disculper le conseil dont il était l'âme, l'abbé Émery dut envoyer une longue lettre explicative au prélat Spina, le futur négociateur du Concordat, qui avait accompagné dans sa captivité en France le feu pape Pie VI (1). Il exposait que l'exercice du culte étant impossible hors des églises assignées, plutôt que de le laisser complètement anéantir, les vicaires généraux avaient cru pouvoir se résigner au partage, en s'autorisant de ce qui était admis au Saint-Sépulcre de Jérusalem et dans plusieurs localités d'Allemagne. Les inscriptions des façades avaient paru négligeables; là où les bustes de Voltaire et de Rousseau avaient été placés sur l'autel, le clergé avait reçu ordre de dresser un autel portatif pour le saint sacrifice. Quant aux mariages civils, une enquête soigneuse avait établi que leur célébration, même unie aux fêtes décadaires, ne constituait « rien que de civil », et n'entraînait de la

(1) Ce document, écrit au mois de septembre 1799, a été publié dans la *Vie de M. Émery* (par M. Gosselin), t. I, p. 439-442.

part des époux aucune participation à un faux culte.

Les vicaires généraux n'en étaient pas moins les premiers à se déclarer « désolés de ces profanations » et à désirer que les catholiques eussent des lieux de culte exclusivement à eux. Les chapelles et oratoires, assez multipliés dans les premiers temps du Directoire, avaient été fermés pendant la persécution fructidorienne. Si depuis lors on tolérait la réouverture de quelques-uns d'entre eux, c'était sous une surveillance minutieuse et vexatoire, et en limitant le nombre des assistants. Le lendemain même du coup d'État de Brumaire, le Bureau central trouvait le temps de dénoncer au gouvernement l' « oratoire Benoît », qui avait le triple tort d'être difficile à surveiller de la voie publique, d'attirer de nombreux fidèles, et d' « obtenir la préférence sur les temples voisins (1) ».

II

Parmi les triomphateurs de Brumaire, il en était plusieurs qui, comme terroristes ou comme fructidoriens, avaient antérieurement joué un rôle actif dans la persécution religieuse : les moins hostiles se renfermaient, à l'égard du catholicisme, dans une dédaigneuse indifférence. Aussi leur premier mouvement fut-il de protester contre toute idée de concession ou de retour en arrière. Dix jours à peine après le coup d'État, le Bureau central renouvelé déclarait « qu'il serait utile de déclarer aux

(1) Rapport du 19 brumaire an VIII : AULARD, *Paris sous le Consulat*, t. I, p. 1. Il s'agit de l'ancienne église Saint-Benoît, aujourd'hui disparue, située dans le XIe arrondissement, rue Saint-Jacques, derrière la Sorbonne.

prêtres catholiques que l'intention formelle des Consuls est de ne pas permettre que les ministres du culte abusent de leur influence pour arrêter la marche du gouvernement et le triomphe des principes républicains (1) ». Comme pour donner suite à cette recommandation, dès le surlendemain le ministre de l'intérieur Laplace écrivait aux administrations centrales et aux commissaires placés près d'elles : « Ne négligez aucune occasion de prouver à vos concitoyens que la superstition n'aura pas plus à s'applaudir que le royalisme des changements opérés le 18 brumaire (2). » Mais il est des situations plus fortes que les hommes; en dehors des dispositions personnelles de Bonaparte, qui ne devaient se dévoiler qu'après Marengo, son programme d'apaisement général comportait nécessairement la tolérance religieuse, ou du moins quelque atténuation du système de vexation établi par le Directoire.

La première mesure prise dans ce sens n'avait en apparence aucun intérêt pour les catholiques orthodoxes; par un arrêté du 8 frimaire an VIII, les Consuls provisoires révoquaient en bloc les arrêtés de déportation rendus contre les prêtres qui justifieraient soit d'avoir successivement prêté *tous* les serments exigés depuis le début de la Révolution, soit d'avoir contracté mariage, soit d'avoir renoncé à l'exercice de leur ministère antérieurement à la loi du 7 vendémiaire an IV. Ce texte semblait bien ne pouvoir profiter qu'aux jureurs endurcis et aux apostats. Mais ce fut un des traits du début du gouvernement consulaire de donner aux formules les plus restrictives des interprétations d'une largeur inattendue. L'arrêté du 8 frimaire servit de prétexte à la

(1) Rapport du 28 brumaire an VIII : *Ibidem*, t. I, p. 14.
(2) Circulaire du 30 brumaire.

mise en liberté d'un certain nombre de prêtres parfaitement unis à Rome, qui n'avaient ni prêté le premier serment à la constitution civile ni abdiqué leur état. Les uns, comme le vicaire général de Malaret (1), détenu au Temple depuis le printemps de 1798, étaient effectivement sous le coup d'arrêtés de déportation qui furent considérés comme rapportés; d'autres, comme les « chefs de culte » de Saint-Jacques-du-Haut-Pas et de Saint-Nicolas-du-Chardonnet, emprisonnés naguère par mesure de haute police, étaient purement et simplement rendus à la liberté (2).

Les trois arrêtés consulaires du 7 nivôse an VIII (28 décembre 1799) eurent une portée et un retentissement bien plus considérables encore. Le premier, qui n'eut pas d'application à Paris, donnait tort aux municipalités qui avaient interdit l'ouverture des églises en dehors du décadi. Le second remettait *toutes* les églises non aliénées, sans autre restriction, à la disposition « des citoyens des communes qui en étaient en possession au premier jour de l'an II » (septembre 1793). Le troisième, sur lequel nous aurons à revenir, supprimait implicitement les anciens serments de haine ou d'attachement, en imposant simplement aux ministres des cultes, comme aux instituteurs et à tous les fonctionnaires, la *promesse* de fidélité à la Constitution.

Dans les divers quartiers de Paris, on mit un joyeux empressement à réclamer l'usage des églises ainsi concédées. Si les municipalités d'arrondissement, encore organisées conformément à la Constitution de l'an III et imbues de l'esprit directoral, accueillirent souvent avec mauvaise grâce les demandes qu'on leur adressait, le

(1) Victor PIERRE, *La déportation ecclésiastique*, p. 278.
(2) GRENTE, *Le culte catholique à Paris*, p. 132.

Bureau central, en vertu d'ordres supérieurs, leva systématiquement toutes les difficultés (1). Les fêtes du Jour de l'An, coïncidant avec les mesures libératrices, donnèrent lieu à de véritables démonstrations d'enthousiasme ; les bureaux de Fouché étaient obligés d'en faire l'aveu, et même la description : « L'affluence a été considérable ces jours-ci à la porte des églises. Un grand nombre de celles qui avaient été fermées ont été rouvertes, à la satisfaction d'une foule de personnes de tout sexe, qui se la témoignaient (2) par les démonstrations les plus vives. Plusieurs se serraient la main et s'embrassaient (3). »

La liste est assez longue en effet des églises ou chapelles qui furent rendues au culte dans les premières semaines de 1800 : Saint-Pierre-de-Chaillot, les Capucins de la Chaussée d'Antin, la Conception, les Filles Saint-Thomas, Notre-Dame-de-Bonne-Nouvelle, les Blancs-Manteaux, les Minimes, l'oratoire de la Sainte-Vierge, Sainte-Valère, l'Instruction chrétienne, l'oratoire du Saint-Esprit, la Salpêtrière (4). Il convient de joindre à cette énumération Saint-Laurent et Saint-Thomas d'Aquin ; bien que ces deux églises fussent au nombre des quinze édifices officiellement affectés à l'exercice du culte, l'usage en avait été retiré aux catholiques par les agents du Directoire, sous prétexte que les membres du clergé n'avaient pas prêté les serments légaux.

(1) Rapport d'un agent royaliste, en date du 4 janvier 1800, cité d'après les archives de Chantilly par M. VANDAL, *Avènement de Bonaparte*, t. I, p. 562, note.

(2) Et non « qui se témoignait », comme le porte l'édition de M. Aulard.

(3) Tableau de la situation de Paris, 13 nivôse (3 janvier) : AULARD, *Paris sous le Consulat*, t. I, p. 77. M. Vandal, en citant ce document (*loco citato*), l'a attribué par erreur au Bureau central.

(4) GRENTE, *Le Culte catholique à Paris*, p. 138-141.

Quelque peu étonnés, sinon inquiets, de la recrudescence de la vie religieuse ainsi manifestée, les agents du gouvernement, après avoir soigneusement recensé la liste des oratoires ouverts en vertu de l'arrêté consulaire (1), s'appliquèrent à en prédire le prochain abandon. Tout en rendant hommage à l'attitude soumise des prêtres catholiques, le commissaire central Garnier s'étendait sur les prétendues déceptions de beaucoup d'entre eux; d'après lui, trouvant l'affluence des fidèles et la rémunération de leur ministère très inférieures à ce qu'ils attendaient, ils auraient été pris de découragement (2). Les faits se chargèrent de donner un démenti à ces appréciations pessimistes, puisque dans la suite de l'année 1800 de nouveaux édifices furent encore rendus au culte : Notre-Dame-de-Lorette, Notre-Dame de Popincourt, les Quinze-Vingts, les Carmes.

III

La politique tolérante du Premier Consul présageait le déclin de cette religion civile par laquelle on avait artificiellement prétendu remplacer le christianisme, et à laquelle la contrainte gouvernementale avait seule pu donner quelque apparence de vie. Mais en cette matière surtout Bonaparte était attentif à graduer les transitions et à ménager les préjugés. Un arrêté du 2 pluviôse spécifia que les « cérémonies décadaires » continueraient à avoir lieu dans les églises, aux heures fixées par les

(1) Tableau de la situation de Paris, 15 pluviôse (4 février : AF. IV, 1535.

(2) Compte moral sur le mois de pluviôse an VIII : SCHMIDT, *Tableaux de la Révolution française*, t. III, p. 488.

autorités locales. L'insupportable cohabitation demeura donc imposée aux répugnances des catholiques, malgré des protestations significatives, comme celle de cet individu qui à Saint-Eustache brisa les bustes de Rousseau et de Guillaume Tell placés au-dessus du « banc destiné aux officiers municipaux pour les cérémonies de l'état civil » (sans doute le banc d'œuvre) (1).

Officiellement conservées, les fêtes décadaires furent en fait de moins en moins fréquentées, de plus en plus écourtées et étriquées. On laissa d'abord disparaître les interrogations aux écoliers et les intermèdes musicaux; puis on permit aux journaux de critiquer la disposition qui restreignait aux fêtes décadaires la célébration des mariages (2), et un arrêté du 7 thermidor supprima implicitement cette restriction embarrassante à tous les points de vue.

Privées de ce dernier attrait, peu suivies même par les autorités, les cérémonies décadaires déclinèrent insensiblement. La revue qui servait d'organe à leurs promoteurs convenait indirectement de l'indifférence générale et du mauvais vouloir gouvernemental; l'affluence aux spectacles gratuits, la veille de la fête du 1er vendémiaire an IX, lui inspirait cette aigre réflexion : « L'influence routinière des mesquines cérémonies du dimanche ne tiendrait pas longtemps contre l'institution des fêtes décadaires, si on voulait essayer de les remplir par quelques aliments pour la curiosité publique (3). » L'appel de *la Décade philosophique* demeura sans écho : si le culte civil subsista en principe jusqu'à la promulgation

(1) Rapport du Bureau central, 24 pluviôse : AULARD, *Paris sous le Consulat*, t. I, p. 150.

(2) Cf. un article incisif de la *Gazette de France*, 6 floréal an VIII : *Ibidem*, t. I, p. 293.

(3) *Décade*, an IX, t. I, p. 111.

du Concordat, à Paris aucun document n'en fait plus mention à partir de l'automne de 1800.

Ce culte décadaire se composait de deux éléments distincts, comme celui auquel il avait l'ambition de se substituer : si l'assistance aux cérémonies avait été sous le Directoire chaudement recommandée, le chômage était légalement obligatoire. Sur ce point, les témoins les moins suspects s'accordent à constater à Paris un échec à peu près complet. Pour nous en tenir à l'année 1798, qui marque l'apogée de la campagne antireligieuse du gouvernement directorial, un touriste allemand très hostile au catholicisme déclare que le décadi « n'est proprement célébré que par les officiers municipaux et les membres du gouvernement (1) ». Un homme politique qui ne dissimule point son scepticisme, Stanislas Girardin, dit à propos des visites et des cadeaux du Jour de l'An : « Le calendrier républicain est le seul légal, le grégorien le seul suivi (2). » Mercier enfin est le moins décourageant, qui prétend que « le peuple chôme doublement, tous les dimanches et toutes les décades (3) ».

Dans ces conditions, il n'est point étonnant que la prochaine suppression du décadi, ou tout au moins du chômage obligatoire, ait été espérée et annoncée dans les milieux populaires lors de la chute du Directoire. Le mouvement fut si accentué, qu'il provoqua à plusieurs reprises les protestations des agents du pouvoir, très attachés aux institutions révolutionnaires et très en garde contre tout retour au « fanatisme ». Le Bureau central, quelques jours après le coup d'État, prit soin de faire

(1) *Voyage d'un Allemand à Paris*, p. 174.
(2) *Journal et Souvenirs*, t. I, p. 141.
(3) *Nouveau Paris*, t. III, p. 154.

placarder un avis officiel pour démentir les bruits répandus par « les ennemis de l'ordre et de la tranquillité publique (1) »; un peu plus tard, il poussa la minutie tracassière jusqu'à inviter le clergé de Saint-Merri (temple du Commerce) à faire disparaître, *dans l'intérieur de l'église*, des annonces d'offices mentionnant les jours et les mois de l'ancien calendrier (2). Le *Journal des hommes libres* eut licence de tonner contre les fonctionnaires assez faibles pour fêter la date rétrograde du Jour de l'An (3). Le commissaire central Garnier, tout en constatant que le décadi était mal observé, principalement dans les cantons ruraux, ajoutait avec assurance : « Cette belle institution ne s'effacera qu'autant que le gouvernement voudrait l'abroger, et il ne le veut pas (4). »

Ce personnage, devenu préfet d'un département belge, dut être moins affirmatif quand il eut connaissance des deux arrêtés consulaires du 7 thermidor an VIII (26 juillet 1800) : l'un, mentionné plus haut, permettait de célébrer les mariages un autre jour que le décadi; l'autre, au nom de la liberté des cultes, statuait que le repos du décadi n'était désormais obligatoire que pour les fonctionnaires publics. Comme l'a dit un historien, « c'était assurer le triomphe du dimanche (5) ».

(1) Aulard, *Paris sous le Consulat*, t. I, p. 26, note.

(2) Rapport d'ensemble sur le mois de pluviôse an VIII : *Ibidem*, t. I, p. 161.

(3) Numéro du 12 nivôse (2 janvier) : *Ibidem*, t. I, p. 76. Il est vrai que le 15 nivôse le *Messager des relations extérieures* réclamait le retour au calendrier grégorien (*Ibidem*, t. I, p. 81).

(4) Rapport d'ensemble sur le mois de pluviôse an VIII : F1c III, Seine, 20.

(5) Thiers, *Histoire du Consulat et de l'Empire*, t. II, p. 166.

A Paris, s'il faut en croire les rapports des policiers et les racontars des gazetiers (1), ce triomphe se dessina progressivement et donna lieu à d'abondants commentaires. Le 8 thermidor, lendemain de l'arrêté, se trouvait être un dimanche : dès ce jour-là, nombre de boutiques furent fermées, et on remarqua dans les églises une notable augmentation d'affluence : le 10, premier décadi après l'arrêté, la moitié environ des magasins se fermèrent dans le centre de la ville, et la presque unanimité dans les faubourgs, qui étaient plus attachés aux institutions révolutionnaires ou plus intimidés par la menace d'une réaction terroriste. Dans les semaines suivantes, il y eut des prudents, qui fermèrent tantôt le dimanche et tantôt le décadi, pour ménager tout le monde; des timides, qui se réglèrent sur l'exemple de leurs voisins: des sceptiques, qui laissèrent leurs magasins ouverts les deux jours dans la matinée, et les fermèrent à midi, pour aller passer à la campagne les belles soirées d'été. Par zèle religieux ou par esprit de coterie mondaine, quelques jeunes gens se livrèrent à une propagande aussi bruyante qu'intempestive, faisant des réflexions hostiles devant les boutiques fermées le décadi, ou criant en plein Palais-Royal : « Fermez vos boutiques, c'est dimanche. » En dépit de ces maladresses, et de l'évidente mauvaise humeur des hauts fonctionnaires, le chômage du dimanche rentra rapidement dans les mœurs : dès le 25 fructidor-12 septembre, une pièce de circonstance jouée au Vaudeville en donnait la preuve (2); sous prétexte de célébrer l'arrêté consulaire sur la liberté du chômage, l'auteur ou les auteurs décochaient des traits plus ou moins acérés non seulement contre le ridi-

(1) Aulard, *Paris sous le Consulat*, t. I, p. 552, 556, 578, 586-587, 597, 609.

(2) Le titre en était *Un seul violon pour tout le monde.*

cule *calendrier rural*, tombé depuis longtemps en désuétude, mais contre le décadi.

Le mouvement ne fit que s'accentuer jusqu'à la publication du Concordat. Le 1er janvier 1802, en dehors du monde officiel et des administrations publiques, offrit tout l'aspect d'un jour de fête : magasins clos, foule endimanchée dans les rues, échanges de visites, de vœux et de cadeaux (1). Les faubourgs eux-mêmes, tout d'abord réfractaires, avaient cédé à la contagion : « Hier, quoique jour de décadi, les cabarets et les guinguettes des faubourgs n'ont pas été plus fréquentés que les jours ouvrables (2)... Le dimanche est à présent le seul jour chômé par l'universalité des citoyens, à l'exception des fonctionnaires publics et des employés (3). » Des malveillants ou des gens d'une ardeur peu éclairée allaient jusqu'à annoncer dans les groupes, d'un ton mystérieusement affirmatif, que le régime de la liberté n'aurait qu'un temps et que bientôt le chômage du dimanche serait légalement obligatoire (4).

Nous avons mentionné, et nous aurons à signaler encore, l'ostensible mauvaise grâce que mettaient la plupart des fonctionnaires à seconder les mesures de tolérance religieuse dues à l'initiative du Premier Consul. Ils en donnèrent la preuve dans cette question du décadi. L'arrêté du 7 thermidor, spécifiant que le décadi demeurerait jour férié pour « les autorités constituées et les fonctionnaires publics », semblait bien s'appliquer aux écoles publiques, mais à elles seulement. Après un

(1) Rapport du préfet de police, 11 nivôse an X : F7, 3830.
(2) Rapport du même, 11 pluviôse an X-31 janvier 1802 : *Ibidem*.
(3) Rapport du même, 30 pluviôse : *Ibidem*.
(4) Rapport du même, 19 pluviôse : *Ibidem*. On sait que Napoléon empereur refusa de signer le décret établissant ce chômage obligatoire du dimanche.

mois de réflexions, le ministre de l'intérieur, par une circulaire du 8 fructidor an VIII, s'avisa d'étendre cette application « aux chefs des pensionnats, aux maîtres d'écoles particulières et à toutes les institutrices ». Pareille interprétation était aussi attentatoire à la liberté que contraire au texte de l'arrêté consulaire : mais elle ne s'accordait que trop avec les idées dominantes en matière d'éducation, comme venait de le montrer l'affaire du collège de Navarre (1). Frochot s'empressa d'en donner connaissance au « président du jury des écoles primaires », sorte de directeur départemental de l'enseignement, en l'incitant à surveiller les instituteurs libres : « Je vous charge de les prévenir qu'ils ne doivent *férier* que les *décadis* et les *quintidis*, et de tenir la main à ce qu'ils ouvrent leurs classes les autres jours, sous les peines portées par la loi du 17 thermidor an VI (2). » Cette évocation de la vexatoire législation du Directoire, à l'heure où toutes les professions recouvraient la liberté de choisir leur jour de chômage, fit l'effet d'un anachronisme, et ne fut généralement pas prise au sérieux ; dans plusieurs quartiers, les placards qui reproduisaient la lettre de Frochot furent arrachés (3) ; on s'accorda surtout, notamment dans le Marais et le faubourg Saint-Antoine, à n'en point tenir compte et à donner congé aux enfants le dimanche (4).

(1) Il en sera question un peu plus loin.

(2) 14 fructidor an VIII : AULARD, *Paris sous le Consulat*, t. I, p. 631.

(3) Tableau de la situation de Paris, 19 fructidor : *Ibidem*, t. I, p. 639.

(4) *Idem*, 7 vendémiaire an IX : *Ibidem*, t. I, p. 681.

IV

Deux groupements, revendiquant tous deux le nom et la qualité de catholiques, profitaient presque exclusivement de la liberté relative rendue à l'exercice du culte. Il convient de parler d'abord du plus nombreux et du plus vivant, de celui qui était resté en communion avec le Saint-Siège : ce motif ferait aujourd'hui donner à ses fidèles la qualification de catholiques *romains;* mais les prétentions gallicanes étaient alors trop fortes pour tolérer pareille épithète; au lieu du nom du pape, on mettait en avant celui de l'archevêque légitime, Antoine-Éléonore-Léon Leclerc de Juigné, qui vivait retiré en Allemagne depuis le début de la Révolution.

Le prélat avait délégué ses pouvoirs à un conseil dont les membres, en frisant plus d'une fois l'échafaud ou la déportation, en subissant des incarcérations répétées, avaient pourtant réussi à ne pas quitter Paris et à exercer sur les débris du clergé de la capitale une action très suivie, très efficace, rayonnant même dans le reste de la France. A la fin de 1799, ce conseil se composait d'abord de deux anciens vicaires généraux. les abbés de Dampierre et de Malaret, hommes de vertu et d'expérience; mais dès 1792 (1), voyant la situation s'aggraver, l'archevêque leur avait adjoint un collègue dont l'influence, toute de persuasion et de modestie. n'avait pas tardé à devenir prépondérante; c'était le célèbre Jacques-André Émery, supérieur général de la Compagnie de Saint-Sulpice (2).

(1) *Vie de M. Émery*, t. I, p. 305.

(2) La *Vie de M. Émery,* publiée sans nom d'auteur, a été

Sur le rôle capital et l'exceptionnelle valeur de celui qui reçoit encore communément, au bout d'un siècle, la traditionnelle appellation sulpicienne de *Monsieur* Émery, l'histoire est d'accord avec les contemporains. Au lendemain de sa mort, son plus intime ami, l'ancien évêque d'Alais, le futur cardinal de Bausset, faisait de lui ce magnifique éloge : « J'ai toujours présente à l'esprit la mémoire de cet homme vénérable, auquel je ne puis comparer aucun autre, parce que je n'en ai jamais connu qui réunît à un degré aussi éminent toutes les qualités qui font aimer la religion, toutes les vertus qui la font respecter, et toutes les lumières qui en défendent l'autorité et qui en assurent l'empire (1). » On sait, et la suite de ces études nous amènera à le redire, comment Émery fut le seul dont Napoléon consentit quelquefois à supporter la contradiction en matière religieuse (2). De nos jours enfin, l'historien autorisé du clergé d'autrefois a pu parler de « l'hégémonie ecclésiastique » exercée par l'humble supérieur de Saint-Sulpice pendant la crise révolutionnaire (3).

L'abbé Émery n'était ni un grand orateur ni un écrivain de premier ordre : sa science théologique elle-même, quoique très étendue, ne dépassait peut-être point celle

écrite par M. Gosselin d'après des documents réunis par un autre sulpicien, M. Faillon. Ces documents, que le biographe n'a point utilisés en entier, forment au séminaire Saint-Sulpice une collection des plus intéressantes ; nous en citerons des fragments inédits sous la rubrique de *Papiers Émery*.

(1) A l'abbé de Courtade, 9 mai 1811 : *Papiers Émery*.

(2) En 1841, dans son discours de réception à l'Académie française, le comte Molé a rapporté ce mot de Napoléon sur l'abbé Émery : « Voilà la première fois que je rencontre un homme doué d'un véritable pouvoir sur les hommes, et auquel je ne demande aucun compte de l'usage qu'il en fera. » La dernière partie de la phrase manque assurément de sincérité ou d'authenticité.

(3) Abbé SICARD, *Ancien clergé de France*, t. III, p. 550.

de tel évêque émigré, comme Asseline. Le secret de l'extraordinaire ascendant exercé par lui sur ses confrères résidait dans sa haute vertu d'abord, puis dans sa sagesse et dans son désintéressement. Élevé dans les doctrines de gallicanisme mitigé et de loyalisme monarchique qui dominaient dans le clergé de la fin du dix-huitième siècle, à Saint-Sulpice en particulier, Émery, en présence du bouleversement politique et religieux, avait eu une intuition qui nous paraît toute simple aujourd'hui, mais qui nécessitait alors autant de sûreté que d'indépendance d'esprit, à savoir que l'essence du dogme demeurant intangible, le séculaire apostolat de l'Église, devait, comme jadis au temps des invasions barbares, se poursuivre dans des conditions nouvelles. C'est cette conception qui lui valut tant d'attaques et qui fait l'originalité de son rôle historique.

Étroitement unis entre eux, munis de pouvoirs très larges, les membres du conseil diocésain avaient été amenés par la nécessité à en étendre encore la portée. Un jour que le prélat italien Spina leur avait rappelé à mots couverts la nécessité d'en référer à l'archevêque avant de prendre les décisions importantes, Émery ripostait avec une pointe d'impatience : « Il n'est pas toujours possible de consulter à temps la personne dont vous parlez. La distance et souvent l'ignorance des lieux où elle se trouve, quelquefois la difficulté des chemins, font que les lettres et les réponses, ou ne parviennent pas du tout ou ne parviennent pas assez tôt, et cependant il faut se décider et prendre un parti (1). » Ce que le respect ou la prudence l'empêchaient d'ajouter, c'est que Juigné, naturellement timide et hésitant, cédant à

(1) Sans date (en réponse à une lettre du 8 octobre 1799) : *Papiers Émery.*

l'ambiance de son entourage d'émigrés, était souvent disposé à voir les choses d'un autre œil que ses vicaires généraux demeurés sur les lieux : ceux-ci, dominés par leur désir de pourvoir aux besoins religieux de tout un peuple, pénétrés d'ailleurs des doctrines traditionnelles de l'Église sur l'acceptation des pouvoirs de fait, étaient enclins à pousser les concessions aussi loin que possible; l'archevêque, sans partager l'intransigeance de ses collègues fixés en Angleterre, ne déguisait ni sa fidélité royaliste, ni sa répugnance à porter atteinte à ce qu'il considérait comme des principes.

Cette dissonance (car le mot de désaccord serait trop gros) se manifesta dès le début du Consulat, à propos de la promesse de fidélité à la Constitution exigée des ministres du culte par l'arrêté du 7 nivôse an VIII (28 décembre 1799). Précédemment, à grand renfort d'arguments théologiques et de considérations pratiques, le conseil archiépiscopal avait cru pouvoir autoriser le serment d'adhésion à la souveraineté nationale, le serment même de haine à la royauté et à l'anarchie, en alléguant qu'il ne s'agissait là que de la constatation d'opinions politiques prédominantes. Point n'était besoin de tant de subtilité pour accepter l'obligation beaucoup moins embarrassante imposée par le gouvernement consulaire. Le conseil archiépiscopal fut unanime à se prononcer dans ce sens, et le clergé obéit sans hésitation : « La promesse de fidélité », écrivait Émery au bout d'un mois, « n'a point fait ici de difficulté (1) ».

Il faut dire que l'autorité civile contribua à ce résultat par un ensemble de démarches délicatement prévenantes,

(1) A l'abbé de Romeuf, 31 janvier 1800 : *Vie de M. Émery*, t. II, p. 9.

tout opposées à la façon d'agir des gouvernements révolutionnaires, très différentes même de ce que devait être l'attitude d'ensemble du régime napoléonien. Trois jours après la promulgation de l'arrêté (10 nivôse), le *Moniteur* insérait une véritable consultation, due sans doute à la plume de quelque canoniste honoraire, et destinée à dissiper les scrupules qu'aurait pu susciter la promesse de fidélité : on y expliquait doctement qu'il s'agissait d'un engagement purement civil, et non d' « une promesse faite à Dieu » ; qu'on demandait aux prêtres une soumission passive, et non une action directe et positive en faveur d'un régime constitutionnel quelconque. Cette publication était déjà significative : plusieurs hauts personnages en augmentèrent la valeur par des commentaires officieux, destinés à être mis sous les yeux des chefs du clergé catholique ; on se communiquait ainsi une lettre de Champagny, attestant que l'article du *Moniteur* résumait la délibération du conseil d'État, où « on avait soigneusement cherché tout ce qui pouvait prévenir les scrupules de la conscience la plus timorée (1) » ; Boulay de la Meurthe, l'ancien rapporteur des lois de persécution de fructidor, écrivait de son côté pour garantir le caractère officiel du *Moniteur* et en particulier de l'article en question (2) ; enfin l'abbé Bernier reproduisait une conversation du Premier Consul, déclarant que l'article avait toute la portée d'une déclaration gouvernementale (3).

Il y avait là, semblait-il, de quoi lever toutes les hésitations de Juigné, qui d'Augsbourg écrivit d'abord :

(1) Lettre du 28 février 1800, « copiée sur l'original » dans une lettre d'Émery à Bausset, du 28 mars : *Papiers Émery*.

(2) Lettre du 28 nivôse (18 janvier), citée textuellement dans la même lettre d'Émery : *Ibidem*.

(3) Lettre de Bernier au sulpicien Duclaux, reproduite dans une lettre d'Émery à Bausset, du mois d'avril : *Ibidem*.

« Je pense que la formule en elle-même n'est pas licite, mais si par une explication ou expresse ou avouée par le gouvernement, elle est réduite à une soumission passive, je l'approuve (1). » Néanmoins, le prélat se laissa intimider par les clameurs des intransigeants, faisant valoir avec indignation que dans la Constitution à laquelle il s'agissait de promettre fidélité, deux articles consacraient l'irrévocabilité de la proscription des émigrés et de l'aliénation des biens ecclésiastiques. Derrière cette objection de principe ou de prétexte se dissimulait le plan arrêté de refuser non seulement tout concours, mais toute soumission à un autre pouvoir que la royauté légitime; c'est ce que discernait à merveille l'abbé Émery : « Il est inutile de raisonner, parce qu'il y a dans certaines personnes qui donnent le ton un parti pris de n'accéder à aucune espèce d'acte de soumission au gouvernement. On imagine par là ramener l'ancien gouvernement; on se trompe, et on sacrifie à des illusions la religion (2). » Ces « personnes qui donnent le ton », c'étaient à Paris des exaltés comme l'abbé Aimé Guillon, dont la revue périodique, la *Politique chrétienne*, ne tarda point à être supprimée par la police. C'étaient surtout, hors de France, les prélats demeurés attachés à la monarchie; l'un d'eux, qui allait pourtant envoyer bientôt à Pie VII sa démission d'évêque de Dax, Le Quien de la Neufville, retiré en Espagne, faisait circuler un écrit où il dénonçait « un prétendu conseil de Paris, présidé par le sieur Émery, ce personnage si fameux par l'apologie du serment de liberté, de la soumission absolue aux lois et de la haine de la royauté (3) ».

(1) A Émery, sans date : *Ibidem*.

(2) A l'abbé de Romeuf, 31 janvier 1800 : *Vie de M. Émery*, t. II, p. 12.

(3) Cité dans une lettre d'Émery à Bausset, du 9 *mars* 1800

De Rome ou de son évêché de Montefiascone, le cardinal Maury, dont le fanatisme impérialiste devait dix ans plus tard attrister les derniers moments de l'abbé Émery, le cardinal Maury, alors représentant et confident de Louis XVIII, multipliait les démarches contre la promesse, assurait qu'elle était condamnée en haut lieu, se donnait imperturbablement pour l'interprète des dispositions intimes des congrégations cardinalices et du Saint-Père lui-même. Il s'est toujours trouvé à Rome des gens qui ont eu le front ou l'effronterie de prendre ce rôle : le nouveau était qu'il fût tenu par un cardinal.

De tout ce bruit il résulta qu'à Augsbourg l'archevêque de Paris retomba dans ses perplexités. Sans désavouer ses vicaires généraux qui conseillaient ouvertement la signature de la promesse, il laissa dire, il dit peut-être lui-même que la démarche lui paraissait illicite. Cette contradiction produisit une grande confusion dans les esprits, et n'augmenta point le prestige du prélat. « Toute la France », écrivait Émery, « est imbue du bruit de son opposition à la *promesse*. Et cela est déshonorant pour lui et pour nous : pour nous qui faisons profession de ne tenir aucun compte de lui; pour lui qui malgré cela nous continue tous ses pouvoirs (1). » Le rêve des *ultras* eût été en effet que Juigné destituât ses grands vicaires; Maury le reprenait durement de son manque d'énergie : « M. l'archevêque de Paris fait de son côté un mal incalculable par la faiblesse avec laquelle il tolère les égarements de son conseil, ivre de presbytérianisme et de démocratie, ouvertement révolté contre le corps épiscopal et honteusement prostitué à

(cette lettre a été publiée sous la fausse date du 9 *mai* dans la *Vie de M. Émery*, t. II, p. 13).

(1) A Bausset, 22 juin 1800 : *Papiers Émery*.

tous les serments qu'on lui a proposés (1). » Politique autant pour le moins que théologique, la querelle occupa les laïques comme les ecclésiastiques : si, par ordre du gouvernement, les journaux français durent se contenter de reproduire la note du *Moniteur,* les revues publiées à l'étranger dans notre langue entrèrent dans de plus amples détails, et prirent parti dans le débat. Lally-Tollendal intervint pour défendre Émery et ses collègues; dans le style solennel qui lui était habituel, l'ancien constituant établit fermement que la conduite des grands vicaires était conforme à la tradition constante de l'Église : « Ils ne se croient permis ni de maudire ni de repousser la main qui n'a pas renversé le Trône, et qui relève l'Autel. En un mot, ils voient dans Dieu le distributeur des empires, et non le serviteur des puissances; dans la religion, la fin de l'homme, la règle, et non l'instrument de ses affections (2). »

Sous cette agitation quelque peu superficielle, le culte catholique se réorganisait à Paris et le personnel ecclésiastique se reconstituait. Détenus, déportés ou proscrits, les prêtres réapparaissaient peu à peu et reprenaient leur ministère.

Un des premiers qu'on revit fut l'évêque de Saint-Papoul, Jean-Baptiste-Marie de Maillé la Tour-Landry. Un an après son retour, à l'été de 1801, un policier, rendant compte d'un sermon de confirmation, écrivait sur le mode ironique : « Ces messieurs ont assez l'habitude de flagorner Mgr de Saint-Papoul chaque fois qu'il assiste à un sermon (3). » Les « flagorneries » se perpé-

(1) A d'Avaray, 15 février 1801 : RICARD, *Correspondance du cardinal Maury*, t. II, p. 94.
(2) Lettre au rédacteur du *Courrier de Londres* (1801).
(3) Rapport du préfet de police, 14 prairial an IX : F7, 3829.

tuèrent jusqu'à une époque où elles ne pouvaient être attribuées à un mobile intéressé, car lorsque le prélat mourut en 1804, évêque concordataire de Rennes, les curés de la capitale annoncèrent un service à Saint-Eustache pour « ce respectable pontife, qui, pendant les temps les plus désastreux pour la religion, a rendu avec un zèle héroïque les plus éminents services au diocèse de Paris (1) ». Héroïsme à part, un tel langage était justifié (2). Titulaire depuis 1784 du petit évêché languedocien de Saint-Papoul (3), supprimé par la constitution civile, au lieu d'émigrer, Maillé était venu se fixer à Paris : avec autant de tact que de délicatesse, sans jamais empiéter sur les attributions des vicaires généraux, il s'était mis à leur disposition pour les *fonctions* proprement épiscopales, confirmant des adolescents ou ordonnant des prêtres pendant que sa famille était décimée par la guillotine. Épargné par la Terreur, le Directoire l'avait frappé d'un arrêté de déportation comme « chef des fanatiques », et en attendant d'être embarqué pour la Guyane, il avait été interné à l'île de Ré, où les prêtres, ses compagnons de captivité, s'étaient tout naturellement groupés autour de lui. Appelé à bénéficier de l'arrêté de frimaire, il fut de retour à Paris dès les derniers jours de 1799, signa la promesse de fidélité comme il avait prêté les serments exigés par la Convention ou le Directoire, et recommença son ministère d'ordinations et de confirmations, plus ostensiblement encore que par le passé. Il avait noué ou renoué

(1) Journaux; le service fut célébré le 12 décembre 1804.

(2) Cf. Victor Pierre, *la Terreur sous le Directoire*, p. 194-199 et 349-350.

(3) On connait le dicton qui courait dans les milieux ecclésiastiques de l'ancien régime :

Beati qui habitant urbes,
Praeter Saint-Papoul et Lombez.

avec plusieurs membres du haut personnel gouvernemental, conseillers d'État, législateurs ou tribuns, des relations qui scandalisaient fort les scribes de la préfecture de police ; un rapport l'accusait d'aller *même* dire la messe chez eux, quand ils étaient « incommodés (1) ».

Un autre prélat qui n'avait point émigré, Roquelaure, évêque de Senlis, tout en se donnant principalement à son diocèse, profitait de la proximité pour venir de temps à autre présider des cérémonies à Paris. Plus tard, à mesure que s'avancèrent les négociations du Concordat, des évêques émigrés séjournèrent ou passèrent dans la capitale : plusieurs d'entre eux, s'il faut en croire l'abbé Émery, avaient songé à revenir dès le printemps de 1800, et s'étaient laissé arrêter par la crainte des objurgations du parti *ultra* : « Malheur à celui qui rentrera le premier : toute la troupe des *zelanti* du dehors fondra sur lui (2) ! »

Parmi les curés, on remarqua la rentrée de l'abbé Maynaud de Pancemont, qui avait eu une attitude intrépide comme curé de Saint-Sulpice, lors de la constitution civile, et qui, évêque de Vannes au Concordat, devait pousser la complaisance envers Napoléon jusqu'à accepter des besognes policières. Demeuré pendant la Révolution à la disposition de ses paroissiens, il s'était seulement, au plus fort de la Terreur, retiré dans le village de Croissy, où il voisinait avec la future impératrice Joséphine et le futur chancelier Pasquier (3). Comme Maillé, il avait eu davantage à se plaindre du Directoire, et n'avait pu après Fructidor échapper à la déportation qu'en franchissant la frontière suisse. Il revint

(1) Rapport du préfet de police, 4 messidor an IX : F7, 3829.

(2) Émery à Bausset, 28 mars 1800 : *Papiers Émery* (Bausset, réduit par la goutte à une impotence prématurée, vivait à la campagne, confiné dans les travaux de cabinet).

(3) Pasquier, *Mémoires*, t. I, p. 117.

en février 1800, demeura d'abord à quelque distance de Paris, puis fut officiellement rayé au début de juillet (1), et reprit la direction de sa paroisse. Comme l'église Saint-Sulpice était en la possession des constitutionnels, le culte catholique se célébrait aux Carmes, rue de Vaugirard.

Une rentrée qui fit encore sensation, dans l'été de 1801, fut celle de l'abbé Bossu, curé de Saint-Paul, au Marais, l'un des hommes les plus marquants de l'ancien clergé parisien. Son église paroissiale démolie était suppléée par deux anciennes chapelles de couvent, dont il prit la direction jusqu'à la réorganisation concordataire, qui le fit curé de Saint-Eustache.

L'abbé Émery, sans rien avoir du tempérament d'un courtisan (toute sa carrière en est la preuve), était fermement convaincu que le clergé catholique, pour se conformer aux principes et pour écarter le soupçon d'arrière-pensées royalistes, devait entretenir des rapports de courtoisie avec les gouvernements de fait, quand ceux-ci n'étaient point violemment hostiles. Il se heurta sur ce point encore moins à des scrupules politiques qu'à d'instinctives timidités : après dix ans de vexations ou de persécutions, le pli était pris d'une attitude effacée, sinon dissimulée; puisque le malheur des temps avait ramené l'Église au régime des catacombes, ne serait-ce point provoquer de nouvelles tribulations que d'attirer sur soi l'attention? C'est ainsi que, contre le gré et les conseils d'Émery, Maillé fut dissuadé, à son retour de Ré, de demander une audience à Bonaparte, et se contenta de voir le Consul Lebrun, l'ordinaire providence des ralliés d'ancien régime (2).

(1) Émery à Bausset, 9 mars et 6 juillet 1800 : *Papiers Émery.*

(2) Le même au même, 9 *mars* (et non *mai*) 1800 : *Vie de M. Emery*, t. II, p. 13.

Le soir même du jour où la nouvelle de la victoire de Marengo parvint à Paris, un *Te Deum* s'était improvisé à l'église Saint-Gervais, dont le clergé avait rétracté son serment constitutionnel. Mais comme un peu plus tard l'évêque constitutionnel avait prescrit une cérémonie solennelle à Notre-Dame, les catholiques jugèrent à propos de témoigner de même leurs sentiments patriotiques. Une affiche, annonçant un *Te Deum* à Saint-Roch pour le samedi 17 messidor (6 juillet), se terminait par cette phrase significative : « C'est d'après le désir manifesté par un grand nombre de paroissiens, après en avoir conféré avec les autorités constituées, et d'après l'autorisation des supérieurs ecclésiastiques qui gouvernent le diocèse en l'absence de M. l'archevêque (1). » L'année suivante, à la signature de la paix de Lunéville, l'abbé de Dampierre ordonna un *Te Deum* dans *toutes* les églises de Paris (2).

Dans l'intervalle, l'attentat de la machine infernale avait fourni au conseil archiépiscopal l'occasion d'une entrée en rapports directs avec le chef de l'État. Dès le dimanche qui suivit l'explosion (7 nivôse an IX-28 décembre 1800), Bernier, prêchant aux Carmes, avait consacré sa péroraison à célébrer le salut de celui « par qui les temples sont rouverts, par qui la paix de la tolérance a été proclamée, par qui toutes les libertés ont été rendues aux consciences, » après quoi le curé Pancemont entonna le *Te Deum* (3). Le même Bernier, secondé par Fouché, pressa vivement les vicaires généraux d'aller porter leurs félicitations personnelles au Premier Consul. Celui-ci les reçut pendant son rapide déjeuner, leur fit un gracieux accueil et les entretint des négociations du

(1) AULARD, *Paris sous le Consulat*, t. I, p. 470.
(2) GRENTE, *Le culte catholique à Paris*, p. 155.
(3) *Débats*, 9 nivôse.

Concordat; c'est alors qu'il parla de la « bombe » attendue de Rome, qui mettrait tous les prêtres d'accord (1). Au sortir des Tuileries, Émery écrivait : « Voilà la première démarche du clergé catholique auprès du gouvernement. Je crois que c'est un bien (2) ».

Cette situation de délégués et de subordonnés d'un prélat émigré avait son côté embarrassant, compromettant même à l'occasion : il faut dire à l'honneur des chefs du clergé catholique qu'ils ne songèrent jamais à la dissimuler. Au printemps de 1803, le vicaire général de Dampierre était mandé à la préfecture de police, au sujet d'un scandale dans lequel un prêtre était compromis : « Interpellé de dire quelle autorité il avait sur Boyer, et au nom de qui il exerçait cette autorité, il a répondu que c'était en qualité de grand-vicaire et au nom de l'archevêque Juigné; et il a signé sa déclaration (3). » — Un peu plus tard, le curé de Saint-Paul, Bossu, revenant d'émigration et inaugurant le culte dans l'oratoire des Filles de la Croix, racontait en chaire sa récente visite à Augsbourg et reproduisait le dialogue qui s'était échangé entre lui et le prélat : « Mon Père, n'avez-vous pas aussi une bénédiction pour vos enfants que votre éloignement désole? » — « Cher pasteur, je les bénis un million de fois (4) ».

Comme Notre-Dame et Saint-Sulpice demeuraient aux mains des constitutionnels, Saint-Roch tenait lieu aux catholiques d'église métropolitaine : c'était là que l'office pontifical se célébrait aux grandes fêtes, par les soins

(1) *Vie de M. Émery*, t. II, p. 42-44.
(2) A Bausset, sans date : *Papiers Émery*.
(3) Rapport du préfet de police, 21 prairial an IX : F7, 3829.
(4) Rapport du même, 11 messidor an IX : *Ibidem*.

des évêques de Saint-Papoul ou de Senlis (1), là qu'était chanté le *Te Deum* de Marengo; pour réfuter les mandements de l'évêque constitutionnel Royer, l'abbé de Boulogne prenait à dessein le pseudonyme d'*Un paroissien de Saint-Roch*. Ce choix s'expliquait par la situation centrale et les vastes dimensions de l'église, par la distinction personnelle du curé Marduel, successeur de son oncle (une légende romanesque disait même de son père) (2), et aussi par ce fait que, dès les premiers jours de janvier 1800, les catholiques avaient reçu officiellement la jouissance exclusive du « temple du Génie (ci-devant Roch) », par suite de la cessation du culte théophilanthropique (3).

Parmi les autres églises particulièrement fréquentées, il faut citer Saint-Jacques du Haut-Pas, Saint-Nicolas des Champs (4), et surtout l'église des Carmes, où le clergé catholique de Saint-Sulpice exerçait le culte sous la direction du curé Pancemont. Ce monument, auquel se rattachait le souvenir des massacres de septembre, appartenait depuis l'été de 1797 à une carmélite, la Mère de Soyecourt, qui devait avoir des démêlés avec la police impériale lors de la crise religieuse de 1811. Autorisée par un bref de Pie VI à déroger au vœu de pauvreté pour revendiquer la succession de son père guillotiné, la Mère de Soyecourt était entrée en pourparlers avec un marchand de planches, adjudicataire de l'église et du couvent des Carmes, qu'il se préparait à démolir. Elle s'était installée dans le couvent avec quel-

(1) Grente, *Le culte catholique à Paris*, p. 153.
(2) Norvins, *Mémorial*, t. I, p. 419-420.
(3) Rapport du ministre de la police, 18 nivôse an VIII : AF. IV, 1535. L'église devait être mise à la disposition de la municipalité pour les fêtes nationales et décadaires, de onze heures à deux.
(4) Rapport du préfet de police, 7 prairial an VIII : *Paris sous le Consulat*, t. I, p. 368.

ques-unes de ses anciennes compagnes, se conformant de son mieux à la règle de sainte Thérèse, et choisissant pour cellule la pièce même où avait été incarcéré le marquis de Soyecourt avant son transfert à la Conciergerie (1). Quant à l'église, elle l'avait mise à la disposition de l'abbé de Pancemont, et l'évêque de Saint-Papoul en avait fait la réconciliation solennelle le 29 août 1797, six jours avant le coup d'État de Fructidor (2). Fermée d'autorité en janvier 1798, rouverte comme oratoire privé, l'église des Carmes redevint dans l'été de 1800 le lieu de réunion des paroissiens catholiques de Saint-Sulpice; Pancemont y avait pour principaux auxiliaires les abbés Jerphanion et de Sambucy, appelés tous deux à marquer dans le clergé de Paris.

Au nombre des anciennes églises de couvents ou de chapitres affectées alors au culte paroissial, il convient de mentionner encore la Sainte-Chapelle-Basse, c'est-à-dire la partie inférieure ou la crypte du joyau artistique que nous devons à la piété de saint Louis. Tandis que l'église supérieure était convertie en dépôt d'archives, l'église basse était louée par bail ou concédée en vertu de l'arrêté de nivôse an VIII à l'abbé Ramond de la Lande, le futur curé concordataire de Saint-Thomas-d'Aquin (3).

Indiquons enfin pour mémoire un grand nombre d'oratoires privés ou de chapelles domestiques, qui subsistèrent dans des conditions de demi-clandestinité.

Dans les églises ostensiblement rouvertes, si la richesse des ornements et des vases sacrés laissait nécessaire-

(1) Cette cellule existe encore au séminaire de l'Institut catholique.
(2) *Vie de la R. M. Thérèse-Camille de Soyecourt*, p. 148-156.
(3) GRENTE, *Le culte catholique à Paris*, p. 426.

ment à désirer (1), le culte public se célébrait néanmoins avec la solennité qui était une vieille tradition parisienne : le dimanche, on chantait non seulement la grand'messe et les vêpres, mais les complies et les heures canoniques, qui ont aujourd'hui disparu du cérémonial habituel des églises de Paris (2). Si les cloches demeuraient encore muettes (3), les journaux annonçaient dès l'automne de 1800 que l'antique fête de sainte Cécile serait célébrée à Saint-Gervais, avec le célèbre Couperin à l'orgue, et que « le ci-devant abbé de Boulogne » prêcherait l'Avent à Saint-Roch. L'évêque de Saint-Papoul n'avait pas attendu jusque-là pour recommencer ses tournées de confirmation et de prédication : tout en prétendant que c'était la même troupe de fidèles qui escortait partout « ce fanatique », les policiers se voyaient forcés de convenir que sa présence dans une église attirait « une foule immense (4) ».

En 1801, on reprit à l'intérieur des églises les processions de la Fête-Dieu, en exprimant en chaire le regret « de ne pouvoir porter en triomphe dans les rues le Sauveur du monde » : malgré de sombres pronostics, tout se passa dans un ordre parfait, et même à Saint-Roch avec une magnificence relative, grâce à un dais

(1) Les bureaux de Fouché notaient pourtant avec aigreur, dès janvier 1800, qu'on avait donné à Saint-Gervais un ornement de la valeur de 1,600 francs (Tableau de la situation de Paris du 2 pluviôse an VIII : AULARD, *Paris sous le Consulat*, t. I, p. 113).

(2) GRENTE, *Le culte catholique à Paris*, p. 24. A Saint-Sulpice, qui était demeurée la paroisse la plus fidèle aux anciens usages, on a cessé en 1901 de chanter régulièrement prime et complies.

(3) Il avait fallu, en nivôse an VIII, une circulaire de l'administration centrale pour empêcher de les sonner dans les cantons de la banlieue (Compte mensuel du commissaire central : AULARD, *Paris sous le Consulat*, t. I, p. 111).

(4) Rapport du préfet de police, 6 thermidor an VIII : *Ibidem*, t. I, p. 512.

« superbe », qui d'après les on-dit venait d'être offert à l'église par « une personne en place (1) ».

Quand, à la fin de cette année 1801, revint la fête de Noël, un vif mouvement d'opinion se manifesta parmi les catholiques en faveur du rétablissement de la messe de minuit, supprimée dans les églises parisiennes depuis 1793; la préfecture de police reçut quatorze demandes d'autorisation, dont deux seulement émanaient de curés constitutionnels, ceux de Saint-Médard et de Saint-Étienne-du-Mont. Aucun incident ne fut signalé. Dans la journée de Noël, à Saint-Roch, une dame fit la quête, escortée d'un cavalier qui lui donnait la main, selon l'ancien usage que nous n'observons plus qu'aux messes nuptiales : ce qui fit sensation, c'est que ce personnage était un membre du Tribunat, et qu'il avait endossé son costume officiel (2). C'était un ardent ou un habile, qui anticipait sur le Concordat.

Sans oser reprendre la soutane, quelques ecclésiastiques s'étaient hasardés, dans l'été de 1801, à arborer le grand manteau noir; après en avoir jasé quelques jours, la foule n'y avait plus fait attention (3). L'usage s'introduisit aussi que les prêtres, dissimulant leurs vêtements sacerdotaux sous d'amples *redingotes* (on désignait alors de ce nom ce que nous appelons à présent *pardessus*), escortassent les convois funèbres jusqu'au cimetière; à l'intérieur du champ de repos, ils reparaissaient en costume liturgique pour réciter les dernières prières (4).

(1) Rapports du même, 15 et 16 prairial an IX : F7, 3829.
(2) Rapports du même, 23 frimaire, 3 et 5 nivôse an X : F7, 3830.
(3) Rapport du même, 5 thermidor an IX : F7, 3829.
(4) Rapport du même, 26 ventôse an X : F7, 3830.

A travers de multiples soucis, l'abbé Émery n'oubliait point qu'il était avant tout supérieur de Saint-Sulpice : à peine le calme rétabli, il avait songé à assurer le recrutement du clergé, plus nécessaire que jamais et forcément en souffrance depuis dix ans. En septembre 1800, il groupa, sous la direction de son confrère Duclaux, quelques jeunes gens dont il avait éprouvé la vocation, dans une maison de la rue Saint-Jacques, à l'enseigne de la *Vache noire*. Vêtus du costume laïque, les séminaristes prenaient leurs récréations en se promenant sur les boulevards voisins (les boulevards *neufs*, comme on les appelait alors). Le dogme était professé par l'abbé Frayssinous, et la morale par l'abbé Fournier, qui allait être le héros d'un incident retentissant : Émery, domicilié rue d'Enfer, venait souvent partager la vie des maîtres et des élèves. A la rentrée de 1801, ceux-ci étaient déjà au nombre d'une trentaine : il y avait parmi eux deux futurs évêques, les abbés de Quelen et Feutrier, et un jeune homme de vive intelligence, de naissance mystérieuse, qui se nommait Liautard et devait être le fondateur du collège Stanislas (1).

Le mode d'administration matériel variait presque avec chaque paroisse (2). Parfois, comme à Saint-Roch, le clergé pourvoyait lui-même à l'administration ; beaucoup plus généralement, un groupe de quelques citoyens, représentant l'ensemble des fidèles, se chargeait de gérer les deniers paroissiaux et même d'assurer un traitement aux membres du clergé. A Sainte-Valère du Gros-Caillou, la nomination de ces administrateurs,

(1) *Vie de M. Émery*, t. II, p. 2-3.
(2) Grente, *Le Culte catholique à Paris*, p. 20-22.

convenue entre « quelques citoyens aisés », précédait même le rétablissement du culte (1). A Saint-Germain-l'Auxerrois, où les constitutionnels étaient maîtres, les six administrateurs, sollicitant du ministre de l'intérieur une statue religieuse du musée pour décorer l'église dévastée, recouraient à la phraséologie ridicule du dix-huitième siècle et se qualifiaient eux-mêmes de « sectateurs d'une morale antique et révérée (2) ». Les catholiques s'intitulaient simplement « administrateurs du culte »; l'exacte qualification, celle de *marguilliers*, tombée en discrédit, ne se retrouvait que dans les rapports de police, où l'on accusait les divers conseils de marguilliers d'être unis par un lien secret et de former comme une franc-maçonnerie antigouvernementale et antirévolutionnaire (3).

Les collectes organisées entre les membres aisés de chaque communauté paroisiale ne suffisaient point à l'entretien du culte ni au traitement des membres du clergé. Le casuel, vivement critiqué dans les cahiers de 1789 et solennellement aboli par la constitution civile, reparaissait sous forme d'offrande facultative, comme l'expliquait une lettre d'Émery : « Le casuel est une par-

(1) Tableau de la situation de Paris, 21 ventôse an VIII ; AULARD, *Paris sous le Consulat*, t. I, p. 203.

(2) 28 ventôse an VIII ; F1c III, Seine, 25. Cette lettre contient d'ailleurs d'intéressants renseignements : « Aucun édifice public n'a éprouvé sous le règne destructeur du vandalisme de plus atroces dégradations. Tableaux, sculptures, autel, bronzes, tout a disparu; les grilles, le pavé du sanctuaire, tout a été arraché. Lorsqu'en exécution de la loi du 11 prairial an III il a été restitué à l'exercice du culte religieux, il était transformé en atelier pour la fabrication du salpêtre, et cet usage avait excessivement dégradé les vitraux et le pavé de pierre de liais, sur lequel roulaient des voitures pesantes. »

(3) Rapport du préfet de police, 15 prairial an IX ; F7, 3829. (Il accusait les propriétaires des bains du quai d'Orsay d'être, sous la direction de l'abbé de Pancemont, les principaux meneurs).

tie considérable des fonds sur lesquels vivent les membres du clergé de Paris qui exercent le ministère. Les fidèles. à l'occasion principalement des baptêmes, des mariages, des obsèques, font des gratifications plus ou moins fortes, suivant leurs facultés; il n'y a rien de fixé (1). »

Ces offrandes étaient tout naturellement remises aux curés. D'après des racontars soigneusement recueillis par la police, les vicaires se plaignaient de n'en recevoir qu'une part insignifiante; on disait notamment que les curés de Saint-Roch et des Carmes (Saint-Sulpice) touchaient chacun 30,000 francs, et distribuaient à peine 3,000 francs à leurs coopérateurs (2). Ce que ces propos établissent le plus sûrement, c'est l'état d'esprit mesquinement hostile du personnel de la police.

Selon les prescriptions canoniques, on tenait registre des baptêmes, des mariages et des enterrements. En partie conservés dans les archives de nos paroisses parisiennes, ces registres donnent d'utiles renseignements sur la vie religieuse dans la période de transition qui précéda le Concordat. A Saint-Roch et dans d'autres paroisses, tout en inscrivant régulièrement les actes, on s'abstenait de les signer, afin d'éviter de nouvelles vexations aux ecclésiastiques, pour le cas toujours redouté d'un retour offensif du jacobinisme sectaire (3).

(1) A Bausset, 24-25 juin 1800 : *Papiers Émery*. « Il n'est pas douteux, » ajoutait-il, « qu'on pourrait également tirer quelque chose à l'occasion des dispenses. On ne le fait pas à Paris; on le fait ailleurs, et on fait bien. »

(2) Rapport du préfet de police, 8 pluviôse an X : F7, 3830.

(3) GRENTE, *Le culte catholique à Paris*, p. 251, note.

V

A la fin de mai 1800, les bureaux de Fouché prétendaient qu'il y avait à Paris 280 prêtres exerçant leur ministère, dont 174 constitutionnels et 106 non-jureurs ou rétractés (1). Cette statistique paraît fort sujette à caution, car les constitutionnels ne desservaient au début du Consulat que six églises, qui comptaient à la vérité parmi les plus importantes : Notre-Dame, Saint-Sulpice, Saint-Médard, Saint-Étienne-du-Mont, Saint-Merry et Saint-Germain-l'Auxerrois.

Un autre document, d'origine analogue, affirmait que les deux cultes coexistaient dans certaines églises, célébrés à des autels différents (2). Cette assertion est incontestablement erronée en ce qui concerne Paris : les deux groupes constitutionnel et réfractaire étaient séparés par une trop vive animosité, et en même temps l'analogie était trop étroite entre leurs cérémonies, pour qu'une cohabitation matérielle fût possible.

Il va sans dire, en effet, qu'il y avait identité de liturgie, et que les offices proprement dits ne différaient point d'une communauté à l'autre. Les dissemblances étaient reléguées dans les affiches, où les constitutionnels usaient du calendrier républicain et de la qualification de *citoyen* (3). Le ton des sermons révélait aussi fréquemment les dissonances, car les prédicateurs constitutionnels faisaient plus volontiers vibrer la corde patrio-

(1) Tableau de la situation de Paris, 9 prairial an VIII : AULARD, *Paris sous le Consulat*, t. I, p. 372-373.

(2) *Idem*, 24 thermidor an VIII ; *Ibidem*, t. I, p. 600-601.

(3) *Idem*, 1er thermidor an VIII ; *Ibidem*, t. I, p. 526.

tique et prêchaient une soumission plus exclusive au gouvernement. Les constitutionnels enfin, « comme si le saint était rayé de leur calendrier (1) », se donnaient le ridicule d'omettre la fête de saint Louis, doublement suspect comme despote et comme ancêtre des Bourbons.

A cela près, le cérémonial était le même, et aussi le code de discipline ecclésiastique. Conscient du tort que lui avaient fait les faiblesses du temps de la Terreur, le clergé constitutionnel répudiait sans merci les prêtres mariés, qui dans aucune église n'étaient admis à l'autel (2).

L'évêché métropolitain de la Seine ou de Paris, vacant par la pusillanime abdication et la mort de Gobel, avait reçu un titulaire en 1798 (3). Une élection plus ou moins régulière, où l'on s'était forcément écarté des formes prescrites par la constitution civile, avait transféré à ce siège l'évêque constitutionnel de l'Ain, Jean-Baptiste Royer, qui avait obscurément siégé à l'Assemblée Constituante et à la Convention. Prêtre régulier dans ses mœurs, Royer se piquait d'éloquence, et prenait la parole à peu près tous les dimanches, selon la coutume que l'épiscopat constitutionnel prétendait renouveler des évêques des premiers siècles. Dans ses sermons comme dans ses écrits publics, il se réclamait volontiers de la plus vénérable tradition, sauf à s'attirer des répliques de ce genre : « Vous vous dites *le successeur des Denis, des Marcel, des Germain*, et malheureusement vous n'êtes

(1) Tableau de la situation de Paris, 10 fructidor an VIII ; *Ibid*, t. I, p. 621.

(2) Rapport du préfet de police, 8 floréal an IX ; F7, 3829.

(3) Cf., dans la *Revue des questions historiques* d'octobre 1901, l'article de M. le chanoine Pisani sur *Une élection épiscopale à Paris en 1798*.

le successeur que de Gobel, qui n'a succédé à personne (1). » Il multipliait également, comme ses confrères, les invitations à la concorde ; le 30 décembre 1799, il adressa au Premier Consul une lettre, destinée à la publicité, pour solliciter le rappel de l'archevêque Juigné ; mais les insermentés ne prirent pas au sérieux cet étalage de magnanimité (2).

Royer devait s'attendre aux épigrammes des catholiques romains : des difficultés plus imprévues et plus pénibles lui vinrent de ses collègues de l'épiscopat constitutionnel. En se séparant, le concile constitutionnel de 1797 avait nommé une sorte de commission de permanence, chargée de pourvoir aux intérêts généraux de l'Église en attendant une nouvelle réunion plénière ; Grégoire était l'âme de cette commission, dont les quatre ou cinq membres, se jugeant dispensés par là du devoir de la résidence, étaient communément qualifiés d'*évêques réunis à Paris*. Entre les évêques réunis et Royer, les dissentiments ne tardèrent point à éclater. L'évêque de Paris se plaignait que ses collègues empiétassent sur son administration épiscopale ; par contre, Grégoire lui reprochait de manquer à ses devoirs de métropolitain, en négligeant notamment de provoquer des élections pour les évêchés vacants dans les diocèses suffragants. Ces discussions, connues du public, étaient naturellement exploitées par les partisans de l'archevêque légitime (3).

Si, faute d'électeurs ou de candidats, les sièges épiscopaux de la région parisienne demeuraient inoccupés, l'Église constitutionnelle, déterminée à faire preuve jusqu'au bout d'une apparence de vitalité, créait encore

(1) Abbé de Boulogne, *Mélanges de religion*, t. II, p. 11.
(2) *Ibidem*, t. II, p. 105 et s.
(3) *Ibidem*, t. II, p. 109 et s.

des évêques dans cette dernière période de son existence. En décembre 1799, le curé de Saint-Étienne-du-Mont, Leblanc de Beaulieu, élu évêque métropolitain de Rouen, était sacré dans son église paroissiale par Royer (il eut d'ailleurs l'adresse, malgré cette promotion tardive, de se faire imposer à Pie VII comme évêque concordataire de Soissons) (1). Le 3 août 1800, une autre consécration épiscopale attirait à Notre-Dame une affluence « prodigieuse », au dire des journaux (2); Mauviel, secrétaire de l'agence constitutionnelle, s'était décidé sur les instances de Grégoire à accepter l'évêché de Saint-Domingue, créé par le concile de 1797, et Bonaparte, qui avait déjà des vues sur cette île, lui avait promis la gratuité du voyage (3).

A part ces circonstances exceptionnelles, le culte constitutionnel groupait peu de fidèles à ses cérémonies. Dix ans auparavant, dans les débuts, la masse des incroyants avait fait montre d'une édifiante assiduité aux offices, pour désobliger les insermentés; ce beau zèle était tombé depuis longtemps. Maury exagérait sans doute, selon son habitude, mais il n'exagérait guère, quand il résumait ainsi les récits de deux prêtres parisiens hébergés à Montefiascone : « Les six églises... livrées aux intrus ne sont fréquentées que par le bas peuple du voisinage et quelques jansénistes qui s'y rendent en carrosse (4). » Réserves faites sur cette façon de mesurer au nombre des équipages le degré d'importance d'un groupement religieux, il est exact qu'à part un petit clan

(1) GRENTE, *Le Culte catholique à Paris*, p. 147-148.
(2) AULARD, *Paris sous le Consulat*, t. I, p. 584.
(3) BOULAY DE LA MEURTHE, *Documents sur la négociation du Concordat*, t. I, p. 243, note.
(4) A d'Avaray, 11 décembre 1800 : RICARD, *Correspondance du cardinal Maury*, t. II, p. 65.

d'ultra-gallicans, les offices constitutionnels ne réunissaient que des gens sans instruction, attachés par routine à tel ou tel édifice paroissial : ce culte, qui n'avait pu naître que par la protection gouvernementale, se mourait du régime de la liberté. Les femmes, dont l'adhésion a tant de prix en matière religieuse, se montraient particulièrement mal disposées; quand Grégoire, dans un document public, dénonçait l'hostilité des « préfètes, sous-préfètes, mairesses et adjointes (1) », il ne faisait point et il n'avait point à faire d'exception pour Paris.

Par tradition du temps de la Constituante, par aversion contre le catholicisme insermenté, un certain nombre de hauts fonctionnaires témoignaient des égards aux prêtres constitutionnels. On connaît les circulaires dans lesquelles Fouché célébrait leur supériorité; à l'issue d'une inspection dans la division militaire dont Paris était le chef-lieu, le conseiller d'État Lacuée les proclamait « les seuls amis du gouvernement et de la République (2) ». Mais d'autres fonctionnaires, estimant sans doute toutes les religions également dangereuses, incriminaient volontiers le langage du clergé constitutionnel, et en particulier les homélies dont Royer était prodigue. Le préfet de police, fidèle ici aux exemples de l'ancien Bureau central du temps du Directoire (3) et du Consulat débutant (4), ne se contentait point de reprocher au prélat de « chercher toujours à monter les têtes » : il le mandait comme un subordonné indocile,

(1) *Actes du second concile national*, t. III, p. 229-230.
(2) Rocquain, *État de la France au 18 brumaire*, p. 251.
(3) Cf. le compte du Bureau central pour fructidor an VII : Schmidt, *Tableaux de la Révolution française*, t. III, p. 453.
(4) Compte pour nivôse an VIII : Aulard, *Paris sous le Consulat*, t. I, p. 104.

et lui administrait une verte semonce, pour avoir dit en chaire de Notre-Dame que la France avait le devoir de réparer les outrages commis envers la religion (1). Il faut dire à l'honneur de Royer que, tout en protestant de sa soumission aux lois, il ne modifiait point son langage, et quinze jours après l'algarade de Dubois, déclarait (ce qui, paraît-il, était le fait d'un « fanatique ») la religion indispensable à la prospérité d'un État (2). Renonçant à le convaincre, mais non à le dénoncer, le préfet se contentait désormais de brèves et discourtoises mentions, dans ce genre : « L'évêque Royer a déraisonné hier pendant près d'une heure à Notre-Dame (3). » Il en venait à ce comble de sévérité, de ne plus faire de distinction entre ses sermons et ceux de Maillé : « Les discours de l'évêque Royer et de celui de Saint-Papoul (*sic*) prennent chaque jour une nouvelle teinte de démence et de fanatisme (4). »

La prétention ou l'illusion des constitutionnels avait été de tout temps de ne pas sortir de l'unité catholique, et de réformer l'Église de France sans la jeter dans le schisme. Après la leçon des événements, la plupart de ceux que ne dominait point l'ambition ou l'esprit de secte comprirent que le seul moyen de rétablir cette unité, à laquelle tous proclamaient leur attachement, était de rentrer purement et simplement dans la communion romaine.

(1) Rapport du 4 messidor an VIII : *Ibidem*, t. I, p. 442-443.
(2) Rapport du 22 messidor : *Ibidem*, t. I, p. 503.
(3) Rapport du 5 vendémiaire an IX : *Ibidem*, t. I, p. 678.
(4) Rapport du 2 brumaire : *Ibidem*, t. I, p. 749. La note change brusquement dans un rapport du 26 prairial (15 juin 1801) : « L'évêque Royer a officié pontificalement à Saint-Médard hier. Il a prononcé un excellent discours... » (F7, 3829). L'éloge des constitutionnels était à cette date une façon de protester contre la négociation du Concordat.

Collectives ou individuelles, les rétractations se multiplièrent à partir de l'époque du Directoire (1). Mais elles n'avaient, à Paris du moins, rien de solennel dans la forme, et ne sauraient se comparer à ces amendes honorables que, sous la Restauration, certains évêques devaient imposer aux vieux survivants du clergé constitutionnel. Le plus souvent, le seul indice extérieur de la rétractation d'un curé était la présence d'un vicaire général ou d'un évêque insermenté venant présider quelque office solennel : c'était tout, et c'était assez.

Les bureaux de Fouché étaient-ils exactement renseignés quand ils accusaient le grand-vicaire Malaret de distribuer des permis de célébrer aux prêtres rétractés (2)? Nous l'ignorons : mais ces bureaux étaient à coup sûr victimes d'une grossière méprise quand ils dénonçaient comme une insulte aux constitutionnels le billet d'invitation à la cérémonie de *réconciliation* de l'église Saint-Laurent, et quand ils reprochaient au maire de l'arrondissement d'avoir à cette occasion reçu à sa table l'évêque de Saint-Papoul (3). En réalité, la rétractation du clergé de la paroisse remontait au temps du Directoire, et cette *réconciliation* n'était qu'une bénédiction de l'édifice, abandonné à des usages profanes, puis modifié par des travaux considérables (4).

Il n'y eut sous le Consulat que deux rétractations collectives, faites toutes deux par le clergé de paroisses importantes, Saint-Germain-l'Auxerrois et Saint-Merry. A Saint-Germain-l'Auxerrois, la démarche fut approuvée

(1) Grente, *Le Culte catholique à Paris*, p. 59-60.
(2) Tableau de la situation de Paris, 15 pluviôse an VIII : AF. IV, 1329.
(3) Rapports du même, 5 brumaire et 8 brumaire an IX : Aulard, *Paris sous le Consulat*, t. I, p. 755-756 et 765.
(4) Grente, *Le Culte catholique à Paris*, p. 285 et s.

par dix des administrateurs laïques sur douze; mais l'évêque Royer, qui venait tous les vendredis dire la messe et prêcher dans cette église, prétendit continuer malgré l'opposition du clergé; il en résulta des incidents ridicules, dont l'abbé de Boulogne rendit compte sur un ton peut-être trop plaisant (1).

Les choses se passèrent très différemment à Saint-Merry. Alors que les rapports de police présentaient les rétractations ecclésiastiques comme dues à l'influence ou à la pression des fidèles, la *compagnie administrative* de cette paroisse fit grief au curé et à son clergé d'avoir reconnu l'autorité des grands-vicaires; le conflit, très aigu dans les premières semaines de 1801, ne prit fin qu'à la réorganisation concordataire (2).

Ces querelles, sans cesse renouvelées sous des formes différentes depuis 1790, passionnaient les uns, divertissaient les autres, affaiblissaient en somme le sentiment religieux. Dans un document adressé au nouveau pape Pie VII par les quelques évêques insermentés demeurés en France, et rédigé en réalité par Émery, on n'hésitait point à déclarer que c'était là le grand mal du schisme constitutionnel : « Les fidèles qui ne sont que médiocrement instruits se scandalisent de voir les ministres de la religion divisés entre eux et se combattant les uns les autres, au lieu de réunir leurs forces contre un ennemi commun (3). » — Dans les *Petites Affiches*, une note, qui ne paraissait pas l'œuvre d'un mauvais plaisant, proposait une église à louer et concluait en ces termes : « S'il se présentait une société d'ecclésiastiques

(1) *Annales philosophiques*, t. II, p. 570.
(2) GRENTE, *Le Culte catholique à Paris*, p. 322-323.
(3) 15 mai 1800 : *Papiers Émery*.

bien d'accord, on pourrait traiter avec eux d'une manière satisfaisante (1). »

La négociation du Concordat n'apaisait point les esprits. Dans l'été de 1801, Dubois parlait de « la haine implacable que les deux partis de l'Église de France se sont jurée (2) ». Le mal n'était point restreint à Paris; Beugnot, préfet de la Seine-Inférieure, écrivait sur le ton du dédain philosophique : « Je remarque avec regret que des journaux particuliers à ce département sont remplis de discussions théologiques, tellement qu'on les croirait rédigés au neuvième siècle, plutôt qu'en l'an IX de la République (3). »

Lorsque pourtant les signatures eurent été échangées, une certaine détente se produisit, notamment dans les degrés élevés de la hiérarchie, et les vieilles traditions de courtoisie du clergé français retrouvèrent leurs droits. Royer échangea des visites de congratulation, non seulement avec Malaret, grand-vicaire de son rival (4), mais avec le négociateur romain Spina, qui se déclara satisfait de son langage (5). A distance, ces politesses nous surprennent, entre gens qui se disputaient la confiance des fidèles et s'étaient ouvertement reproché leur manque d'orthodoxie ou de patriotisme : au fond, elles étaient en complète harmonie avec un temps dominé par le besoin de la pacification, avec un régime qui s'était donné pour programme de tout concilier de gré ou de force, dans l'Église comme dans l'État.

(1) Fructidor an VIII : AULARD, *Paris sous le Consulat*, t. I, p. 623-624.

(2) Rapport du 12 messidor an IX : F7, 3829.

(3) Circulaire reproduite par extraits dans les *Débats* du 15 prairial an IX.

(4) Servant à Diot (évêque constitutionnel de Reims), 1er août 1801 : *Société des sciences et arts de Vitry-le-François*, t. XVIII, p. 292.

(5) Emery à Bausset, 3 octobre 1801 : *Papiers Émery*.

VI

De l'ensemble des témoignages contemporains, il résulte que la réouverture des églises fut accueillie avec satisfaction par la masse de la population; dans quelle mesure cette satisfaction procédait d'un profond sentiment religieux, et non pas simplement de l'esprit de tolérance ou de l'attachement à des formes traditionnelles, c'est ce qu'il est assez malaisé de déterminer.

Dans l'ensemble, le monde intellectuel demeurait hostile, ou pour le moins indifférent. Il y avait bien eu quelques conversions éclatantes : celle qui avait fait le plus de bruit était celle de Laharpe, en raison des inimitiés qu'il s'était attirées de longue date et du ton cassant dont il n'avait pu se défaire en modifiant ses opinions philosophiques et religieuses (1). A côté de lui, il convient de citer l'helléniste Larcher, qui, réimprimant sa traduction d'Hérodote, eut la conscience de supprimer toutes les notes de tendance antichrétienne et le courage de s'en expliquer catégoriquement dans la préface de la nouvelle édition. Mais parmi ceux-là mêmes qui applaudissaient au rétablissement du culte, presque tous étaient personnellement sceptiques. De ces esprits conciliants, respectueux même en apparence, Fontanes peut être considéré comme le type. Or, nous savons aujourd'hui, non seulement qu'avant la Révolution, Fontanes était prôné par Florian comme un dévot

(1) « Après la Révolution, ces mêmes hommes qui aiguisaient incessamment des épigrammes peureuses contre la tiare, la mitre, le rabat et la calotte, s'avisèrent de nous parler de la *religion* de nos pères. » (MERCIER, *Nouveau Paris*, t. III, p. 46.)

du culte de Voltaire (1), mais qu'en 1801, pour décider Lucien Bonaparte à faire campagne en faveur du clergé, il usait de cet argument cynique : « On peut rire des augures; mais il est bon de manger avec eux les poulets sacrés (2). » A côté ou plutôt au-dessus de ceux qui se livraient à ces calculs réalistes, il y avait les âmes éprises d'une sorte de religiosité esthétique et sentimentale, celles qui allaient applaudir à la publication du *Génie du christianisme*, et qui, comme l'a dit un historien moderne, « ayant perdu la foi véritable, étaient bien aises de découvrir des beautés dans la religion catholique afin de s'y rattacher au moins par ce côté (3) ».

C'est cet état d'esprit qui, au printemps de 1802, faisait au théâtre de l'Ambigu le succès de scènes bibliques ou évangéliques (4). Il s'y mêlait à l'occasion une forte dose de la badauderie qui a toujours prédominé dans le tempérament parisien; ainsi l'on se pressait à Saint-Merry, dans une attitude peu recueillie, pour entendre l'organiste Desprez (5); ou bien encore, afin d'apercevoir Mme Récamier quêtant à Saint-Roch, la foule grimpait sur les chaises et même sur les autels des chapelles latérales (6).

Quand les fidèles étaient conviés à des manifestations de pure piété, comme l'adoration des Quarante Heures, rétablie pendant le carnaval, les églises demeuraient vides (7). Tombées en une sorte de désuétude, les

(1) PAILHÈS, *Chateaubriand, sa femme et ses amis*, p. 56.
(2) 28 germinal an IX : *Ibidem*, p. 74-75.
(3) BOULAY DE LA MEURTHE, *Documents sur la négociation du Concordat*, t. V, p. 543, note.
(4) Rapport du préfet de police, 19 ventôse an X : F7, 3830.
(5) Rapport du même, 12 fructidor an IX : F7, 3829.
(6) *Souvenirs et correspondance de Mme Récamier*, t. I, p. 18; cf. rapport du préfet de police, 15 germinal an IX : F7, 3829.
(7) Rapport du préfet de police, 11 ventôse an X : F7, 3830.

observances du jeûne et de l'abstinence demeuraient communément négligées; une habituée des fameux dîners du mercredi chez Mme de Montesson raconte du ton le plus naturel qu'en carême la marquise avait l'attention de faire servir des plats maigres « pour quelques ecclésiastiques (1) » : elle n'eût évidemment pas compris chez ses invités laïques un souci du même genre.

Le vrai critérium de la piété, dans une population catholique, est la fréquentation des sacrements. A cet égard, il paraît constaté que la ferveur laissait étrangement à désirer. D'après le témoignage de Frochot, si l'on était assez exact à préparer les enfants à la première communion, la plupart des adultes, même assidus aux offices, « ne veulent plus entendre parler de confession ni de communion (2) ». Cette tiédeur datait de loin, et la Révolution n'avait fait que confirmer les résultats du jansénisme et du voltairianisme. Au printemps de 1799, dans l'armée de Condé, demeurée apparement réfractaire aux influences jacobines, il ne se rencontrait que deux femmes pour accomplir le précepte pascal (3).

Il y avait sans doute, dans une grande ville comme Paris, des exceptions en nombre assez respectable. Le jour de Noël 1801, Le Coz, évêque constitutionnel de Rennes, célébra la messe de minuit dans une église de Paris, probablement à Saint-Médard. L'année suivante, devenu archevêque concordataire de Besançon et évo-

(1) Duchesse d'Abrantès, *Salons de Paris*, t. IV, p. 28-29.

(2) Mémoire au conseiller d'Etat Lacuée : Rocquain, *État de la France au 18 Brumaire*, p. 272.

(3) Souvenirs inédits de la comtesse de La Ferronnays (Mlle de Montsoreau), cités par le marquis Costa de Beauregard, *Le comte A. de la Ferronnays*, p. 84.

quant ce souvenir dans une circulaire à ses curés, il racontait qu'une « immense multitude » avait reçu la communion : « Parmi ces fidèles avides du pain sacré, je distinguai des hommes de loi, des magistrats du premier mérite, des médecins prônés dans la capitale, des savants révérés dans l'Europe (1). » Il est fort invraisemblable que la messe de minuit en 1801 ait réuni cette assistance d'élite, surtout dans une paroisse constitutionnelle; ce qu'on peut inférer des amplifications de Le Coz, et ce qui est déjà très remarquable, c'est qu'une certaine quantité d'hommes s'approchèrent des sacrements.

A cette époque, en effet, le respect humain, relégué aujourd'hui dans les rangs du peuple ou de la très petite bourgeoisie, régnait en maître dans les classes élevées. Aux offices du dimanche et des jours de fête, les hommes formaient à peine la dixième partie de l'assistance (2). Dans certains milieux militaires ou scolaires, ce respect humain prenait les proportions d'une véritable tyrannie. Tout commandant de Paris qu'il était, Junot ne consentait à faire bénir son mariage qu'à la dérobée (3). Un élève de l'École polytechnique de ce temps-là, racontant plus tard comment il se dissimulait derrière un pilier de Saint-Roch pour suivre la messe, en donnait cette raison : « Si j'avais été découvert, ma position à l'École n'aurait plus été tenable (4). »

(1) 18 décembre 1802 : Le Coz, *Correspondance*, p. p. l'abbé Roussel, t. II, p. 88.

(2) Rapport du préfet de police, 16 prairial an IX : F7, 3829.

(3) Duchesse d'Abrantès, *Mémoires*, t. II, p. 361 et s.

(4) *Souvenirs du général Amand d'Hautpoul*, p. 184. En traitant de la période concordataire, nous parlerons des débuts de la Congrégation et de l'influence personnelle de Mathieu de Montmorency.

VII

Les mesures de tolérance inaugurées par le gouvernement consulaire, l'affluence dans les églises rouvertes, l'annonce surtout de négociations officielles avec la cour de Rome, avaient exaspéré le fanatisme antireligieux, déchu de la toute-puissance dont il avait joui pendant la période fructidorienne. Des esprits forts se disposèrent à aller dans les églises braver les prédicateurs ou railler les dévotes (1); à Saint-Roch, une après-midi de première communion, de mauvais plaisants firent évanouir plusieurs enfants en répandant des odeurs écœurantes, selon le procédé qui devait être repris sous la Restauration (2). La police du Consulat, qui n'était point indulgente au désordre matériel, mit promptement le holà.

Elle toléra davantage les campagnes de presse : les attaques contre la religion donnaient l'illusion de la liberté, flattaient des passions répandues, et détournaient l'attention des questions proprement politiques. *Le Journal des hommes libres*, très domestiqué sous des formes bourrues, eut licence de multiplier les invectives contre la mode de la religiosité, les intrigues des prêtres, les maux de la superstition (3). L'astronome Lalande, dont c'était une vieille idée fixe, prôna la publication du *Dictionnaire des athées* de Sylvain Maréchal : mais la mesure était ici outrepassée, car la plu-

(1) Tableau de la situation de Paris, 15 pluviôse an VIII : AULARD, *Paris sous le Consulat*, t. I, p. 137.

(2) Rapport du préfet de police, 13 prairial an IX : F7, 3829.

(3) Cf. les extraits reproduits par M. AULARD, *Paris sous le Consulat*, t. I, passim.

part des anticléricaux d'alors étaient déistes, à la façon de Voltaire, de Rousseau et de Robespierre; on s'étonna de voir Socrate et Cicéron figurer dans le fameux dictionnaire : parmi les vivants qui y étaient inscrits, plusieurs protestèrent avec indignation, notamment Mercier, qui se livra à une profession de foi spiritualiste aussi ferme dans le fond que diffuse dans la forme (1).

L'état d'esprit du monde intellectuel se reflète mieux dans *la Décade,* qui était l'organe officieux de l'Institut. Soit crainte de déplaire en haut lieu, soit affectation de dédain, cette revue ne publiait pour ainsi dire pas, sous le Consulat, d'articles de controverse religieuse proprement dite; elle se contentait de méprisantes allusions, à propos par exemple d'une représentation de *Tartufe* (2); elle recourait surtout au procédé du conte soi-disant « philosophique », de l'épigramme à prétentions « éclairées ». Cubières, par exemple, alignait les rimes sans sel et sans grâce pour énoncer triomphalement cette conclusion :

Dieu créa le printemps, et non pas le carême (3).

Une autre fois, on rendait compte avec éloges d'une séance de la Société philotechnique, où Pigault-Lebrun, dans un « tableau philosophique et rapide des croisades », ne s'était attaché qu'à montrer « les maux causés à l'humanité par le fanatisme et la crédulité ». Forcé d'avouer que l'assistance était demeurée de glace, l'auteur de l'article s'en tirait par une explication qui partout ailleurs aurait paru un joli trait de jésuitique hypocrisie : « Le public l'a écouté avec cette attention que la force de la vérité commande, et avec cette

(1) Aulard, t. I, p. 221-222 et 232-233.
(2) An IX, t. I, p. 112.
(3) An IX, t. III, p. 110-113.

espèce, je ne dirai pas de défiance, mais de timidité que la hardiesse des opinions philosophiques imprime (1). »

Le prodigieux succès d'*Atala*, au printemps de 1801, choqua autant la coterie de l'Institut dans ses doctrines littéraires que dans ses préventions antireligieuses. Tandis que le vieux Morellet protestait au nom du purisme classique et que Marie-Joseph Chénier, dans les *Nouveaux saints*, s'en prenait non sans verve à l'amour-propre déjà exubérant de l'auteur (2), Ginguené, principal rédacteur de *la Décade*, consacrait un article à l'œuvre nouvelle. Compatriote de Chateaubriand et jadis lié avec lui, il le traitait courtoisement, rendait justice à certaines de ses qualités littéraires, mais condamnait le choix du sujet avec cette étroitesse qui est le propre de l'esprit de secte. Pour caractériser les idées qui prévalaient alors dans les milieux intellectuels et philosophiques, il suffira de citer l'appréciation que portait Ginguené sur la célèbre description de la messe du P. Aubry et sur la scène de l'Élévation : « Ce mystère est ici représenté avec toute la grandeur qu'il peut admettre, et ce qu'il a de ridicule est sauvé avec assez d'adresse (3). » On reconnaît l'influence directe de Voltaire.

(1) An IX, t. II, p. 374-375.

(2) Chateaubriand, dans sa préface, avait eu l'imprudente fatuité d'écrire : « Depuis longtemps je ne lis plus qu'Homère et la Bible. » Chénier fit ainsi parler « le dévot Chactas, ce sauvage érotique » :

. . . .
Ennuyeux La Fontaine, impertinent Molière,
Sec et froid Arioste, insipide Voltaire,
Les Hurons, gens de goût, ne vous ont jamais lus :
Ils m'ont beaucoup formé, je ne vous lirai plus.
Mais, fille de l'exil, Atala, fille honnête,
Après messe entendue, en nos saints tête à tête,
Je prétends chaque jour relire auprès de toi
Trois modèles divins, la Bible, Homère et moi.

(3) An IX, t. III, p. 225.

Les militaires, qui écrivaient moins, étaient aussi passionnément et plus grossièrement antireligieux dans leurs paroles. Au rebours de celui des savants, leur fanatisme avait pour cause l'ignorance, et aussi l'extrême licence des mœurs : ils se défiaient du christianisme comme d'un frein. Leur anticléricalisme se dépensait d'ailleurs en propos orduriers ou frondeurs, que Bonaparte réprimait à l'occasion. Mais ces propos mêmes n'étaient point de nature à diminuer le respect humain dans le peuple ni parmi les jeunes gens de la bourgeoisie.

VIII

Entre une minorité vraiment pieuse, une foule routinière ou indifférente, une société attirée vers la religion par des motifs d'esthétique ou de sentiment, une élite intellectuelle violemment incrédule, le rôle des autorités eût dû se réduire à une impartiale neutralité. Cette neutralité répugnait sans doute autant aux traditions gouvernementales françaises qu'au caractère personnel du Premier Consul. Quoi qu'il en soit, jusqu'à la promulgation du Concordat, l'action administrative ne cessa de s'exercer dans un sens plutôt hostile au catholicisme.

Il faut faire une exception pour l'acte par lequel le ministre de l'intérieur Chaptal s'honora en autorisant et en favorisant le rétablissement des Sœurs hospitalières, « cette institution sublime dont le seul but était de former à la pratique de tous les actes d'une charité sans bornes ». Ceci est un des considérants de l'arrêté ministériel du 1er nivôse an IX, qui mettait une maison du domaine, rue du Vieux-Colombier (1), à la disposition de l'ancienne supérieure des Filles de la Charité, pour recevoir et former des « élèves » (on n'osait dire des *novices*) (2). Parmi ces recrues de la première heure, l'abbé Émery fit admettre une de ses filleules, Mlle Rendu, qui devait être la célèbre Sœur Rosalie (3).

Quelque méritoire que fût cette décision, elle procédait d'une pensée philanthropique et de l'intérêt bien entendu des malades plutôt que d'une vue de tolérance religieuse. Ce motif était pourtant bien supérieur à celui qui faisait autoriser les Augustines anglaises de la rue des Fossés-Saint-Victor à mener la vie de communauté et à recevoir des élèves : le Consul Lebrun y avait une fille en pension (4). — Mais partout où il n'y avait ni protection d'un haut personnage à ménager, ni service public à assurer, les tentatives de reconstitution de la vie congréganiste étaient impitoyablement dénoncées par la police comme autant d'entreprises mettant l'État en péril. Dans son zèle, Dubois grossissait les choses : il prétendait que Mme de Soyecourt et ses compagnes des Carmes portaient le costume religieux (5), que Mlle de Cicé et « d'autres femmes de sa trempe » avaient projeté d'arborer également un costume monastique pour suivre une procession de la Fête-Dieu (6),

(1) C'est l'immeuble aujourd'hui occupé par la caserne des sapeurs-pompiers.

(2) Chaptal, *Souvenirs*, p. 71-72 et note.

(3) Récit de la sœur Rosalie, recueilli par M. Faillon : *Vie de M. Émery*, t. II, p. 25-26.

(4) Grente, *Le Culte catholique à Paris*, p. 440.

(5) Rapport du 15 prairial an VIII : Aulard, *Paris sous le Consulat*, t. I, p. 392. La *Vie de la R. M. Thérèse-Camille de Soyecourt*, écrite à une époque où les carmélites n'avaient aucun intérêt à dissimuler la vérité sur ce point, affirme positivement le contraire.

(6) Rapport du 29 prairial an IX : F7, 3829.

enfin qu'il s'était fondé au faubourg Saint-Jacques, dans l'ancien couvent des Ursulines, « une réunion d'individus *des deux sexes* qui vivent suivant les règles de la Trappe (1) ». Ce renseignement fantaisiste, sur un monastère mixte de trappistes et de trappistines défrichant la terre en plein Paris, nous donne des doutes sur l'exactitude d'un rapport du surlendemain, d'après lequel il y aurait eu dans la ville deux cent soixante-quatorze ex-religieuses vivant en communauté, réparties entre quarante et une maisons (2).

La surveillance tracassière de la police n'était point limitée aux congrégations renaissantes, ni à certaines manifestations de zèle incontestablement intempestives, comme le baptême d'un enfant contre le gré de ses parents (3) ou la recommandation d'amener à une cérémonie du Vendredi saint les énergumènes et les épileptiques, selon un vieil usage que l'autorité royale avait condamné dès avant la Révolution (4). Quelques semaines après le coup d'État, le Bureau central enjoignit à un marchand de faire disparaître de son étalage des tableaux « représentant des objets du culte catholique (5) ». La préfecture de police, constituée avec un personnel identique, continuait ces traditions de puérile vigilance. A la nouvelle qu'une procession avait eu lieu au Mont-Valérien avec des prêtres en soutane et surplis, des ordres étaient donnés pour prévenir le retour d'un tel scandale (6). Deux curés étaient sévèrement repris pour

(1) Rapport du 6 floréal an IX : *Ibidem*.
(2) Rapport du 8 floréal : *Ibidem*.
(3) Rapports du préfet de police, fin frimaire an X : F7, 3830.
(4) Rapport du même, 13 germinal an X : *Ibidem*.
(5) Compte général sur le mois de frimaire an VIII : AF. IV, 1329.
(6) Tableau de la situation de Paris, 1er complémentaire an VIII : Aulard, *Paris sous le Consulat*, t. I, p. 659.

avoir usé dans une affiche des termes de *Monseigneur* et de *Messire* (1). On allait jusqu'à prohiber au solstice d'été de 1801, à titre de cérémonie cultuelle, les traditionnels feux de la Saint-Jean (2). Les *Annales philosophiques*, où l'abbé de Boulogne reprenait sous un nouveau titre sa très alerte polémique du temps du Directoire, étaient saisies et supprimées au mois d'août 1801, tandis que les *Annales de la religion*, organe des constitutionnels, continuaient à paraître librement (3); en présence de décisions si peu en harmonie avec la conclusion du Concordat, l'abbé Émery traduisait l'impression générale des catholiques en écrivant à son confident l'évêque d'Alais : « Vous voyez que la police ne marche pas dans le sens du gouvernement : voilà ce qui déconcerte (4). »

Ces réflexions péchaient encore par excès d'optimisme, car « la police » était loin d'avoir le monopole des mesures de vexation et des préventions antireligieuses. Frochot ne laissait point à son collègue le soin d'appliquer une circulaire de Fouché (13 floréal an IX) sur les manifestations extérieures du culte : le 1er prairial, dans une lettre aux maires, il prohibait expressément, comme des marques d'*intolérance*, la sonnerie des cloches, les affiches placardées à la porte ou sur les murs des églises, et l'usage des draps mortuaires marqués d'une croix (5). Ceci pouvait encore passer pour l'exécution un peu stricte d'une consigne impérative, mais à la même époque, lors de la mission d'enquête du conseiller d'État Lacuée, Frochot, invité à consigner ses observations

(1) Rapport du préfet de police, 15 floréal an IX : F7, 3829.
(2) Rapport du même, 4 messidor an IX : *Ibidem*.
(3) Boulogne, *Œuvres*, t. I, p. xxx-xxxi.
(4) 8 octobre 1801 : *Papiers Émery*.
(5) Des Cilleuls, *Histoire de l'administration parisienne*, t. I, p. 388-389.

dans un mémoire confidentiel, s'épanchait, bien spontanément cette fois, en doléances réitérées sur le mauvais esprit des prêtres catholiques et sur leur foncière hostilité contre l'état de choses issu de la Révolution (1). Son insistance n'était point étrangère, sans doute, à l'affectation avec laquelle Lacuée à son tour, résumant sa mission, multipliait des recommandations de ce genre : « Surveiller les prêtres, les empêcher de combattre par des discours fanatiques l'impiété sous le nom de la philosophie et sous tout emblème qui puisse être appliqué au gouvernement..... Rassurer contre l'empire des prêtres... Protéger les prêtres constitutionnels ; contenir les autres prêtres (2) ».

Mais si le préfet de la Seine était fortement imbu des préventions soi-disant philosophiques, il avait moins d'occasions de les manifester que son collègue de la police. C'était d'une façon presque continue, et sous tous les prétextes, que Dubois tonnait contre ce que nous appellerions aujourd'hui le cléricalisme. Il s'en prenait d'abord à des personnalités déterminées : chaque cérémonie de confirmation valait de nouvelles attaques au « fanatique ci-devant évêque de Saint-Papoul ». jusqu'au jour où le prélat, mandé à la préfecture, montrait tant de simplicité et de bonne grâce que les rapports devenaient subitement élogieux sur son compte (3) ; les prêtres des Carmes (accusation particulièrement perfide auprès du Premier Consul) étaient cause par leurs

(1) Rocquain, *État de la France au 18 Brumaire*, p. 258 et 275.

(2) Sans date : AF. IV, 1010.

(3) « Il s'est parfaitement bien conduit, a promis qu'il viendrait voir souvent le préfet et qu'il recommanderait à tous les prêtres de sa connaissance de se conduire de manière à mériter l'estime et la protection du gouvernement. » (Rapport du 9 thermidor an IX : F7, 3829).

conseils de ce que beaucoup de jeunes gens des environs de la Croix-Rouge s'étaient dérobés à la conscription (1); ceux de l'ancienne église Saint-Paul débitaient que la paix serait subordonnée au rétablissement du catholicisme comme culte dominant (2), et ainsi de suite. Mlle de Soyecourt avait naturellement les honneurs d'une dénonciation nominative, comme donnant asile à des prêtres suspects, et aussi Mme Molé de Champlâtreux, la mère de Mathieu Molé, dont la maison de la rue du Pot-de-Fer était le « rendez-vous habituel des prêtres les plus fanatiques (3) ». — Le langage des prédicateurs était soigneusement épié, et leurs prétéritions en chaire non moins sévèrement jugées que leurs paroles : s'érigeant en gardien des traditions, Dubois regrettait, en février 1800, que les sermons de la fête de la Purification n'eussent point eu pour sujet la nécessité de l'obéissance aux lois, selon le vieil usage gallican que « les plus grands orateurs chrétiens n'avaient jamais négligé sous le régime royal (4) »; par contre, à la Pentecôte, tout en reconnaissant que les prédicateurs n'avaient point attaqué le gouvernement, il leur reprochait d'avoir « rappelé avec complaisance les époques où les princes et les grands étaient soumis à l'Église et donnaient l'exemple de l'assiduité dans les temples (5) ». Ou bien encore, c'étaient les règles disciplinaires dont le bon apôtre prenait la défense, en déplorant qu'on colportât les nouvelles politiques dans les sacristies, « qui devraient être un lieu de silence et de recueillement (6) ».

(1) Rapport du 8 prairial an VIII : AULARD, *Paris sous le Consulat*, t. I, p. 371-372.
(2) Rapport du 4 thermidor an VIII : *Ibidem*, t. I, p. 537.
(3) Rapport du 17 messidor an VIII : *Ibidem*, t. I, p. 484.
(4) Rapport du 15 pluviôse an VIII : *Ibidem*, t. I, p. 137.
(5) Rapport du 14 prairial an VIII : *Ibidem*, t. I, p. 388.
(6) Rapport du 28 vendémiaire an X : F7, 3830.

A propos de certain évêque grec de passage à Paris, Dubois évoquait sérieusement le spectre de Jacques Clément : « Je ne crois pas prudent de le laisser approcher du Premier Consul, puisqu'il est fanatique et prêtre (1). » Mais son procédé habituel, moins ridicule et plus perfide, consistait à glisser ses insinuations dans les rapports quotidiens qu'on lui demandait sur l'*esprit public* : il présentait au chef de l'État ses propres préventions antireligieuses comme l'expression du sentiment général des Parisiens.

Cette tactique s'inaugura quelques semaines après Marengo : « Hier, on s'est occupé dans les groupes des Tuileries de l'influence que les prêtres romains paraissaient reprendre (2). » Les doléances, très fréquentes et destinées à faire effet par leur répétition même, s'accentuèrent à mesure que progressait la négociation du Concordat : les prêtres recouraient à « tous les moyens possibles pour retrouver leur ancienne autorité et maîtriser l'intérieur des familles (3) »; ils visaient surtout à dominer les jeunes gens et à « s'emparer des têtes faibles (4) ». Après l'échange des signatures, Dubois, enhardi sans doute par l'exemple de Fouché, qui choisissait ce moment pour lancer sa fameuse circulaire contre le clergé non constitutionnel (1er thermidor an IX), alla jusqu'à faire ouvertement la leçon au chef de l'État : « Les bons citoyens craignent que le gouvernement ne soit victime des prêtres et de sa condescendance pour eux (5). » Il revint à la charge pendant tout le cours de

(1) Post-scriptum *autographe* d'une lettre de Dubois, à Fouché, 3 frimaire an IX : F7, 3829.

(2) Rapport du 14 thermidor an VIII : AULARD, *Paris sous le Consulat*, t. I, p. 571.

(3) Rapport du 4 prairial an IX : F7, 3829.

(4) Rapport du 27 floréal an IX : *Ibidem*.

(5) Rapport du 7 thermidor an IX : *Ibidem*.

l'hiver, dénonçant constamment les « progrès du fanatisme », et finissant par déclarer qu'on craignait généralement une guerre de religion (1)!

Sans parler de la mentalité qu'elles révélaient, ces déclamations influençaient à coup sûr Bonaparte et son entourage. Du reste, pendant la période qui précéda le régime concordataire, deux actes administratifs ou plutôt gouvernementaux, qui tous deux eurent un grand retentissement, vinrent témoigner, en même temps que des progrès de l'arbitraire, de la fondamentale défiance des pouvoirs publics à l'égard du catholicisme. Ce fut, dans l'été de 1800, la lacération des affiches du collège de Navarre, et au printemps de 1801, l'incarcération à Bicêtre de l'abbé Fournier.

Dans les premiers jours de juillet 1800, les Parisiens virent apparaître sur les murs des affiches annonçant la réouverture du fameux collège de Navarre, dans la maison même où il avait existé avant la Révolution (2). En tête de ces placards, on avait placé le sceau traditionnel de Navarre, un enfant Jésus avec la devise : *Flabit spiritus ejus et fluent aquæ*. Quant au texte, après avoir rappelé les glorieux souvenirs attachés au nom de Navarre, il insistait sur la démoralisation dont l'irréligion avait été cause, et il annonçait que dans le collège reconstitué la principale classe, partagée entre deux professeurs, serait consacrée « au développement des principes religieux et de la morale dont ils sont la base (3) ».

Le projet ainsi publié n'était après tout que l'exercice de la liberté d'enseignement, reconnue par la législation

(1) Rapports des 23 pluviôse, 7 et 27 ventôse an X : F7, 3830.
(2) On sait que depuis 1806 cet emplacement est occupé par l'École polytechnique.
(3) Aulard, *Paris sous le Consulat*, t. I, p. 506-507.

alors en vigueur. Quant aux considérations sur la nécessité de faire à la religion une part prépondérante dans l'éducation, c'étaient les mêmes à peu près qu'allaient bientôt développer les enquêteurs officiels; en tout cas, les parents qui pensaient différemment demeuraient maîtres de ne point se rendre à cet appel.

Ainsi auraient raisonné des libéraux sincères; mais les révolutionnaires nantis ou assagis qui formaient le monde officiel n'étaient pas plus libéraux en matière d'enseignement que sur les autres points. En dehors même des fanatiques d'irreligion, une idée fort répandue parmi les hommes « éclairés » et se croyant tolérants était qu'il fallait permettre aux adultes l'exercice de la religion, mais tenir soigneusement les adolescents à l'abri d'une telle faiblesse. Au début même de l'année 1800, ce sophisme, appelé un siècle plus tard à un regain de succès inattendu, servait de conclusion à un article de l'*Ami des lois* sur la liberté des cultes : « Au nom de la sagesse, prévenez les générations naissantes et celles qui doivent naître de la corruption sacerdotale, épiscopale et papale (1). » Dans ces milieux, l'apparition des prospectus de Navarre provoqua une véritable explosion de colère; comme on trouvait intolérable la prétention de l'Église catholique de ne pas se désintéresser de l'éducation de la jeunesse, on la proclamait intolérante. Pendant que dans divers quartiers des lecteurs manifestaient leur mauvaise humeur en arrachant les placards (2), le *Journal des hommes libres* se livrait à

(1) Aulard, *Paris sous le Consulat*, t. I, p. 76. Il est à noter que ce journal l'*Ami des lois* fut supprimé le 9 prairial pour avoir trop vivement reproché à l'Institut d'ajourner la réintégration des membres exclus après le 18 Fructidor; ce n'était donc nullement un organe à tendances jacobines.

(2) Tableau de la situation de Paris, 23 messidor an VIII : *Ibidem*, t. I, p. 504.

l'une de ces sorties furibondes qui étaient en matière religieuse la contre-partie et comme la rançon de sa docilité politique : « ... Non, hommes de l'Église, le gouvernement ne laissera pas la jeunesse exposée à vos leçons de fanatisme. Il surveillera toutes les maisons d'éducation, il en fermera toutes les portes à la superstition et au mensonge (1) ». Dubois, qui, un mois auparavant, avait déjà dénoncé la tendance des prêtres à diriger ou à dominer la plupart des pensionnats en vogue (2), s'empressa de signaler le collège de Navarre comme un centre de conspirateurs, qui avaient poussé l'incivisme jusqu'à négliger d'allumer des lampions le soir de la fête du 25 messidor-14 juillet (3).

Ému de tout ce bruit, Bonaparte n'avait pas attendu le dernier rapport de Dubois pour intervenir : l'acte de propagande des directeurs de Navarre lui parut souverainement importun; en ces matières délicates, il entendait réserver la parole au gouvernement ou aux personnages investis d'un mandat officiel. Mais il affecta de réduire l'affaire à une infraction à la loi sur les emblèmes religieux extérieurs, et il écrivit à Fouché, avec une indifférence calculée : « Vous voudrez bien, citoyen ministre, faire arracher tous les placards d'un soi-disant prospectus d'un collège de Navarre. Vous ferez traduire à la police correctionnelle les rédacteurs de ce prospectus, surtout celui des exemplaires où se trouve une gravure avec un exergue latin (4). »

Ceci parut insuffisant à Fouché; avec les habitudes d'indépendance qu'il s'était déjà faites, il prit sur lui, en

(1) Tableau de la situation de Paris, 23 messidor an VIII : *Ibidem*, t. I, p. 507.
(2) Rapport du 26 prairial an VIII : *Ibidem*, t. I, p. 456.
(3) Rapport du 27 messidor : *Ibidem*, t. I, p. 518.
(4) 26 messidor an VIII (15 juillet 1800) : *Correspondance*, 4985.

transmettant à Dubois les ordres du Consul, d'y joindre un commentaire destiné aux journaux, tout imprégné des passions antireligieuses, tout conforme à la phraséologie des milieux « éclairés » : « Si le fanatisme d'une secte intolérante pouvait corrompre dès sa source l'opinion publique et jeter dans le cœur des jeunes citoyens le ferment dangereux des dissensions religieuses, le gouvernement s'efforcerait en vain de ramener tous les esprits à la concorde; le temps lui-même ne pourrait rétablir la paix intérieure que nous garantit la douceur de nos institutions républicaines, et les générations à venir continueraient de s'égorger au nom du ciel. La police doit diriger l'esprit public dans une voie plus saine, et le ramener sans cesse aux maximes avouées par la raison et la philosophie (1). »

Ce qui nous frappe surtout dans cette élucubration, c'est le ton pénétré sur lequel le mitrailleur de Lyon osait parler d'égorgements à prévenir, ou encore la plaisante définition du rôle de direction morale incombant à la police. Les contemporains, comme il était naturel, prirent la chose plus au sérieux, et tandis que les jacobins exultaient, l'effarement domina parmi les catholiques. Pour relever le courage de ses amis, Émery, tout en qualifiant la lettre ministérielle de « très indécente », leur certifiait qu'elle n'était « émanée que des bureaux de la police » (ce qui était vrai pour la forme, sinon pour le fond même de la mesure); il ajoutait, en homme qui commençait à bien comprendre le régime : « L'établissement du collège ou de la maison de pension de Navarre n'en ira pas moins son train (2). »

Comme nous l'avons indiqué, la réorganisation du

(1) AULARD, *Paris sous le Consulat*, t. I, p. 520.
(2) A Bausset, 7 août 1800 : *Papiers Émery*.

culte dans le cours des années 1800 et 1801 comporta presque partout la reprise des offices solennels et des prédications, y compris les *stations*, prêchées selon l'usage par des prêtres étrangers au clergé de la paroisse. Un de ces orateurs se classa d'emblée hors pair par l'originalité et le succès de sa parole (1). Marie-Nicolas Fournier de la Contamine, qu'on appelait communément l'abbé Fournier, avait sous l'ancien régime quitté le poste de grand-vicaire de l'archevêché d'Auch pour entrer chez les Sulpiciens, dont le supérieur était son cousin éloigné. Professeur au grand séminaire d'Orléans en 1789, il avait passé tout le temps de la Terreur dans cette ville, caché chez un littérateur dont le caractère valait mieux que les traductions, Deloynes d'Autroche. Il vint à Paris au début du Consulat, et concurremment avec un cours de théologie aux quelques séminaristes groupés par l'abbé Émery, donna de nombreux sermons dans les églises paroissiales. Énergique parfois jusqu'au trivial, accompagnée d'une mimique expressive, sa prédication eut d'autant plus de succès que, loin de fuir les allusions politiques, il semblait s'y complaire, tonnant contre les révolutionnaires, et s'en prenant parfois presque ouvertement au gouvernement lui-même. Son carême de 1801 à Saint-Roch porta au comble l'enthousiasme de la majorité de ses auditeurs et le scandale du camp adverse. On prétendait qu'un jour, à sa descente de chaire, un groupe d'émigrés rentrés l'avait porté en triomphe à la sacristie en lui disant : « Monsieur l'abbé, la Révolution nous a tous ruinés, mais aujourd'hui vous nous avez consolés de tous nos malheurs (2). » De son

(1) Les détails pour lesquels nous ne donnons point de référence sont empruntés à l'article *Fournier* de la biographie Michaud (1re édition, supplément), article dont Picot est l'auteur.

(2) *Vie de M. Émery*, t. II, p. 46.

côté, Dubois, l'accusant de dépasser « les bornes de la raison et des convenances », s'écriait après la clôture de la station : « Jamais les orateurs de la Ligue n'ont été aussi hardis, aussi inconsidérés (1). »

Si le prédicateur reçut des avertissements officieux, il les dédaigna; invité à donner à Saint-Germain-l'Auxerrois la *station d'été*, il glissa dans son sermon du jour de la Pentecôte (4 prairial an IX-24 mai 1801) les paroles suivantes, qu'un policier recueillit au milieu de l'émotion générale : « O mon Dieu! la ville dans laquelle vous avez opéré le prodige que nous honorons en ce jour venait de commettre un grand crime en condamnant à la mort votre fils; la ville dans laquelle je parle s'est-elle rendue moins coupable? Je me tais... »

Bien que cela pût s'entendre des sacrilèges accomplis pendant la Révolution, amis et ennemis furent d'accord pour reconnaître que c'était le régicide qui était visé. Le gouvernement consulaire était innocent de la mort de Louis XVI, que Bonaparte avait pris soin de blâmer indirectement à plusieurs reprises; le seul tort du prédicateur était donc d'avoir fait allusion à un événement très récent et particulièrement propre à soulever les passions; il méritait peut-être d'être réprimandé, tout au plus d'être invité à quitter la chaire pendant quelques semaines.

Fouché ne l'entendit point de la sorte : se sentant personnellement atteint, et voulant couper court à ces évocations de souvenirs déplaisants, il griffonna en marge du rapport qui relatait le passage incriminé : « Si le fait est vrai, le mettre à Bicêtre comme fou (2). »

Cet ordre monstrueux fut exécuté au pied de la lettre.

(1) Rapports des 18 ventôse et 28 germinal an IX : F7, 3829.
(2) Le rapport est du 5 prairial : F7, 6294 (apostille autographe).

Après avoir été interrogé sur la matérialité des paroles prononcées, l'abbé fut conduit à Bicêtre. « On le dépouilla sans pitié de ses vêtements, on le couvrit de la bure ordinaire des insensés, on lui coupa les cheveux, on le mit en sabots, on le jeta dans une loge infecte et humide; une botte de paille fut le seul lit qu'on voulut bien lui donner (1). »

Le secret fut d'abord gardé en haut lieu, si bien que le dimanche de la Trinité, beaucoup des auditeurs habituels de l'abbé Fournier, s'étant rendus à Saint-Germain-l'Auxerrois, furent tout surpris de voir monter en chaire à sa place un vicaire de Saint-Thomas-d'Aquin, qui prêcha prudemment sur la soumission due aux décrets de la Providence (2). Pour couper court aux bruits de fusillade qui commençaient à courir, la police se décida à communiquer une note aux journaux : «... Cette versatilité de conduite, l'incohérence des idées de ce prédicateur, son exaltation, et la manie qu'il avait d'amalgamer publiquement des principes aussi étranges avec des paroles de religion, n'ont point permis de douter qu'il n'eût l'esprit aliéné au point de compromettre l'ordre public. En conséquence, le préfet de police, aux termes du paragraphe 6 de l'article 22 de l'arrêté des Consuls du 12 messidor an VIII (3)... »

L'effet sur l'opinion fut déplorable : si résigné qu'on fût à l'arbitraire, cette forme hypocrite avait de quoi révolter le caractère français. Les « philosophes » de la

(1) *Un petit mot sur la détention de M. N. Fournier* (brochure anonyme, peut-être de l'abbé Émery), p. 12.

(2) Rapport du préfet de police, 12 prairial : F7, 3829. Un rapport ultérieur contient cette indication : « Les prêtres deviennent très prudents en chaire, et quelques-uns d'entre eux, qui ont peur d'en trop dire, aiment mieux ne plus prêcher (22 messidor : *Ibidem*).

(3) La note est datée du 12 prairial.

Décade se montrèrent seuls assez dénués de générosité et de bon goût pour pousser des cris de triomphe et pour déclarer « ridicule » la mésaventure de Fournier (1); leur joie demeura sans échos, et l'ambassadeur autrichien Cobenzl pouvait écrire à sa cour : « Cet acte arbitraire du Premier Consul n'a pas été généralement approuvé (2). » — Cobenzl avait le droit de mettre ainsi personnellement en cause le chef de l'État, car si celui-ci était vraisemblablement demeuré étranger à la mesure, il en avait après coup revendiqué la responsabilité ostensible. Le 2 messidor (21 juin), causant à Malmaison avec trois conseillers d'État, il leur raconta qu'une députation du clergé de Paris était venue lui apporter une pétition « très bien faite » sur le cas de l'abbé Fournier, et qu'il avait riposté par cette algarade : « Le préfet n'a agi que par ordre du gouvernement. J'ai voulu vous prouver que si je mettais mon bonnet de travers, il faudrait bien que les prêtres obéissent à la puissance civile (3). »

Cette lamentable affaire Fournier valut par ricochet une petite persécution policière à l'abbé Émery, qui dès le premier jour avait discerné la cause de l'arrestation de son parent (4) et qui s'était généreusement employé à susciter des réclamations en sa faveur. Invité par Fouché à surveiller les démarches qui à cette occasion pourraient être concertées dans le clergé (5), Dubois fit faire des perquisitions chez l'ancien supérieur de Saint-Sulpice : « On a reconnu au premier abord », écrivait-il, « que les liaisons de cet individu sont très étendues et

(1) An IX, t. III, p. 512.

(2) A l'empereur François, 24 juin : BOULAY DE LA MEURTHE, *Documents sur la négociation du Concordat*, t. III, p. 31.

(3) *Mémoires sur le Consulat* (par Thibaudeau), p. 157-158.

(4) A Bausset, 2 juin : *Papiers Émery*.

(5) Dubois à Fouché, 2 messidor : F7, 6294.

qu'il connaît beaucoup de gens qui ne passent point pour être les amis du gouvernement (1). » L'abbé Émery, arrêté le 4 juillet, subit trois interrogatoires consécutifs, puis fut arbitrairement détenu dix-huit jours au dépôt de la préfecture, pêle-mêle avec une soixantaine de prisonniers, à l'époque même où se signait le Concordat! Il fut enfin mis en liberté sur l'intervention d'un sien cousin, le général Deprez-Crassier, à la condition de souscrire personnellement la promesse de fidélité : tout en conseillant chaleureusement cette démarche, il s'en était lui-même abstenu jusque-là, comme n'exerçant pas de fonctions paroissiales (2).

Si la carrière ultérieure de l'abbé Fournier ne se rattache que de façon intermittente à l'histoire religieuse de Paris, il ne sera pourtant point sans intérêt de la résumer ici, comme un exemple remarquable des contradictions que comportait l'arbitraire napoléonien.

L'émotion publique s'était si nettement manifestée (3) qu'il était impossible de prolonger l'internement à Bicêtre comme de soutenir l'imputation de folie. Dès le 4 messidor (23 juin), Fouché recommandait à l'inspecteur général de la gendarmerie de préparer « le plus sûrement et le plus secrètement possible » le transfert du prisonnier à Turin. Le même jour, le ministre écrivait au général Jourdan, qui sous le titre d'envoyé extraordinaire était en réalité gouverneur du Piémont : « Ce prêtre turbulent a trahi sa promesse de fidélité envers le gouvernement français, tant par des écrits

(1) Rapport du 17 messidor-6 juillet : F7, 3829.
(2) *Vie de M. Émery*, t. II, p. 47-60.
(3) Une lettre anonyme, adressée le 27 juin au frère de l'abbé et saisie par la police, disait : « Croyez que tout cela tournera à la gloire de monsieur votre frère, qui est bien aujourd'hui l'ecclésiaste le plus célèbre de France ». F7, 6294.

contre cette même promesse que par des sermons séditieux où les maximes évangéliques et la morale de la République sont également outragées. Vous le ferez enfermer dans un séminaire ou couvent, où il sera soumis aux corrections que prescrivent les règles de la discipline ecclésiastique contre les prêtres hypocrites et rebelles (1). » Sans perdre son temps à chercher l'*in-pace* auquel l'ancien jacobin lui donnait l'ordre inattendu de recourir, Jourdan répondit judicieusement qu'il avait écarté pour Fournier le séjour du séminaire ou du couvent, « attendu qu'il se serait trouvé parmi ses partisans », et qu'il estimait plus simple de le placer dans une « prison commode (2) ». La vérité est que le malheureux fut d'abord mis au régime des forçats (3).

« Commode » ou non, la captivité à Turin se prolongea pour lui pendant dix-huit mois, malgré le bon témoignage de Jourdan lui-même (4), malgré les instances du législateur Girod (de l'Ain) (5) et de l'abbé Bernier, devenu évêque d'Orléans (6). A l'automne de 1802, son ancien archevêque d'Auch, La Tour du Pin Montauban, sollicité d'accepter le siège épiscopal de Troyes, vacant par la mort du vénérable M. de Noé, mit pour condition la grâce de l'abbé Fournier, en promettant de le prendre auprès de lui et de répondre de sa conduite (7). La grâce fut accordée (8), mais entre Turin et Troyes, un plus grand personnage arrêta l'abbé au passage; Fesch, après

(1) F7, 6294.
(2) A Fouché, 13 messidor : *Ibidem*.
(3) Bausset, *Mémoires d'un préfet du palais*, t. I, p. 107-110.
(4) 5 messidor an X : F7, 6294.
(5) 12 et 20 floréal an X : *Ibidem*.
(6) 30 thermidor an X : *Ibidem*.
(7) Cf. ses lettres très courageuses au grand-juge Regnier (chargé alors de la police), 19 et 28 octobre 1802 : *Ibidem*.
(8) Arrêté du 4 nivôse an XI (25 décembre 1802).

avoir obtenu en haut lieu qu'il fût mis à sa disposition, lui fit prêcher dans sa cathédrale de Lyon le carême de 1803 (1) et le recommanda à son terrible neveu, qui voulut le voir, prit plaisir à causer théologie avec lui, et lui ménagea une place dans la nouvelle cour. Bref, au début de février 1805, les mêmes journaux qui, quatre ans auparavant, avaient inséré les communications de Dubois sur la dangereuse folie de l'abbé, annoncèrent que tous les mardis de carême un sermon serait donné à Saint-Jacques-du-Haut-Pas par « M. l'abbé Fournier, vicaire général de Troyes, chapelain de Sa Majesté Impériale (2) ».

Les Parisiens de ce temps-là avaient de bonnes raisons pour ne plus s'étonner de grand'chose; néanmoins, cette réapparition eut un vif succès de curiosité, et la foule se porta rue Saint-Jacques. Le Vendredi saint, l'encombrement fut tel qu'on dut fermer les portes; le jour de Quasimodo, l'église fut comble deux heures avant le sermon, et il fallut faire venir des factionnaires, bien qu'on perçût à l'entrée la somme alors inouïe de quatre sols par personne (3).

La mode était alors aux citations classiques, et plus d'un auditeur murmura sans doute à part soi :

> Ses malheurs n'avaient point abattu sa fierté,

en constatant que l'abbé n'avait rien perdu de sa verve prime-sautière ni rien tempéré de sa hardiesse. Cette hardiesse s'accrut dans le cours de l'été, lors des prédications qu'on lui demanda un peu partout. Le jour de l'Invention de la Croix (13 floréal-3 mai), à la bénédiction

(1) Émery à Bausset, 9 janvier 1803 : *Papiers Émery*.
(2) *Débats*, 12 ventôse an XIII.
(3) Rapports du préfet de police, 22 germinal et 2 floréal an XIII : F7, 3833.

du Calvaire du Mont-Valérien, il improvisa une allocution devant chacune des quatorze stations, et s'écria, à celle qui rappelait le jugement de Pilate : « Eh ! combien de magistrats lui ressemblent ! (1) » Un autre jour, à Saint-Germain-des-Prés, il tonna contre l'immoralité des spectacles et l'indécence des statues exposées dans les jardins publics (2). A Saint-Eustache, le jour de l'Ascension, il dit de Jésus-Christ : « Ce roi des rois n'a jamais assassiné personne (3). »

Un pareil propos, tenu quatorze mois après la mort du duc d'Enghien, était autrement compromettant que l'allusion au régicide en 1801 : mais le vent avait sauté depuis lors, et loin d'être inquiété, Fournier prêcha à Saint-Sulpice l'Avent de 1805 (4). Chargé de collaborer au catéchisme impérial (5), nommé aumônier ordinaire de l'impératrice au début de 1806 (6), un décret du 15 juillet 1806 lui attribua l'évêché de Montpellier. Le bruit courut alors qu'il avait été faire une visite de remerciement au préfet de police, en lui déclarant spirituellement qu'il considérait l'aventure de Bicêtre comme le point de départ de ses grandeurs (7).

Sacré par Fesch dans la chapelle des Tuileries, le nouvel évêque devint aumônier de l'Empereur, et en exerça les fonctions à diverses reprises, transportant dans ses conversations avec le maître le franc-parler qui avait fait sa vogue de prédicateur. Le jour du Vendredi saint

(1) Rapport du même, 14 floréal : *Ibidem*.
(2) Bulletin de police, 8 prairial an XIII ; AF. IV, 1493.
(3) Note anonyme du 23 prairial an XIII, écrite sur du papier à en-tête du ministère de la police : F7, 3833.
(4) Rapport du préfet de police, 11 frimaire an XIV : F7, 3834.
(5) BERTRAND, *Bibliothèque sulpicienne*, t. III, p. 218.
(6) Frédéric MASSON, *Joséphine impératrice et reine*, p. 119.
(7) Duchesse D'ABRANTÈS, *Mémoires*, t. VIII, p. 173-174 (la duchesse affirme tenir l'anecdote de Dubois lui-même).

de 1810, comme le célébrant chantait l'admonition traditionnelle : *Oremus et pro beatissimo papa nostro Pio*, l'évêque de Montpellier, qui était de service auprès de Napoléon, osa lui dire à l'oreille : « Sire, ce n'est pas Dieu qu'il faudrait prier pour le Pape, c'est vous (1). » Cela ne l'empêcha point d'être désigné pour secrétaire du Concile de 1811, où son attitude fut assez effacée. Après le Concordat de 1817, Louis XVIII le nomma archevêque de Narbonne, mais le rétablissement de ce siège n'ayant point été confirmé, il mourut évêque de Montpellier en 1834.

IX

Assez nombreux à Paris dès la fin du règne de Louis XVI, les protestants l'étaient devenus davantage au cours de la Révolution, qui avait attiré dans la capitale beaucoup de provinciaux et d'habitants des pays conquis. Les luthériens n'eurent de culte organisé que plus tard. Sous le Consulat, les calvinistes seuls tenaient régulièrement leurs réunions; ils avaient loué la petite église Saint-Louis-du-Louvre, appelée à disparaître sous l'Empire; leur principal ministre, le pasteur Marron, avait été avant la Révolution chapelain de la légation de Hollande et devait rester jusqu'en 1832 à la tête de l'Église évangélique de Paris. Remarquable de dignité extérieure dans l'exercice du culte, c'était un médiocre

(1) Ce propos était d'autant plus hardi que le 9 décembre 1809 Napoléon avait écrit au ministre des cultes de mander à Paris « le sieur Fournier, évêque de Montpellier... pour rendre compte de sa conduite », en ajoutant : « Il paraît qu'il montre de mauvaises dispositions, notamment dans son dernier mandement. » (*Lettres inédites*, éd. L. de Brotonne, 503).

orateur, mais un courtisan déterminé; il célébra en prose et en vers, avec un zèle infatigable, tous les gouvernements qui se succédèrent pendant le cours de sa longue carrière (1).

Si les pouvoirs publics n'avaient jamais été sérieusement tentés de se rendre aux suggestions de Mme de Staël, conseillant au Directoire d'adopter le protestantisme pour religion d'État (2), la plupart des hommes en place portaient à la religion réformée une bienveillance faite du double désir d'afficher la tolérance et de taquiner les catholiques. Frochot affirmait que les protestants ne payaient point de retour « l'aversion antichrétienne » dont ils étaient l'objet de la part du clergé papiste; il sollicitait pour eux la jouissance gratuite de Saint-Louis-du-Louvre et d'une seconde église à déterminer près du faubourg Saint-Antoine (3). Dubois de son côté se permettait de signaler le mauvais effet produit dans les milieux réformés par la publication de la fameuse lettre du Premier Consul au préfet de la Vendée, lettre où il était question de « ces méchants hérétiques d'Anglais (4) ». Une autre fois, il proclamait d'un ton doctoral : « On a observé que dans aucun temple, dans aucune cérémonie religieuse il ne règne autant de tranquillité et de décence que dans celui (*sic*) des protestants (5). »

Bien que l'air ambiant ne fût guère propice à l'exalta-

(1) Cette appréciation est empruntée à l'article consacré à Marron dans la *France protestante* de Haag.

(2) Cf. le mémoire inédit cité par M. Paul Gautier dans la *Revue des Deux-Mondes* du 1er novembre 1899.

(3) Mémoire au conseiller d'État Lacuée : Rocquain, *État de la France au 18 Brumaire*, p. 276 et 282.

(4) Rapport du 8 thermidor an VIII : Aulard, *Paris sous le Consulat*, t. I, p. 550.

(5) Rapport du 1er thermidor an IX : F7, 3829.

tion mystique, le préfet de la Seine, en faisant l'énumération des divers cultes, signalait des *convulsionnaires*, qui n'avaient que le nom de commun avec les dévots jansénistes du diacre Pâris, et qui se réunissaient au domicile de quelqu'un d'entre eux pour célébrer ce qu'ils appelaient la Cène (1). Est-ce la même secte à laquelle faisait allusion un rapport de Dubois, parlant d'assemblées où le chant des psaumes alternait avec la révélation de prétendues prophéties, et auxquelles le poète Ducis aurait été assidu (2)?

La franc-maçonnerie avait dans le gouvernement consulaire de puissants protecteurs, à commencer par Cambacérès; Dubois était également initié, et assidu aux « travaux » de sa loge. Il n'en est que plus surprenant de le voir très généralement défavorable à ses « frères ». « Les sociétés de francs-maçons, écrivait-il en mai 1800, sont devenues depuis quelque temps les points de réunion des factieux de tous les partis (3). » Il prétendait que la maçonnerie servait de prétexte à des conciliabules politiques, et que royalistes ou ultrà-jacobins, les loges étaient presque toutes opposées au gouvernement. Si ces griefs étaient fondés, ils ne tardèrent point à se dissiper. La franc-maçonnerie sous l'Empire devait se réduire à peu près exclusivement à des séances littéraires et gastronomiques.

La théophilanthropie, au contraire, conservait la prétention de constituer un culte et de détrôner les anciennes religions. Dans le temps de sa première vogue, quand

(1) Mémoire à Lacuée : Rocquain, *op. cit.*, p. 277 et 282.
(2) Rapport du 1er brumaire an X : F7, 3830.
(3) Rapport du 4 prairial an VIII : Aulard, *Paris sous le Consulat*, t. Ier, p. 356.

elle jouissait de la protection du tout-puissant directeur Larevellière, elle avait occupé à Paris seize églises ou chapelles (1). Par suite de la lassitude du public et de l'indifférence plutôt hostile des autorités, les cérémonies n'avaient plus lieu que dans quatre « temples », Saint-Germain-l'Auxerrois, Saint-Gervais, Saint-Nicolas-des-Champs et Saint-Sulpice.

Tandis que les rationalistes reprochaient à leurs « orateurs » de ressusciter le costume religieux (2), la foule des gens paisibles les accusait de sympathies terroristes. Si Frochot protestait que c'était là pure calomnie (3), Dubois notait, sans bienveillance aucune, que leurs réunions se recrutaient surtout en « exclusifs », qu'on y déclamait contre la tyrannie, et qu'à la sortie les assistants s'apitoyaient entre eux sur l'inique condamnation d'Arena et de Ceracchi (4). Leur rhétorique, leur liturgie surtout, paraissaient bouffonnes aux Parisiens; un contemporain, d'ailleurs parfaitement sceptique, rédigeant ses souvenirs sous la Monarchie de juillet, a écrit que « la populace traita ces sacristains en houppelande comme elle a traité depuis les saint-simoniens (5) ».

Suspects au pouvoir, raillés par la masse, les théophilanthropes étaient pour les catholiques sincères un objet de scandale sans cesse ravivé; chaque décade, leur présence dans les églises faisait aux croyants l'effet d'une profanation, et leur langage ou leur attitude n'était nullement de nature à diminuer cette impression. Parfois,

(1) Cf. la liste et les dates d'installation *apud* GRENTE, *Le Culte catholique à Paris*, p. 79-80.

(2) Cf. la polémique du *Journal des hommes libres* en mai 1800 : AULARD, *Paris sous le Consulat*, t. Ier, p. 348 et 385.

(3) ROCQUAIN, *État de la France au 18 Brumaire*, p. 278.

(4) Rapports des 16 pluviôse et 16 messidor an IX : F7, 3829.

(5) ARNAULT, *Souvenirs d'un sexagénaire*, t. III, p. 359-360.

comme à Saint-Gervais, ils se permettaient de mutiler les emblèmes catholiques (1). Plus encore que ces insultes, certains hommages paraissaient sacrilèges; la *Société de religion naturelle du temple de la Victoire*, qui avait substitué au banc d'œuvre de Saint-Sulpice une pyramide en bois peint avec l'inscription *A Dieu toujours bon* (2), imagina, à partir du printemps de 1800, de célébrer le 10 de chaque mois la fête de « l'un des bienfaiteurs de l'humanité »; par un trait de ce pédantisme scolaire qui était alors en honneur, l'éloge du héros était mis au concours, et le discours primé était lu par son auteur (3). Après Socrate et Jean-Jacques, on loua ainsi Fénelon et l'évêque espagnol Las Casas, le protecteur des Indiens. Les catholiques étaient habitués de longue date à voir travestir le caractère et les idées de ces deux personnages; mais la mesure parut comble quand les théophilanthropes de Saint-Sulpice s'avisèrent de glorifier comme un ancêtre... Vincent de Paul. Sous la Terreur, cela avait pu être un ingénieux expédient pour soustraire au marteau des vandales la statue du saint, que de l'affubler de cette inscription : *Vincent de Paul, Instituteur des Enfants trouvés, Philosophe français du dix-septième siècle;* à se répéter, la plaisanterie perdait tout agrément, et chez les catholiques il n'y avait plus de place que pour l'indignation, dont l'abbé de Boulogne se fit l'interprète très véhément (4).

A mesure que les catholiques se sentirent plus nombreux et mieux protégés, ils protestèrent plus énergiquement contre le partage de certaines de leurs églises

(1) Tableau de la situation de Paris, 23 germinal an VIII : Aulard, *Paris sous le Consulat*, t. Ier, p. 265-266.
(3) Hamel, *Histoire de l'église Saint-Sulpice*, p. 287.
(3) Aulard, *Paris sous le Consulat*, t. Ier, p. 280.
(4) Boulogne, *Mélanges de religion*, t. II, p. 372.

avec les théophilanthropes. L'occasion toute naturelle de ces protestations était la coïncidence accidentelle du dimanche avec le décadi. A Saint-Nicolas-des-Champs, les plaintes des catholiques, timides le 30 germinal an VIII, furent assez vives le 10 messidor pour empêcher les théophilanthropes de tenir leur réunion, et le 20 fructidor pour donner lieu à une vraie bagarre vers la fin de la grand'messe (1). Le 20 nivôse et le 30 germinal an IX (ces deux jours n'étaient pas des dimanches), à Saint-Gervais, le culte théophilanthropique fut interrompu par des perturbateurs qui tentèrent d'arracher les décorations ou de renverser les autels, et que la préfecture de police dénonçait comme « toutes les têtes chaudes de la paroisse (2) ». Une autre fois, à Saint-Sulpice, dont les théophilanthropes partageaient l'usage avec les constitutionnels, on remarqua dans l'assistance des prêtres « en habits bourgeois » allant répéter de groupe en groupe « qu'il fallait chasser cette secte (3) ».

Le partage des églises se révélant pratiquement et moralement impossible, Frochot, par bienveillance pour les théophilanthropes ou par simple scrupule de tolérance, proposait de leur affecter une église dont ils auraient été seuls à se servir (4). Bonaparte prit un moyen plus radical, après la signature du Concordat : prévenu contre une secte suspecte de tendances démagogiques, encouragé peut-être par des influences subal-

(1) Rapports du ministre de la police : AULARD, *Paris sous le Consulat*, t. Ier, p. 280, 462 et 641-642.

(2) Rapport du 1er floréal an IX : F7, 3829. Par un procédé moins brutal, le conseil des administrateurs de cette église tenta d'évincer les théophilanthropes en leur faisant sommation de payer la moitié des grosses réparations. (GRENTE, *Le Culte catholique à Paris*, p. 385.)

(3) Rapport du préfet de police, 9 thermidor an IX : F7, 3820.

(4) Mémoire à Lacuée : ROCQUAIN, *État de la France au 18 Brumaire*, p. 281-282.

ternes à faire un acte agréable au clergé (1), il signa (12 vendémiaire an X-4 octobre 1801) un arrêté qui retirait aux théophilanthropes la jouissance des édifices nationaux. Quelques convaincus rédigèrent, pour être autorisés à louer un local, une pétition qui demeura sans réponse : dépourvus de la constance qui fait les martyrs, ils se dispersèrent sans difficulté, et ce fut la fin de la théophilanthropie, qui n'avait pu vivre que de l'appui du gouvernement. Pour porter la nouvelle à la connaissance du public parisien, on prit cet étrange détour de publier, non pas l'arrêté consulaire, mais une lettre explicative de Fouché au préfet de *Maine-et-Loire;* s'il faut en croire Dubois, l'oraison funèbre du culte supprimé fut sommaire : « A l'exception des exclusifs et de quelques tricoteuses, tout le monde applaudit à l'ordre donné aux théophilanthropes de cesser leurs exercices (2). »

X (3).

Croyants comme incrédules étaient loin de supposer, au lendemain du 18 Brumaire, et même après les premières mesures de tolérance religieuse, que Bonaparte pourrait songer à rendre au catholicisme une place offi-

(1) A la suite d'une conversation avec Bernier, l'abbé Émery écrivait : « Croiriez-vous que cela est dû aux gens d'un curé de Paris, qui apparemment connaissent quelques domestiques de Bonaparte ! » (A Bausset, 6 octobre 1801 : *Papiers Émery*).

(2) Rapport du 17 vendémiaire an X : F7, 3830.

(3) Nous n'avons point à retracer ici le détail de la négociation du Concordat, dont on trouvera les documents dans le recueil de M. le comte Boulay de la Meurthe, et le récit très brillant dans le livre récent de S. E. le cardinal Mathieu.

cielle dans l'État. La fameuse lettre sur le *Te Deum* de Milan, publiée par ordre dans les journaux parisiens (1), fit l'effet d'un acte de condescendance un peu dédaigneuse, à rapprocher des avances aux muphtis du Caire. Au retour de Marengo, quand le Consul, dans des conversations familières, faisait le procès de l'athéisme et pressait à cet égard le grand savant Laplace (2), cela pouvait passer pour une profession de foi spiritualiste. à la Voltaire ou à la Rousseau. Quant au christianisme et au catholicisme en particulier, nous avons dit les sentiments de dénigrante hostilité auxquels il était en butte dans les sphères officielles (3); l'abbé Émery n'exagérait rien en écrivant, au cours des négociations : « Ce qu'il y a de certain, c'est que presque tout ce qui environne le Premier Consul est mal intentionné pour nous (4). »

Quand le curé angevin Bernier avait fait un premier séjour à Paris, en février 1800, le désir de consacrer et de compléter la pacification de l'Ouest avait pu suffire à expliquer les faveurs et les avances dont il avait été l'objet : le Premier Consul l'avait obligeamment engagé à quitter son nom d'emprunt (5); Talleyrand l'avait invité à sa grande fête du 26 février, et les journaux avaient célébré la présence de l'abbé presque autant que les pirouettes de Vestris ou les entrechats de Mlle Chameroi (6). Mais on se douta bien que les affaires

(1) « Aujourd'hui, malgré tout ce qu'en pourront dire nos athées de Paris, je vais en grande cérémonie au *Te Deum*. » (Aux deux autres Consuls, 29 prairial an VIII : *Correspondance*, 4933.)

(2) Miot de Mélito, *Mémoires*, t. Ier, p. 294-295.

(3) Sur cette hostilité, cf. Barante, *Souvenirs*, t. Ier, p. 98-101.

(4) A Bausset, sans date (probablement de mars 1801) : *Papiers Émery*.

(5) *Débats*, 12 pluviôse an VIII.

(6) Aulard, *Paris sous le Consulat*, t. Ier, p. 180.

de Vendée n'étaient plus seules en cause lorsqu'on vit Bernier, revenu d'Anjou dès le début de septembre 1800 (1), faire une installation à Paris, trancher du personnage influent, avoir ses jours d'audience où se pressaient plus de quatre-vingts personnes (2), procurer des grâces, annoncer solennellement en chaire que les épreuves de l'Église de France allaient prendre fin (3). Le bruit de cette extraordinaire fortune se répandit jusqu'à Rome, et même jusqu'à Montefiascone, où Maury se morfondait dans une sorte d'exil. Insuffisamment renseigné sur le caractère du personnage, qu'il appelait non seulement « un homme de beaucoup d'esprit », mais « un saint ecclésiastique, un excellent et prudent royaliste », le cardinal rapportait tout ébahi, d'après les récits de deux prêtres parisiens, que Fouché avait dit à Bernier, en lui accordant la rentrée d'un évêque émigré : « J'ai ordre de ne rien vous refuser (4). »

Si Bernier ne résistait point au plaisir d'étaler son importance, il se montrait en revanche impénétrable sur le détail des négociations, même avec ses confrères les mieux qualifiés par le rang et l'expérience. Les membres du conseil archiépiscopal s'en émurent, non par un sentiment de mesquine jalousie, mais parce que chez Bernier la fermeté et la science théologique ne leur semblaient pas à la hauteur de la souplesse et de la finesse d'esprit : « Je redoute, écrivait Émery, les arrangements faits sans consulter personne (5). »

Aussi renfermé pour le moins, le principal négocia-

(1) Boulay de la Meurthe, *Documents sur la négociation du Concordat*, t. Ier, p. 110, note.

(2) Rapport du préfet de police, 6 germinal an IX : F7, 3829.

(3) *Id.*, 6 prairial an IX : *Ibidem*.

(4) A d'Avaray, 11 décembre 1800 : Ricard, *Correspondance du cardinal Maury*, t. II, p. 62-65.

(5) A Bausset, 25 février 1801 : *Vie de M. Émery*, t. II, p. 42.

teur romain, Spina, observait en outre, dans les débuts surtout, une attitude effacée dont la cause était probablement une profonde défiance à l'égard de tout ce qui était français. Bien que les journaux eussent annoncé son arrivée en novembre 1800 (1), Émery ne pouvait le décider à officier pour Noël ailleurs que dans une chapelle privée : « M. *(sic)* Spina est trop circonspect, et ne veut rien faire ni rien dire (2). » C'est tout au plus si le prélat italien se risquait, pendant le carême, à aller entendre le prédicateur des Carmes (3), et le jour de Pâques, à *assister* dans la même église à l'office pontifical célébré par Roquelaure (4).

Le cardinal Consalvi, qui vint prendre la direction des négociations dans un moment critique, contraint par le désir du Premier Consul à beaucoup figurer dans les réceptions officielles, observa dans ses conversations la même réserve, diplomatique autant qu'ecclésiastique. Les Parisiens, à commencer par les plus haut placés, se dédommagèrent en lui prêtant force propos saugrenus, dont l'histoire a fait justice (5). Ce qui est exact, c'est que par politique et par penchant personnel le cardinal, tenu à se montrer rigoureux sur les principes, fut prodigue d'amabilités envers les indi-

(1) Aulard, *Paris sous le Consulat*, t. Ier, p. 800.

(2) A Bausset, sans date (fin décembre 1800) : *Papiers Émery*.

(3) Émery au même, 23 mars 1801 : *Ibidem*.

(4) Boulay de la Meurthe, *Documents sur la négociation du Concordat*, t. II, p. 345, note.

(5) Cardinal Mathieu, *le Concordat*, p. 214. On est stupéfait que des hommes aussi judicieux que le baron de Bausset (*Mémoires*, t. Ier, p. 17) et surtout Prosper de Barante (*Souvenirs*, t. Ier, p. 101-102) aient ajouté foi au racontar d'après lequel Consalvi aurait confié à Mme de Brignole qu'il avait le pouvoir d'accorder des concessions bien plus étendues, et notamment le mariage des prêtres ! Les documents authentiques le montrent au contraire sans cesse hanté de la crainte d'outrepasser son mandat.

vidus, qu'il s'agit d'anciens jacobins, de défroqués comme Talleyrand, ou même, ce qui surprit davantage, de constitutionnels obstinés (1).

Sur le fond des choses, le secret fut si bien gardé que six semaines après la signature l'abbé Émery prenait au sérieux, et même au tragique, un bruit d'après lequel la convention aurait consacré en termes exprès la déchéance de la maison de Bourbon, le droit des peuples à changer de gouvernement à leur gré; aurait enfin donné aux évêques le titre officiel de *professeurs de morale du premier ordre* (2)!

C'était par des billevesées de ce genre qu'un certain nombre d'hommes « éclairés » avaient tenté de se consoler en apprenant que des négociations étaient officiellement ouvertes avec la cour de Rome. Tandis que les fanatiques d'irréligion comme Ginguené s'écriaient que le seul projet de salarier les ministres du culte amènerait la chute du gouvernement consulaire (3), les habiles et les pourvus, comme Frochot et Lacuée, invoquant l'opinion des « gens les plus raisonnables », se flattaient que le Saint-Siège accepterait une seconde édition de la Constitution civile; ils prônaient gravement « une réforme du christianisme, qui conciliât la multitude de tous les partis..., une religion modifiée... On paraît craindre, ajoutaient-ils, des prêtres célibataires (4) ».

Quand il fut avéré que le Concordat ne changeait rien d'essentiel dans l'organisation hiérarchique et disciplinaire de l'Église, l'organe officiel du parti, *la Décade*,

(1) Cf. une lettre du prêtre constitutionnel Servant, du 22 juillet 1801 : *Société des sciences et arts de Vitry-le-François*, t. XVIII, p. 280.

(2) A Bausset, 6 et 17 septembre 1801 : *Papiers Émery*.

(3) Rapport du préfet de police, 6 ventôse an IX : F7, 3829.

(4) ROCQUAIN, *État de la France au 18 Brumaire*, p. 255 et 281.

exhala son dépit en termes d'une amertume à peine voilée par la prudence : « Ainsi la tiare se raffermit sur la tête pontificale du successeur de Pie VI. Ce pape n'aura point été le dernier, comme l'avaient follement espéré bien des gens qui se rappellent toujours les troubles qu'ont excités dans le monde entier, durant tant de siècles, les pontifes romains... (1). »

Dans les conversations de salon ou de corps-de-garde, ces déclamations ampoulées faisaient place au langage le plus violent. Les membres des grands corps de l'État, choisis presque tous après Brumaire dans des partis qui avaient pour trait commun la passion antireligieuse, faisaient alterner les doléances avec les menaces : plusieurs osèrent porter des représentations au Premier Consul, qui rabroua vertement les uns (2) et amadoua les autres en faisant l'esprit fort avec eux (3). Dans l'armée, où les généraux et les officiers supérieurs, à l'exemple de Moreau, se répandaient en sarcasmes grossiers, des meneurs inquiétaient les soldats en leur contant qu'ils allaient être contraints d'aller à confesse (4). Quant à la population civile, le vieux fonds de gauloiserie anticléricale, auquel s'étaient récemment superposées les préventions démagogiques et révolutionnaires, produisit bien quelques épigrammes, quelques propos frondeurs ou attristés; mais la masse même indévote se réjouit de la cessation de querelles qui troublaient tant

(1) An IX, t. IV, p. 236.

(2) Rapport du préfet de police, 18 fructidor an IX : F7, 3829. — L'anecdote du coup de pied donné à Volney est célèbre. (SAINTE-BEUVE, *Causeries du Lundi*, t. VII, p. 428 et note.)

(3) Dans un fragment demeuré inédit, et que M. Paul Gautier vient de publier, Mme de Staël assure que Bonaparte répondit à Cabanis : « Je veux rétablir la religion comme vous la vaccine, l'inoculer pour la détruire. » (*Dix années d'exil*, p. 53-54).

(4) Rapport du préfet de police, 14 fructidor an IX : F7, 3829.

d'intérieurs, et surtout de la résurrection des rits religieux auxquels elle était attachée par le double lien des traditions de famille et des souvenirs d'enfance. Un faiseur d'à-propos dramatiques traduisait platement, mais exactement le sentiment général quand, en célébrant les préliminaires de Londres, il ajoutait à un couplet ce distique final, fort applaudi par les spectateurs de Feydeau :

Notre bonheur est accompli,
Voilà le culte rétabli (1).

On sait les raisons, de politique intérieure et surtout « parlementaire », comme nous dirions à présent, qui firent différer pendant de longs mois la promulgation du Concordat. Mais dès l'été et l'automne de 1801 une série de mesures gouvernementales ou administratives vint donner la preuve palpable que l'harmonie était rétablie entre les deux pouvoirs. C'est ainsi que certaines églises reçurent des libéralités (2), et que les façades furent débarrassées des inscriptions rappelant les vocables imposés sous le Directoire, *A la Raison, Au Génie*, etc., (3); auparavant, la police avait fait nuitamment enlever le poteau érigé sous la fenêtre du Louvre d'où Charles IX était censé avoir fait le coup de feu à la Saint-Barthélemy : « Ce poteau, expliquait une note officieuse, était destiné à rappeler un fait sur lequel les historiens sont très loin d'être d'accord (4). »

Des faits plus significatifs encore furent l'arrivée à Paris du cardinal-légat Caprara (4 octobre), et la nomi-

(1) *Décade*, an X, t. Ier, p. 176-177.
(2) L'ancien orgue de l'abbaye de Saint-Germain-des-Prés fut placé à Saint-Eustache : *Débats*, 10 fructidor an IX.
(3) *Idem*, 17 frimaire an X.
(4) *Idem*, 21 fructidor an IX.

nation d'un « conseiller d'État chargé de toutes les affaires concernant les cultes » (15 vendémiaire an X-7 octobre 1801). Le clergé et les âmes pieuses, tout en regrettant que cette expression générale, « les cultes », mît le catholicisme sur le même pied que les confessions dissidentes (1), se félicitèrent que le choix des consuls tombât sur Portalis, c'est-à-dire sur une des rares personnalités du monde officiel qui fût sincèrement attachée au rétablissement de la paix religieuse. Qualifiée de « très bonne nouvelle » par l'abbé Émery (2), cette nomination ne fut critiquée que dans quelques cercles jansénistes, où l'on représentait Portalis comme trop soumis à l'influence des sulpiciens (3).

Au début de 1802, le Premier Consul se décida à faire un pas de plus en donnant la consécration religieuse au mariage de son frère et de sa belle-fille; mais la cérémonie eut lieu dans la plus stricte intimité, et le public en fut informé en termes intentionnellement dubitatifs, comme pour laisser la porte ouverte à une rétractation ou à un désaveu: « Le mariage du c. Louis Bonaparte avec Mlle Beauharnais *a dû* être célébré dans le palais des Consuls, avant-hier à une heure du matin. *On croit* que le Second et le Troisième Consul y ont assisté comme témoins, et que c'est monseigneur le cardinal Caprara qui a donné aux époux la bénédiction nuptiale (4). »

Une question, qui depuis le mois de septembre 1801 préoccupait fort le gouvernement et les cercles religieux, était celle de la démission des évêques. Celle des consti-

(1) Rapport du préfet de police, 10 vendémiaire : F7, 3830.
(2) A Bausset, 7 octobre : *Papiers Émery*.
(3) Rapport du préfet de police, 28 pluviôse an X : F7, 3830.
(4) Journaux du 17 nivôse an X (7 janvier 1802).

tutionnels, placés dans la dépendance du gouvernement, ne pouvait faire de doute, et de leur part l'unanimité fut complète. Mais les évêques légitimes, dont la plupart étaient demeurés hors de France, dont beaucoup entretenaient des relations suivies avec les princes de la maison de Bourbon, accéderaient-ils à la demande du Saint-Père en donnant une démission qui aurait incontestablement pour effet de consolider le gouvernement consulaire? A s'en tenir même au point de vue du droit canon, tel que l'interprétait la tradition gallicane, leur devoir était-il si évident?

L'abbé Émery ne tranchait pas ce cas de conscience aussi sommairement que certains historiens modernes. Au moment où le document pontifical allait lui être communiqué, il écrivait : « Le cœur me bat un peu, et je crains d'apprendre en même temps que je le désire. » Puis, tout en déclarant la mesure indispensable et en poussant aux démissions de toute son influence, il ne pouvait retenir cet aveu : « Dans le vrai, la mesure dont il s'agit est bien violente; il n'y en a pas d'exemple; le pape n'a pas pu en citer un seul (1). »

En fait, sur 82 sièges encore occupés dans l'ancienne France, il y eut 36 refus et 46 acquiescements (2), ce qui est fort loin de cette quasi-unanimité qu'il est de tradition de vanter. Les correspondances officielles témoignent que pendant quelque temps la cour de Rome et le gouvernement français se demandèrent avec anxiété si l'on aurait même la simple majorité. Pour entraîner les indécis, les premières démissions furent publiées d'urgence au *Moniteur*, non seulement avant qu'elles fussent parvenues à Rome, procédé d'une cor-

(1) A Bausset, 20 et 27 septembre 1801 : *Papiers Émery*.
(2) Boulay de la Meurthe, *Documents sur la négociation du Concordat*, t. V, p. 630, note 1.

rection douteuse (1), mais sans qu'on se fût assuré de leur réalité, ce qui devait amener de regrettables démentis (2).

Malgré la vigilance de la police, on connaissait à Paris l'essentiel des brochures publiées en Angleterre contre la démission, et dans les conversations ou les correspondances la polémique s'engageait avec l'âpreté inhérente aux querelles religieuses. Tandis que les évêques démissionnaires étaient taxés de faiblesse et d'ambition, leurs partisans reprochaient aux refusants de sacrifier l'intérêt de la religion à des passions politiques ou à d'autres motifs moins honorables encore (3).

Les évêques émigrés qui donnaient leur démission recevaient en retour l'autorisation de rentrer en France; mais les chefs de la police, hostiles au Concordat, s'ingéniaient à leur prodiguer les vexations. Tandis par exemple que Portalis, fort de l'approbation de Bonaparte, autorisait à habiter Paris les trois premiers prélats rentrés, tous trois fort éloignés de l'esprit d'intrigue (des Moutiers de Mérinville, de Mercy et de Noé), Fouché l'en reprenait d'un ton rogue, en alléguant une règle générale (4). Un peu plus tard, l'archevêque de Bordeaux, Champion de Cicé, ancien garde des sceaux de Louis XVI, prenait soin à son arrivée d'aller voir le ministre de la police, qui lui faisait le meilleur accueil, et le Consul Lebrun, qui le priait à

(1) « N'êtes-vous point étonné qu'on publie les lettres au pape avant qu'il les ait reçues? » (Émery à Bausset, 3 octobre 1801 : *Papiers Émery*).

(2) Boulay de la Meurthe, *Documents*, t. IV, p. 416-417 et notes.

(3) Cf. une lettre adressée par une dame, le 4 octobre 1801, à Bausset, pour le féliciter de sa démission et incriminer le refus de l'archevêque de Narbonne. Dillon : *Papiers Émery*.

(4) 18 et 21 pluviôse an X : Boulay de la Meurthe, *Documents*, t. V, p. 135-136.

dîner : il n'en était pas moins arrêté et retenu plusieurs heures à la préfecture de police, sous prétexte qu'il n'avait point fait viser ses papiers (1). En présence de ces petites persécutions, un des démissionnaires disait à l'abbé Émery avec un soupir de découragement : « Les évêques refusants finiront par avoir raison (2). »

Une des démissions qu'on attendait avec le plus d'impatience était celle de Juigné, en raison de l'importance du siège de Paris et du crédit que ses vertus avaient valu à ce prélat; mais naturellement timoré et indécis, tiraillé entre les admonestations des princes et les supplications de ses grands-vicaires, il tarda longtemps avant de prendre un parti, et tenta de tergiverser.

Ce penchant à l'hésitation lui avait fait écarter, à la fin de 1800, les très vives instances de Louis XVIII et du cardinal Maury, qui le pressaient de demander au pape pour coadjuteur l'abbé Edgeworth, le confesseur de Louis XVI au Temple (3). Une démarche aussi tranchée lui répugnait, et il comprenait d'ailleurs qu'en fait le gouvernement consulaire, considérant l'abbé Edgeworth comme un agent royaliste, ne l'autoriserait jamais à exercer la coadjutorerie; c'eût été faire suppléer un exilé par un proscrit.

Par suite de la même disposition d'esprit, au lieu d'envoyer d'emblée la démission que lui demandait Pie VII, le prélat, pris de scrupules, se débattit un certain temps entre des conseils contradictoires. « Je crains pour l'archevêque de Paris, écrivait Émery, qu'il n'ait été circonvenu et surtout qu'il n'ait voulu consulter

(1) Émery à Bausset, sans date (mars 1802) : *Papiers Émery*.
(2) Au même, 25 mars : *Ibidem*.
(3) Sur cette négociation, cf. Boulay de la Meurthe, *Documents*, t. Ier, p. 100, et Ricard, *Correspondance du cardinal Maury*, t. Ier, p. 402-494 et 511; t. II, p. 7 et 33.

à Mittau. Les princes sont très contraires à la démission (1). » Pour contre-balancer cette influence, les vicaires généraux dépêchèrent à Augsbourg le curé de Saint-Sulpice, Pancemont, qui possédait la confiance de l'archevêque et qui était tout dévoué à la politique concordataire. Sous son influence Juigné rédigea, le 11 novembre, une lettre au pape, qui, en termes assez obscurs, annonçait son adhésion, et le *Moniteur* du 8 frimaire (29 novembre) s'empressa de le faire figurer sur une liste de démissionnaires. Mais, Pancemont parti, le prélat retomba dans ses irrésolutions : il adressa à Spina (15 novembre) et au légat Caprara (18 novembre) deux lettres qui, sans rétracter positivement sa démission, en sollicitaient l'ajournement jusqu'au moment où il aurait pris connaissance des arguments des évêques refusants. Contre l'avis de Caprara, qui voulait tenir la démission pour valable, la cour de Rome réclama un document plus probant et, le 31 janvier 1802, Juigné finit par écrire une lettre de démission catégorique (2). Ainsi se termina cette affaire qui, selon l'expression de l'abbé Émery, avait longtemps été « un problème » : par suite de tant de lenteurs, la démission de l'archevêque de Paris ne fut que la 41e en date sur 46.

« Les prêtres et les dévots s'ennuient de ne pas voir paraître le Concordat (3). » Cette observation du préfet de police, souvent répétée dans les premières semaines de 1802 sous des formes diverses, mais aussi peu respectueuses, traduit assez exactement l'état d'inquiétude

(1) A Bausset, sans date (octobre ou novembre 1801) : *Papiers Émery*.
(2) Boulay de la Meurthe, *Documents sur la négociation du Concordat*, t. IV, p. 425, note, et 430, notes; t. V, p. 123-124, notes.
(3) Rapport du préfet de police, 4 pluviôse an X : F7, 3830.

tant soit peu énervée auquel les catholiques étaient en proie. Leurs adversaires, qui ne désarmaient point, et les indifférents mêmes, concluaient hautement de ces retards que tout serait remis en question au dernier moment; l'exil de Laharpe et d'autres mesures analogues servaient de prétexte à annoncer que le Premier Consul, changeant brusquement de ligne politique, allait se déclarer contre le clergé et gouverner avec les seuls révolutionnaires (1). On se plaisait à exagérer l'incontestable opposition des grands corps de l'État, et à raconter par exemple que le conseil d'État avait rejeté à la presque unanimité un projet d'arrêté fixant au dimanche le jour de repos des fonctionnaires publics (2).

« Enfin », écrivait le 3 avril Bernier à Consalvi, « après de longs retards, nécessités ou amenés par les circonstances, nous touchons au dénouement de la grande affaire qui nous intéresse (3) ». L'impression de soulagement fut générale parmi les croyants, quand ils apprirent que la solution tant attendue allait se précipiter en quelques jours. Leur satisfaction était trop vive pour s'arrêter à des objections de détail; les articles organiques, destinés à soulever d'interminables polémiques au cours du dix-neuvième siècle, passèrent presque inaperçus aux yeux d'hommes pressés de jouir de la paix religieuse, et d'ailleurs imbus des traditions gallicanes. De même le discours de Portalis au Corps législatif ne parut peu orthodoxe que dans les cercles de royalistes irréconciliables, choqués de cette tentative de « transaction entre les philosophes et les chrétiens (4) » : la masse fut frappée de la différence de ton

(1) Émery à Bausset, 11 mars 1802 : *Papiers Emery.*
(2) Rapport du préfet de police, 9 germinal an X : F7, 3830.
(3) Boulay de la Meurthe, *Documents*, t. V, p. 305.
(4) Remacle, *Relations secrètes des agents de Louis XVIII*, p. 21.

entre cette grave, cette respectueuse éloquence et les déclamations antireligieuses dont la tribune nationale retentissait depuis plus de dix ans; il y eut même, parmi les nombreux auditeurs des galeries, quelques esprits forts pour chuchoter qu'on se serait cru au prône (1). Ces critiques contradictoires se perdirent dans le contentement général; les palinodies étaient alors chose si courante, que bien peu de gens s'étonnèrent d'entendre Lucien Bonaparte, le farouche démagogue de 1794, débiter à son tour, sur les bienfaits de la religion, une sorte d'homélie composée ou revue par Fontanes. Le résultat seul frappa les esprits, l'adoption de la loi à une majorité si écrasante (2) qu'elle se rapprochait de cette unanimité impérieusement sollicitée par le Premier Consul (3). Il n'était pas jusqu'à *la Décade* qui, contrainte par la vivacité du sentiment public, ne crût devoir louer la mesure, en assurant gravement qu'elle garantirait la liberté de conscience et la dignité du sacerdoce (4).

XI

Pour ne pas scinder l'exposé de ce qui avait trait à la négociation et à l'approbation législative du Concordat, il nous a fallu laisser momentanément de côté la dernière manifestation publique à laquelle se livra l'Église constitutionnelle, dans l'été de 1801.

(1) Rapport du préfet de police, 18 germinal : Boulay de la Meurthe, *Documents*, t. V, p. 392, note.

(2) 228 voix contre 21.

(3) A la députation du Corps législatif, 16 germinal : Boulay de la Meurthe, *Documents*, t. V, p. 392.

(4) An X, t. III, p. 188.

Par affectation de fidélité aux traditions des premiers siècles chrétiens, par désir aussi de rétablir leurs cadres décimés sous la double influence des rétractations et des apostasies, les constitutionnels se déclaraient fort attachés à l'institution des conciles nationaux. Un premier concile, tenu en 1797, au lendemain du coup d'État du 18 fructidor, avait produit assez mauvais effet, grâce à cette coïncidence avec des mesures législatives et gouvernementales dirigées contre le catholicisme. Dès que la politique de Bonaparte eut amené quelque apaisement, Grégoire décida ses collègues les « Évêques réunis » (1) (2 mars 1800) à convoquer un second concile pour le jour de l'Ascension de 1801. Sur ces entrefaites, le bruit se répandit des pourparlers engagés entre le gouvernement et la curie romaine. Parmi les constitutionnels, les âmes simples, et à leur tête l'évêque de Paris Royer, estimèrent que la convenance autant que l'amour de la paix commandaient de surseoir à la réunion; les violents et les habiles l'emportèrent, en soutenant qu'il fallait se montrer au contraire, et faire le plus de bruit possible, pour entraver les négociations ou les faire tourner au profit des intérêts constitutionnels. Le 8 mars 1801, une lettre fut publiée, à l'adresse des évêques du monde entier, pour les avertir que le Concile s'ouvrirait le jour de la Saint-Pierre (29 juin) (2).

Ce document annonçait que « le chef de l'Église » serait spécialement prié de se faire représenter. Bien que la lettre d'invitation au pape, forcément impertinente sous des formes respectueuses, fût demeurée dans le

(1) Nous avons dit que cette expression désignait une sorte de commission exécutive de l'épiscopat constitutionnel, dont Grégoire était l'âme.

(2) Boulay de la Meurthe, *Documents sur la négociation du Concordat*, t. II, p. 80-83.

portefeuille de Grégoire, le Saint-Siège s'émut, et un mois avant la date fixée, Spina pria instamment Bernier d'obtenir l'interdiction d'une assemblée « qui serait tout à la fois injurieuse pour le chef de l'Église, entièrement contraire aux principes les plus universels de la discipline ecclésiastique, et qui ne ferait que fournir un nouvel élément au schisme et multiplier les désordres auxquels le Premier Consul veut remédier ». En transmettant la demande, Bernier insista aussi vivement que le permettait la prudence : « Il est bon de suspendre au moins ce qui ne peut que rallumer les haines et remettre en question ce que vous voulez maintenant décider (1). »

Mais il entrait précisément dans les plans de Bonaparte de se servir du clergé constitutionnel et de ses manifestations comme d'une arme pour intimider les négociateurs romains et pour avoir raison de leur résistance. Le concile eut donc toute liberté de se réunir au jour dit. Les évêques n'étaient qu'au nombre de trente-sept, mais selon les tendances presbytériennes chères à l'Église constitutionnelle, chaque diocèse avait député deux prêtres, qui siégeaient comme *Pères* du concile au même titre que les prélats.

La séance solennelle d'ouverture eut lieu à Notre-Dame. Le Coz, évêque métropolitain de Rennes, fut élu président, comme il l'avait déjà été en 1797. L'orateur fut Grégoire, dont le discours-rapport se partagea entre d'assez aigres récriminations contre Royer (qui était présent), et des éloges hyperboliques pour le gouvernement, pour Fouché en particulier : « En tout et partout, le ministre de la police nous a prouvé son empressement à obliger, à protéger les pasteurs amis de la République..... Il nous est doux de mêler notre voix à celle

(1) 29 mai 1801 : *Ibidem*, t. III, p. 22-24.

de tous les patriotes, qui lui rendent une justice éclatante (1) ». Dubois, qui assistait personnellement à la cérémonie (2), ne crut pouvoir se dispenser de payer de la même monnaie celui qui avait si copieusement encensé son chef; il exalta dans son rapport le discours « où (*sic*) respirent également le plus vif attachement à la patrie, à la République, au gouvernement, et l'amour de la religion et des mœurs (3) ». Quant à Fouché, il multiplia les marques de gratitude et de bon vouloir, présentant au Premier Consul Grégoire et deux de ses collègues (4), mandant les gazetiers pour leur interdire de mal parler du concile (5), prodiguant surtout les menaces et les vexations aux insermentés, au point qu'un constitutionnel avait la loyauté d'écrire : « Nous voilà donc triomphants plus que nous ne voulons (6) ».

Les séances se succédèrent à Saint-Sulpice, soit publiques dans la nef, soit particulières dans la chapelle de la Vierge, au milieu de l'indifférence générale (7). L'attention, celle même des membres du concile, était absorbée par les péripéties de la négociation qui venait d'entrer, avec l'arrivée de Consalvi, dans la période décisive. « Les travaux », racontait un prêtre, « sont

(1) *Actes du second concile national*, t. III, p. 266.
(2) *Débats*, 11 messidor an IX.
(3) Rapport du 11 messidor : F7, 3829.
(4) Lettre du prêtre Detorcy, du 21 juillet 1801 : *Société des sciences et arts de Vitry-le-François*, t. XVIII, p. 274. (Ce recueil contient sur le concile des correspondances d'un grand intérêt, publiées par M. Ernest Jovy.)
(5) Lettre du prêtre Servant, du 9 août (d'après des confidences de Fouché à son ancien professeur Périer, évêque constitutionnel de Clermont) : *Ibidem*, t. XVIII, p. 290.
(6) 18 juillet : *Ibidem*, t. XVIII, p. 272.
(7) Un rapport de police signale pourtant « un particulier » qui, au moment où un évêque venait de descendre de chaire, l'interpella au sujet de l'existence du Purgatoire (24 messidor : F7, 3829).

bien ralentis dans l'attente du nouvel ordre de choses qui doit arriver. Trois congrégations dans (sur?) cinq sont pour ainsi dire à ne rien faire... » Et le même témoin naïf dévoilait les rêves d'ambition de ces prélats qui avaient sans cesse le désintéressement à la bouche : « Nos évêques constitutionnels espèrent avoir la meilleure part et au moins les deux tiers (1). »

Après l'échange des signatures du Concordat, Bonaparte avait laissé le concile constitutionnel poursuivre ses réunions, afin d'inquiéter encore le Saint-Siège et de presser la bulle de ratification. Une fois la bulle expédiée et reçue, la scène changea brusquement, et Fouché, le protecteur officieux du concile, fut, à dessein sans doute, chargé de notifier à ses chefs qu'ils devaient se séparer au plus vite. Le mieux est de citer ici le récit où un simple prêtre, membre du concile, traduisait la déconvenue de ses confrères : « La bulle à peine arrivée, Bonaparte a témoigné le désir de notre séparation; et même il y a grande apparence que, sans les bons offices du ministre de la police, nous eussions reçu dès le jeudi des ordres officiels à cet égard. Au moins nous avons eu l'air de nous séparer librement; la clôture s'est faite solennellement, dimanche au soir, et avec les cérémonies ordinaires, et par un décret du concile..... Le jeudi on voyait peinte sur tous les visages je ne sais quelle inquiétude..... Ce n'a pas été le beau moment de ceux qui nous avaient toujours bercés de si belles espérances et nous avaient flattés de la protection du gouvernement..... Si l'on nous voyait d'un si bon œil, pourquoi nous renvoie-t-on si brusquement? Si l'on voulait tant nous favoriser, pourquoi l'arrivée de la bulle

(1) Lettre du prêtre Servant, 22 juillet : *Société des sciences et arts de Vitry-le-François*, t. XVIII, p. 279-281.

est-elle pour nous comme une lettre de cachet (1)? »

Après une discussion fort vive et par certains côtés fort comique, où la démission collective de l'épiscopat constitutionnel fut chaleureusement préconisée par les prêtres et non moins énergiquement combattue par les évêques, la clôture eut lieu en effet le dimanche 16 août, en séance publique. Le Coz adressa à l'assistance une allocution débutant par ces mots, où il avait tenté de concilier les traditions de la chaire et le langage révolutionnaire : « Bons citoyens de Paris, chrétiens nos très chers frères (2)..... »

En sa qualité de président, Le Coz, dans les derniers débats, avait, la plupart du temps sans succès, pris le parti de la conciliation et combattu l'influence plus belliqueuse de Grégoire, qui, sentant son rôle impossible dans l'Église concordataire, avait brûlé ses vaisseaux. Bonaparte, mis au courant de l'attitude du métropolitain de Rennes, ordonna, non plus cette fois à Fouché, mais au ministre de l'intérieur Chaptal, de le féliciter et de l'inviter à dîner avec les autres membres du bureau (3). Le Coz, placé à côté de Mme Chaptal, reçut force politesses (4), comme un archevêque *in petto* qu'il était déjà ; lui du moins n'avait point perdu son temps au concile.

Contre son avis, et sur les instances de Grégoire, le concile avait décidé de convoquer les insermentés à des conférences de soi-disant conciliation. Au jour dit (1er septembre), les commissaires désignés se présentèrent à Notre-Dame : comme ils devaient s'y attendre, ils n'y trouvèrent point de contradicteurs ; eux-mêmes n'étaient

(1) Lettre du prêtre Detorcy, 18 août : *Ibidem*, t. XVIII, p. 303-306.
(2) *Actes du second concile national*, t. III, p. 460.
(3) 8 fructidor an IX (26 août 1801) : *Correspondance*, 5706.
(4) Lettre du prêtre Servant, 2 septembre : *Société des sciences et arts de Vitry-le-François*, t. XVIII, p. 327-328.

point au complet, tant la démarche apparaissait de pure forme (1). Cette manifestation tant soit peu puérile fut l'épilogue du concile national de 1801.

XII

A peine le Concordat était-il signé qu'on se préoccupait, dans tous les milieux, du choix qui serait fait pour l'archevêché de Paris. Bien que destiné au dernier moment, par la création inopinée de l'évêché de Versailles, à recevoir une étendue territoriale notablement moindre que sous l'ancien régime (2), ce siège demeurait le plus important de France, sinon peut-être par le chiffre de la population, du moins par ses revenus, par la culture intellectuelle de son clergé, surtout par sa situation dans la capitale d'un État de plus en plus fortement centralisé. Si la désignation de l'archevêque de Paris avait toujours été sous les Bourbons une affaire d'importance, la gravité en augmentait encore lors de cette inauguration du nouveau régime concordataire.

Assez logiquement, les catholiques parisiens crurent tout d'abord qu'on allait leur donner pour archevêque celui qui depuis plusieurs années exerçait parmi eux non pas l'administration, mais les fonctions épiscopales, avec un zèle que ni l'âge ni la persécution n'avaient pu ralentir. Le bruit courut dans les cercles dévots de la nomination de l'évêque de Saint-Papoul (3). Mais Bona-

(1) Lettre du prêtre Servant, 2 septembre : *Ibidem*.

(2) « Devinez-vous pourquoi, tandis qu'on augmente l'étendue de tous les diocèses, on diminue celle de Paris, qui sera réduit à la ville et à la banlieue? » (Émery à Bausset, 28 mars 1802 : *Papiers Émery*).

(3) Rapport du préfet de police, 28 thermidor an IX : F7, 3820.

parte, décidé à reconnaître la très correcte attitude de Maillé la Tour-Landry en lui ménageant une place dans le nouvel épiscopat, savait sans doute que la fermeté de caractère de ce prélat confinait à la roideur; peut-être aussi le jugeait-il trop engagé par son ministère parisien dans les luttes contre les constitutionnels; bref, après avoir songé pour lui à un archevêché de moindre importance, il finit par ne lui attribuer qu'un simple évêché, celui de Rennes (1).

Dès la fin de juillet 1801, Spina, désireux tout à la fois d'être agréable au Premier Consul et de reconnaître des bons offices dont il s'exagérait peut-être le désintéressement, soumit à sa cour un autre nom, en déclarant « utile » le choix de Bernier (2). Cette candidature fut une de celles dont on parla le plus, soit que Bernier dût être créé archevêque d'emblée, soit qu'il devînt coadjuteur et futur successeur à Paris d'un prélat âgé, Roquelaure par exemple (3). Bonaparte y pensa certainement, et donna peut-être des espérances à Bernier : il recula devant les répugnances qu'inspirait un peu partout le passé assez trouble et insuffisamment sacerdotal du personnage.

Dans le clergé, parmi les grands vicaires surtout, quand la démission de Juigné devint probable, on se flatta du rêve de le voir reprendre sa place (4) : malgré ses indécisions, on le vénérait pour sa piété, sa simpli-

(1) C'est sous Napoléon III seulement que le siège de Rennes a été érigé en archevêché ; de temps immémorial, les évêchés bretons avaient dépendu de la métropole de Tours.

(2) A Consalvi, 28 juillet 1801 : Boulay de la Meurthe, *Documents*, t. III, p. 309.

(3) « Parmi les mille et une politiques qui courent, l'une est que M. de Senlis sera arch. de P. et aura en même temps Bernier pour coadjuteur. » (Émery à Bausset, 8 octobre 1801 : *Papiers Émery*).

(4) Le même au même, 3 décembre 1801 : *Ibidem*.

cité, son inépuisable charité. Mais le gouvernement avait posé comme règle absolue *le dépaysement* de tous les évêques replacés, orthodoxes ou constitutionnels (1), et d'ailleurs, par ses relations de famille comme par ses penchants personnels, le prélat passait pour trop inféodé à la politique ou aux regrets royalistes.

Portalis cependant, vers le 20 février 1802, fit ses listes de présentation confidentielles (2). Pour Paris, il donnait le choix entre les trois anciens archevêques d'Auch, de Vienne et d'Aix; toutes ces candidatures étaient très recommandables, et la dernière était excellente. La Tour du Pin-Montauban, prêtre modèle autant que grand seigneur accompli, se distinguait par une exemplaire modestie, qui allait lui faire accepter un peu plus tard l'évêché de Troyes. D'Aviau du Bois de Sanzay était un apôtre dans toute la force du terme; pendant la Révolution, il avait sous un déguisement de colporteur évangélisé son diocèse, et il devait pendant un quart de siècle faire l'édification des Bordelais (3). Quant à Boisgelin, c'était sans conteste l'homme le plus éminent de l'ancien clergé. Orateur disert et académique, partant académicien, il avait prêché le sermon du sacre de Louis XVI; président des États de Provence, il avait révélé des talents administratifs égaux à ceux de Dillon et de Brienne en Languedoc, avec une correction de mœurs dont Brienne comme Dillon étaient malheureusement dépourvus. A la Constituante, c'est lui qui avait été le chef et le vrai porte-parole du clergé, car moins

(1) Une seule exception fut faite pour Moreau, évêque de Mâcon sous Louis XVI, nommé à Autun en 1802.

(2) Boulay de la Meurthe, *Documents*, t. V, p. 205-206.

(3) Portalis disait de lui : « Il est peut-être trop difficile, par ses vertus mêmes, pour un siège comme Paris. »

éloquent que Maury, il le surpassait singulièrement en autorité morale. Depuis l'ouverture enfin des négociations concordataires, il avait puissamment contribué, par son exemple et ses démarches, à créer dans l'épiscopat une majorité de démissionnaires. Le Premier Consul le reconnaissait, en associant dans une note confidentielle « le citoyen Bernier et l'archevêque d'Aix, que je mets hors de ligne comme ayant dans les circonstances rendu de grands services au système (1). »

La nomination de Boisgelin paraissait si naturelle, qu'elle fut annoncée comme certaine (2). Mais on travailla contre lui avec un rare acharnement (3) : il est probable (car nous sommes ici réduits aux conjectures) que son aisance mondaine servit de prétexte pour calomnier sa vie privée, et qu'on représenta Portalis comme dominé par une amitié qui datait des années passées ensemble à Aix. Ce dernier argument dut être le plus efficace auprès d'un maître qui redoutait fort les relations trop intimes entre ses serviteurs.

Un conseiller pour le moins aussi influent que Portalis suggérait un choix d'un caractère tout différent. Talleyrand, après avoir entravé de son mieux la conclusion du Concordat, prétendait en inspirer l'application; dans une note d'allure dogmatique, destinée à censurer et à rectifier un rapport de Portalis, il déclara « utile » de placer à Paris un ancien constitutionnel (4). L'idée, loin d'être immédiatement écartée, parut faire son chemin, et le bruit de la nomination à Paris de Primat, « l'intrus »

(1) Note du 15 mars 1802 : BOULAY DE LA MEURTHE, *Documents*, t. V, p. 324.

(2) Rapport du préfet de police, 12 germinal an X : F7, 3830.

(3) Émery à Bausset, 28 mars : BOULAY DE LA MEURTHE, *Documents*, t. V, p. 230, note.

(4) Vers le 25 février 1802 : *Ibidem*, t. V, p. 175-176 (d'après l'original autographe).

de Lyon et le futur archevêque concordataire de Toulouse, prit assez de consistance pour que le légat Caprara crût devoir courir à Malmaison, où Bonaparte le rassura (1); l'abbé Emery n'en écrivait pas moins : « Tout est à craindre, jusqu'à ce que l'affaire de la nomination soit terminée. »

Le Premier Consul voulut-il ménager à Bernier une prochaine revanche, tenir d'une façon plus générale les ambitions ecclésiastiques en haleine, ou simplement s'assurer contre toute résistance énergique de la part du nouvel archevêque? Toujours est-il qu'il fit au dernier moment un choix imprévu (2). Le jour même de la promulgation légale du Concordat (18 germinal an X-8 avril 1802), vingt-quatre heures avant la désignation des autres membres de l'épiscopat, un arrêté spécial nommait archevêque de Paris « le citoyen Jean-Baptiste de Belloy ».

Le nouvel archevêque, que les contemporains, à la suite des journaux, s'obstinaient à appeler *Dubelloy*, avait une belle prestance et des traits imposants, ombragés d'une ample perruque, comme en témoigne son tombeau monumental, érigé dans une chapelle de l'abside de Notre-Dame. Son passé était mieux qu'honorable. Du petit siège provençal de Glandèves, il avait été transféré à l'évêché de Marseille, vacant par la mort de l'héroïque Belsunce. Celui-ci, admirable pour porter

(1) Cette démarche est attestée non seulement par le récit postérieur et assez suspect d'un agent royaliste (REMACLE, *Relations des agents de Louis XVIII*, p. 22), mais par une lettre très affirmative de l'abbé Émery à l'évêque d'Alais (2 avril : BOULAY DE LA MEURTHE, *Documents*, t. V, p. 230, note).

(2) Pourtant le 28 mars, Émery écrivait à Bausset : « Je sais qu'on emploiera M. de Marseille; je n'ose vous dire quel siège un certain public lui donne. » (*Papiers Émery*).

secours aux pestiférés, avait déployé dans les querelles issues de la bulle *Unigenitus* le zèle intempérant d'un converti : il laissait un diocèse en feu, que la douceur et le tact de son successeur pacifièrent en quelques mois (1). A la Révolution, Belloy n'avait point émigré ; tout récemment, sa démission avait été une des premières données, en des termes d'une exemplaire déférence envers le Saint-Siège (2). Il était enfin irréprochable dans ses mœurs et frugal dans ses habitudes, encore qu'il dût se donner le ridicule d'inventer ou de laisser affubler de son nom un ustensile à filtrer le café (3).

Un irrémédiable défaut annihilait toutes ces qualités. Le prélat appelé, dans des circonstances exceptionnellement difficiles, à réorganiser et à diriger le diocèse de Paris, était âgé de *quatre-vingt-treize* ans, étant né sous le règne de Louis XIV, en 1709, et se trouvant largement le doyen de l'ancien épiscopat. Bien qu'il fût de commande aux Tuileries de s'extasier sur sa verdeur et qu'il donnât en effet d'étonnantes preuves de vigueur physique, il n'avait pu échapper aux atteintes de la caducité morale : sa volonté, peu rigide à toute époque, était devenue débile, et il avait à peu près complètement perdu la mémoire (4).

Sous le ministère même du cardinal de Fleury, une telle nomination eût fait sourire. Sous un régime qui était tout le contraire d'une gérontocratie, où le chef de l'État et ses meilleurs auxiliaires civils et militaires étaient en plein épanouissement de jeunesse, elle cons-

(1) Abbé SICARD, *Ancien clergé de France*, t. I, p. 383.
(2) BOULAY DE LA MEURTHE, *Documents*, t. IV, p. 109.
(3) NORVINS, *Mémorial*, t. II, p. 218. Dans mon enfance, « la Dubelloy » faisait encore partie de l'attirail de toute ménagère qui se respectait.
(4) Émery à Bausset, 25 avril 1802 : *Papiers Émery*.

tituait un scandale, et presque un affront aux catholiques parisiens, trop avisés pour ne pas comprendre que le « vénérable vieillard » serait le docile exécuteur des suggestions gouvernementales.

XIII

Nommé le 8 avril, le nouvel archevêque dut, par la volonté de Bonaparte, prendre possession solennelle le dimanche des Rameaux 11 avril. Le palais de l'archevêché, remis à sa disposition par un second arrêté consécutif à celui de sa nomination, était occupé par deux chirurgiens de l'Hôtel-Dieu (1), Pelletan et Giraud; avec les procédés expéditifs qui étaient alors en usage, le gouvernement les fit sommer d'avoir à vider les lieux dans les vingt-quatre heures. Pelletan, mécontent d'être traité de la sorte, témoigna de l'humeur au prélat, qui était venu le 9 visiter son futur domicile; la souriante bonhomie du vieillard le désarma à tel point qu'il sollicita sa clientèle; à quoi Belloy repartit qu'étant parvenu à quatre-vingt-treize ans « sans avoir jamais été purgé ni saigné », il ne croyait point devoir changer de méthode à son âge (2). — Pendant la Terreur, l'arche-

(1) L'état des lieux a tellement été modifié depuis lors, que quelques indications topographiques peuvent être utiles. L'archevêché, démoli à la suite du pillage de 1831, était situé entre la cathédrale et la Seine, et les jardins s'étendaient jusque vers l'emplacement actuel de la Morgue. L'Hôtel-Dieu, déplacé dans les premières années de la troisième République, était le long de la Seine, entre le Pont-au-Double et le Petit-Pont, sur cette partie de la place du Parvis que domine aujourd'hui la statue de Charlemagne.

(2) Ce détail, comme ceux dont nous n'indiquerons pas la source, est emprunté à un naïf et minutieux récit des fêtes des 11 et

vêché avait servi d'hospice pour les détenus : on avait substitué des carreaux aux parquets, et scellé les persiennes pour prévenir les évasions. Une équipe d'ouvriers exécuta en hâte quelques travaux de nettoyage, et fit disparaître l'essentiel de cet appareil de prison; mais la cour était obstruée par un tel amas de décombres, qu'il fallut renoncer à en opérer l'enlèvement en deux jours et se contenter de pratiquer un passage (1).

Une autre éviction, également sommaire, suivit de près celle des chirurgiens. Royer et son clergé, seuls en possession de la cathédrale depuis la suppression des fêtes décadaires et le départ forcé des théophilanthropes, se flattaient peut-être d'en faire les honneurs au légat et au nouvel archevêque; mais Caprara, qui avait précédemment refusé d'aller chanter un *Te Deum* à Notre-Dame au milieu des constitutionnels (2), ne pouvait se prêter à ce désir. Le temps des ménagements envers les constitutionnels était passé; un policier alla simplement chez Royer réclamer les clefs dans la journée du samedi 10, et le soir, ce qui fut encore plus sensible aux assermentés, l'abbé de Dampierre, vicaire général, nommé la veille évêque de Clermont, bénit à nouveau la basilique, considérée comme souillée.

La nef et le chœur étaient délabrés, dénudés, mais proprement tenus. Les chapelles latérales, au contraire, étaient dans un état complet de désordre et d'abandon; l'entrée de la plupart d'entre elles était d'ailleurs barrée

18 avril, écrit par le sonneur de Notre-Dame et publié (par M. le chanoine Pisani) dans la *Semaine religieuse de Paris* des 27 janvier et 10 février 1900.

(1) Rapport du préfet de police, 19 germinal-9 avril : BOULAY DE LA MEURTHE, *Documents sur la négociation du Concordat*, t. V, p. 459-460.

(2) Au Premier Consul, 27 mars : *Ibidem*, t. V, p. 264-266.

par des cloisons en planches, sur lesquelles on n'eut d'autre ressource que de jeter provisoirement des tapisseries.

Cependant le cardinal Caprara avait eu le vendredi 10 avril, en présence des ministres et des conseillers d'État, sa première audience officielle, au cours de laquelle il avait prêté serment comme légat *a latere* (1). Le samedi il reçut à son tour les autorités constituées, dont les chefs, presque tous révolutionnaires nantis et voltairiens impénitents, se conformèrent à la consigne en célébrant les bienfaits de la religion avec la même rhétorique qu'ils avaient employée jadis à flétrir la superstition. Le matin du dimanche des Rameaux, accompagné d'une suite nombreuse et escorté par la force armée, le cardinal se rendit à Notre-Dame (2); il y fut reçu par les grands vicaires, par ceux qu'on avait pu réunir des anciens chanoines, et harangué par Maillé, dont les paroles discrètement triomphantes (3) furent sans doute les premières tout à fait sincères que Caprara eût entendues. Assisté des deux anciens évêques de Saint-Papoul et d'Angers, Maillé et Lorry, respectivement nommés aux sièges de Rennes et de la Rochelle, le légat consacra trois des nouveaux élus qui n'avaient point encore le caractère épiscopal, Cambacérès (Rouen), Bernier (Orléans) et Pancemont (Vannes). Il procéda ensuite à l'installation solennelle de Belloy. Au cours de

(1) Procès-verbal officiel : *Ibidem*, t. V, p. 445-448.

(2) Thiers affirme, sans nul doute d'après le récit de quelque contemporain, que la sacristie n'ayant pu être mise en état, les prélats durent revêtir leurs ornements dans une maison réquisitionnée pour la circonstance, et traverser ensuite la place du Parvis. (*Consulat et Empire*, t. III, p. 446.)

(3) « Un breve ma savio discorso » (Caprara à Consalvi, 18 avril. BOULAY DE LA MEURTHE, *Documents*, t. V, p. 493.)

cette longue cérémonie, la foule s'était amassée sur la place : quand le nouvel archevêque dut traverser cette place pour regagner son palais, il vit, selon l'expression du diplomate italo-prussien Lucchesini, peu enthousiaste de sa nature, « un peuple immense, heureux du rétablissement de son culte et du retour de ses pasteurs (1) ».

C'était une cérémonie tout ecclésiastique qui s'était passée le dimanche des Rameaux, sans la participation des pouvoirs publics. Bonaparte fixa au jour de Pâques (28 germinal-18 avril) une grande fête à la fois religieuse et nationale, où l'on célébrerait, avec la paix générale consacrée le 26 mars par le traité d'Amiens, la reprise de l'alliance entre l'Église et l'État, qui, de l'aveu des observateurs les moins favorablement disposés, faisait sur l'opinion publique une impression bien autrement profonde (2).

Pour régler les détails de cette solennité mémorable, Bonaparte ne dédaigna point de réunir un conseil d'administration où, avec les Consuls ses collègues, il convoqua Chaptal, Régnier, Portalis et Rœderer (3). Il s'y montra partagé entre le désir de ressusciter le plus possible l'ancienne étiquette monarchique et la crainte de heurter le respect humain, si prononcé dans son entourage et si puissant sur lui-même. Les instances de Portalis; celles de Cambacérès, qui devenait de plus en plus l'apôtre de la tradition, obtinrent qu'on ne se contenterait pas d'un simple *Te Deum*, et que le légat célébrerait la messe. Mais, écartant d'avance une proposition qui n'avait point encore été émise, le Premier Consul

(1) Au roi de Prusse, 12 avril : *Ibidem*, t. V, p. 488.
(2) Rapport du préfet de police, 18 germinal an X : F7, 3830.
(3) Rœderer, *Œuvres*, t. III, p. 430.

déclara sa ferme volonté de ne pas baiser la patène ; il dit avec vivacité à Portalis : « Ne me faites pas faire de choses ridicules. »

En même temps, Talleyrand engageait une vraie négociation pour décider le corps diplomatique à figurer dans le cortège consulaire *après* les ministres. Les ambassadeurs firent une belle résistance, en alléguant les précédents contraires : « A la fin, écrivait l'un d'entre eux, nous crûmes qu'il valait mieux céder qu'irriter pour objet pareil un homme véhément comme Bonaparte, avec lequel nous avions encore tant d'affaires de la plus haute importance à régler (1). »

De son côté, Dubois, publiant une ordonnance sur la circulation et le stationnement des voitures qui iraient à Notre-Dame, termina par l'ordre formel donné à tous les habitants de Paris d'illuminer dans la soirée de Pâques les façades de leurs maisons.

Quand parut l'aube du grand jour, les salves d'artillerie, qui depuis quelques mois réveillaient si souvent les Parisiens, furent suivies d'un accompagnement inaccoutumé : c'était le bourdon de Notre-Dame, que sur l'ordre de Chaptal on avait remonté précipitamment, et qui rompait un silence de dix années. Dans les quartiers avoisinant la Cité, l'émotion populaire fut générale, et de nature à venger Camille Jordan des épigrammes que son rapport sur les cloches lui avait values en 1797 de la part des beaux esprits de la libre pensée. Accourus sur le pas de leurs portes, les boutiquiers, les ouvriers écoutaient les larmes aux yeux. Un vitrier de l'île Saint-Louis traduisit le sentiment de tous en s'écriant : « Ah !

(1) Ph. Cobenzl à Colloredo, 22 avril : BOULAY DE LA MEURTHE, *Documents*, t. V, p. 566.

j'entends le bourdon de Notre-Dame; j'aime mieux cela que le canon d'alarme! »

A huit heures, selon la règle précédemment fixée pour les traités de paix, une cavalcade moitié militaire et moitié policière, où caracolaient « les inspecteurs généraux et particuliers de la navigation, de l'illumination et du nettoiement », alla au son des trompettes publier le Concordat dans les douze arrondissements de Paris (1). Conformément à l'usage aussi, les maires de Paris, invités à faire partie du cortège, en furent empêchés par le préfet de la Seine, mécontent de voir la police occuper le premier rang dans cette cérémonie. Par un reste d'humeur peut-être contre le rétablissement du culte, Dubois, si friand de ces représentations, ne fit point la publication lui-même; il en délégua le soin à son secrétaire général, le chansonnier Pils.

Cependant les députations officielles s'acheminaient vers la cathédrale, où Bernier, chargé des fonctions de maître des cérémonies, les plaçait au fur et à mesure. Dans un des deux *ambons* qui se dressaient à l'entrée du chœur et que Viollet-Le-Duc a depuis lors condamnés au nom de l'unité de style, Mme Bonaparte trônait (c'est le mot propre) au milieu d'une soixantaine de dames en grande parure; l'une de ces dernières a pris soin d'informer la postérité qu'on eût dit « une immense corbeille remplie de fraîches fleurs (2) ». Naïve sans doute, l'observation n'est point inexacte, au dire de témoins plus désintéressés.

Le long des rues resserrées qui, dans le Paris mal percé d'alors, constituaient la voie triomphale des Tuileries à Notre-Dame, l'infanterie faisait la haie. Officiers et sol-

(1) Rapport du préfet de police, 28 germinal ; *Ibidem*, t. V, p. 549-551.

(2) Duchesse d'ABRANTÈS, *Mémoires*, t. IV, p. 230.

dats, gardant du jacobinisme les préjugés antireligieux, ne dissimulaient point combien le motif d'une telle corvée leur déplaisait : ils n'épargnaient ni les blasphèmes ni les plaisanteries de corps de garde. Mais leur mauvaise humeur augmentait leur rigueur à exécuter la consigne, et la foule des badauds se tenait à distance respectueuse. Un diplomate étranger, témoin jadis des irrévérencieuses libertés que le peuple de Paris prenait avec le « guet » de l'ancien régime, notait combien les choses avaient changé (1).

A onze heures, précédé par quatre régiments de cavalerie et par toute la garde consulaire, le cortège s'ébranla. C'étaient d'abord, dans des voitures mal entretenues et plus mal attelées, les membres du conseil d'État, puis les équipages du corps diplomatique, puis les ministres et les Consuls. Deux traits surtout frappèrent la foule, tous deux en effet caractéristiques du régime qui allait se préciser. D'abord, ambassadeurs, ministres, Consuls avaient fait arborer de nouveau aux laquais juchés sur leurs voitures les livrées, proscrites jadis par la Constituante sur la motion de très grands seigneurs. De plus, au carrosse où étaient réunis les trois Consuls, mais où le public ne voyait et n'acclamait que Bonaparte, *huit* chevaux étaient attelés : huit chevaux, le nombre que la vieille étiquette réservait exclusivement au souverain! Pendant que quelques royalistes fidèles murmuraient de cette usurpation sacrilège (2), la masse admirait cette pompe ressuscitée, et comprenait d'instinct qu'elle avait non seulement un maître, mais un prince.

Reçus au bas de l'église par l'archevêque, avec l'eau

(1) Ph. Cobenzl à Colloredo, 22 avril : BOULAY DE LA MEURTHE, *Documents*, t. V, p. 568.

(2) Rapport du préfet de police, 30 germinal : F7, 3830.

bénite et l'encens, les Consuls prirent place sous un dais dans le chœur. Le légat célébra une messe basse, la fameuse messe pour laquelle Cambacérès et Portalis avaient tant insisté. A l'Élévation, la troupe présenta les armes, pendant que les tambours battaient aux champs. Pendant l'office, conduites par trois officiers de la garde, trois quêteuses passèrent de rang en rang, symbolisant fort bien la nouvelle cour : Mlle Lebrun, fille du Troisième Consul; Mlle de Luçay, qui devait bientôt épouser Philippe de Ségur, et Mme Savary, née de Faudoas, la femme de l'aide de camp que Desaix avait légué à Bonaparte.

Après l'Évangile, l'orateur du dernier sacre, le nouvel archevêque de Tours, Boisgelin, monta en chaire : la faiblesse et l'émotion de sa voix, l'immensité de l'église, l'agitation de l'auditoire empêchèrent sa courte et vraiment éloquente homélie de produire tout l'effet qu'elle méritait. Auparavant, vingt-sept évêques récemment nommés avaient prêté serment entre les mains du Premier Consul. Un *Te Deum*, entonné par Caprara, termina la cérémonie, qui n'avait pas duré moins de trois heures.

A part quelques boudeurs républicains comme Moreau, quelques royalistes irréconciliables, quelques modestes comme l'abbé Émery, qui venait de refuser obstinément l'évêché d'Arras (1), tout Paris (c'est bien le cas d'employer cette formule) se pressa sous les voûtes de Notre-Dame ou sur le passage du cortège. Il y eut sans doute plus d'un incident fâcheux : Mme Moreau, s'emparant de la tribune destinée à Joséphine, pendant que son mari affectait de se promener aux Tuileries en clabaudant contre les prêtres; Portalis fils, mécontent

(1) « Je vais passer cette journée si pompeuse dans la solitude... Oh! qu'on est heureux quand on n'est rien! » (A Bausset, « Jour de Pâques » : *Papiers Émery).*

de la place assignée à sa mère, apostrophant durement Bernier qui balbutiait sous la mitre (1); l'attitude peu recueillie de la majorité de l'assistance et celle tout à fait inconvenante des généraux qui, amenés bon gré mal gré par Berthier au sortir d'un déjeuner copieux, prirent d'assaut les chaises du clergé et ricanèrent pendant le sermon (2). Mais ces détails, exagérés peut-être par la malignité de certains contemporains ou par l'imagination de certains historiens en quête d'anecdoctes piquantes, ces détails n'altérèrent point l'impression générale qui, même chez les indifférents, fut de profonde satisfaction. On était excédé des querelles religieuses; on était convaincu par l'expérience que la force gouvernementale était impuissante à détruire le catholicisme romain; la tournure générale des esprits, les dispositions personnelles de Bonaparte, les circonstances mêmes étaient incompatibles avec une pleine et sincère liberté religieuse, dont la première condition eût été de faire régir la moitié des diocèses de France par des royalistes émigrés. La seule solution pratique était donc celle que le génie du Premier Consul imposa aux répugnances du monde officiel : sans se demander si cette clairvoyance n'était pas faite d'ambition autant que de patriotisme, la population de Paris, celle de la France entière considérèrent la paix religieuse comme un bienfait ajouté à ceux qui s'étaient accumulés en quelques mois. En entendant le clergé célébrer le nouveau Constantin, elle se prépara à acclamer *imperator* le nouveau César.

(1) Remacle, *Relations secrètes des agents de Louis XVIII*, p. 24-25.
(2) Thiébault, *Mémoires*, t. III, p. 274-275.

TABLE DES MATIÈRES

CHAPITRE PREMIER

LE COUP D'ÉTAT DE BRUMAIRE ET LE CONSULAT PROVISOIRE

CHAPITRE II

ORGANISATION DES NOUVELLES AUTORITÉS

CHAPITRE III

LE PREMIER CONSUL AUX TUILERIES. — MARENGO. — LES FÊTES NATIONALES. — REPRISE DES ANCIENS USAGES SOCIAUX ET MONDAINS

CHAPITRE IX

LA PAIX GÉNÉRALE ET LE CONSULAT A VIE

CHAPITRE X

LA VIE RELIGIEUSE AVANT LA MISE EN VIGUEUR DU CONCORDAT

PARIS
TYPOGRAPHIE PLON-NOURRIT ET Cie
RUE GARANCIÈRE, 8

A LA MÊME LIBRAIRIE

Souvenirs d'un historien de Napoléon. — **Mémorial de J. de Norvins**, publié avec un avertissement et des notes par L. de Lanzac de Laborie. Tome Ier : 1769-1793. Un vol. in-8° avec un portrait en héliogravure . . . . 7 fr. 50
Tome II : 1793-1802. In-8° avec un portrait en héliogravure . 7 fr. 50
Tome III : 1802-1810. In-8° avec un portrait en héliogravure. 7 fr. 50

L'Europe et la Révolution française, par Albert Sorel, de l'Académie française.
Tome Ier. *Les Mœurs politiques et les traditions.* 7e édition. — Tome II. *La Chute de la royauté.* 7e édition. — Tome III. *La Guerre aux rois.* 7e édition. — Tome IV. *Les Limites naturelles* (1794-1795). 6e édition. — Tome V. *Bonaparte et le Directoire* (1795-1799). 5e édition. — Tome VI. *La Trêve. Lunéville et Amiens* (1800-1805). 4e édition. — Tome VII. *Le Blocus continental. Le Grand Empire* (1806-1812). 3e édition. Prix de chaque vol. in-8° . . . . 8 fr.
(Ouvrage couronné deux fois par l'Académie française, grand prix Gobert.)

L'Avènement de Bonaparte. *La Genèse du Consulat. — Brumaire. — La Constitution de l'an VIII*, par Albert Vandal, de l'Académie française. 11e édition. Un vol. in-8° . . . . 8 fr.

En Émigration. **Souvenirs tirés des papiers du Comte A. de La Ferronnays** (1777-1814), par le marquis Costa de Beauregard, de l'Académie française. 2e édition. Un vol. in-8° avec un portrait en héliogravure . . . . 7 fr. 50

Mémoires de Madame de Chastenay (1771-1815), publiés par Alphonse Roserot. — Tome Ier : *L'Ancien Régime. — La Révolution.* 3e édition. Un vol. in-8° avec deux portraits. — Tome II : *L'Empire. — La Restauration. — Les Cent-Jours.* 2e édition. Un volume in-8°. Prix de chaque vol. . . . . 7 fr. 50

Mémoires et Souvenirs du baron Hyde de Neuville. — Tome Ier : *La Révolution. — Le Consulat. — L'Empire.* 3e édition. Un vol. in-8°. — Tome II : *La Restauration. — Les Cent-Jours. — Louis XVIII.* 2e édit. Un vol. in-8° accompagné d'un portrait et d'un fac-similé. — Tome III : *Charles X. — La Duchesse de Berry. — Le Comte de Chambord.* 2e édition. Un vol. in-8° accompagné de deux héliogravures et de deux fac-similés d'autographes. Prix de chaque vol. 7 fr. 50
(Couronné par l'Académie française, prix Bordin.)

Lettres inédites de Napoléon Ier (an VIII-1815), publiées par Léon Lecestre. Tome Ier : An VIII-1809. — Tome II : 1810-1815. 2e édit. Deux vol. in-8°. . . . . 15 fr.

Mémoires du général baron Thiébault, publiés sous les auspices de sa fille, Mlle Claire Thiébault, d'après le manuscrit original, par Fernand Calmettes.
Tome Ier : 1769-1795. 9e édit. Un vol. in-8° avec deux portraits en héliogravure . . . . 7 fr. 50
Tome II : 1795-1799. 9e édition. Un vol. in-8° avec portrait. 7 fr. 50
Tome III : 1799-1806. 8e édit. In-8° avec deux héliogravures. 7 fr. 50
Tome IV : 1806-1813. 7e édit. Un vol. in-8° avec un portrait en héliogravure . . . . 7 fr. 50
Tome V et dernier : 1813-1820. 7e édit. Un vol. in-8° avec une héliogravure . . . . 7 fr. 50

Mes Souvenirs sur Napoléon, par le comte Chaptal, publiés par son arrière-petit-fils, le vicomte A. Chaptal, secrétaire d'ambassade. Un vol. in-8°, accompagné d'un portrait en héliogravure . . . 7 fr. 50

PARIS. — TYP. PLON-NOURRIT ET Cie, 8, RUE GARANCIÈRE. — 6446.

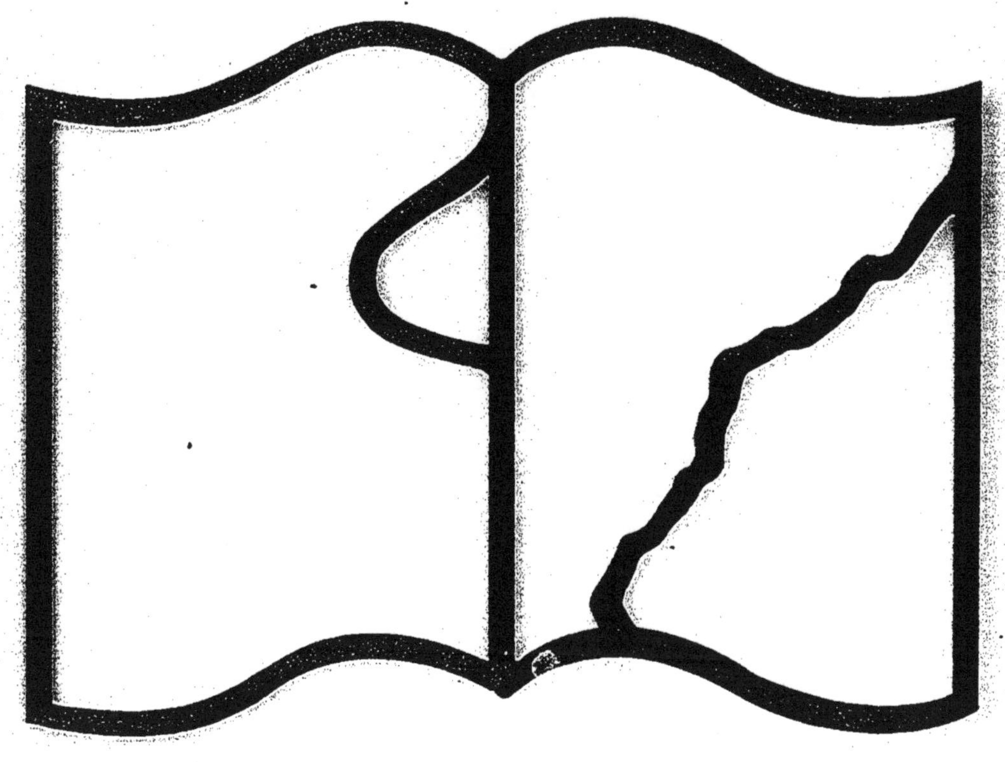

Texte détérioré — reliure défectueuse

NF Z 43-120-11

www.ingramcontent.com/pod-product-compliance
Ingram Content Group UK Ltd.
Pitfield, Milton Keynes, MK11 3LW, UK
UKHW012150240726
13966UKWH00001B/244